「교육학의 가장자리」

별도의 표시가 없는 한 교육공동체 벗이 생산한 저작물은 크리에이티브 커먼즈
[저작자표시-비영리-변경금지 4.0 국제 라이선스]에 따라 이용하실 수 있습니다.
http://creativecommons.org/licenses/by-nc-nd/4.0

교육학의 가장자리
교육에 대한 상상에서 파상으로

ⓒ 정용주, 2018

2018년 12월 28일 처음 펴냄

글쓴이 | 정용주
기획·편집 | 이진주, 설원민, 공현
출판자문위원 | 이상대, 박진환
디자인 | 이수정, 박대성
종이 | 화인페이퍼
제작 | 세종 PNP
인쇄 | 보진재

펴낸이 | 김기언
펴낸곳 | 교육공동체 벗
이사장 | 임덕연
사무국 | 최승훈, 이진주, 설원민, 김기언, 공현
출판등록 | 제2011-000022호(2011년 1월 14일)
주소 | (03971) 서울시 마포구 성미산로1길 30 2층
전화 | 02-332-0712, 070-8250-0712
전송 | 0505-115-0712
홈페이지 | communebut.com
카페 | cafe.daum.net/communebut

ISBN 978-89-6880-107-5 03370

이 도서의 국립중앙도서관 출판예정도서목록(CIP)은 서지정보유통지원시스템
홈페이지(seoji.nl.go.kr)와 국가자료공동목록시스템(www.nl.go.kr/kolisnet)에서
이용하실 수 있습니다. (CIP제어번호: CIP2018040639)

교육에 대한 상상에서 파상으로

교육학의
PEDAGOGY
가장자리

정용주 씀

교육공동체벗

책을 펴내며

    서로 다른 시기에 쓰인 각각의 글들을 한 권의 책으로 묶어 내며 떠나지 않는 질문들이 있다. '이 글을 쓴 사람은 교육 문제에 관심이 많은 개인인가? 아니면 초등 교사인가? 혹은 교육학 전공자인가?' 하는 질문들이다. 이러한 질문을 놓지 못하는 이유는 어떤 정체성identity을 갖는다는 것은 '끊임없이 변화하는 사회적 조건 속에서 나 자신을 무엇에 동일화identify하여 이해하느냐?' 하는 문제와 연결되기 때문이다.

    나는 나 자신을 초등 교사이며 교육학 전공자, 그리고 《오늘의 교육》 편집위원으로 동일화하여 이해한다. 우선 초등 교사로서 나는 내용적으로는 민주시민교육의 확장과 변주, 형식적으로는 프로젝트 기반 학습이라는 수업 실천을 계속해 왔다. 도롱뇽 소송과 자연물의 권리, 한반도 대운하와 지속 가능한 발전, 종군 위안부와 여성 인권, 텃밭의 정치적 접근, 안중근의 동양 평화론과 아시아 평화

공동체, 브렉시트와 인권 등 '예민하고 민감한 주제'를 교육과정 안에서 다루며 민주시민교육의 영역을 확장하면서 변주하려고 노력했다. 그래서인지 어떤 때는 인권교육 교사로, 어떤 때는 민주시민교육 교사로, 또 어떤 때에는 세계시민교육 교사로 불리며 무엇 하나 꾸준히 하는 것 없이 이것저것 시도만 하는 교사로서 정체성의 혼란을 겪기도 했다.

교육학을 공부하는 사람이라서 교육학 전공자라는 완료형을 쓰는 것이 부끄럽지만, 나의 학문적 관심은 불평등과 학습 그리고 제도라는 주제다. 태어남 자체가 불평등한 조건에서 이루어지는 사적 사건이고, 공교육이 일정한 시간 동안 학생들을 노동으로부터 유예시켜 마음대로 뛰어 놀며 배울 수 있도록 설계된 제도라면, 공교육 제도가 잘 작동하기 위해서는 불평등 문제가 다른 사회적 제도에 의해 적절히 통제되지 않으면 안 된다. 이러한 방향에서 교육, 능력, 불평등을 유발하는 제도 등은 교육학을 공부하는 내가 가장 관심을 갖는 주제이다.

마지막으로 나는 《오늘의 교육》 편집위원이라는 정체성으로 나를 이해한다. 《오늘의 교육》 창간 때부터 편집위원으로 참여하면서 여러 생각을 가진 편집위원들과 교류했고, 이를 통해 교육 문제를 서로 다른 현상이 겹쳐진 오버랩으로 접근하는 것이 아니라 이전 장면의 마지막 부분이 다음 장면의 첫 부분과 일정 시간 동안 겹쳐지면서 그 겹쳐짐이 하나의 정체성을 이루는 디졸브적 관점으로 접근하는 시야를 갖게 되었다. 이러한 시각으로 교육 문제를 본다는 것은 교육 문제 자체가 어떤 단일한 요소로 분해되지 않는 총체성을 가지고 있기 때문에 해결 방법 또한 어떤 단일한 원인에 대한 처방으로 접근해서는 안 된다는 것을 의미한다. 자연스럽게 《오늘의 교육》의 담론이 근대 교육, 교육 불가능성, 교육의 생태적 전환과 같은 식으로 무거워지는 이유이기도 했다. 현실성 없는 무거운 담론만 이야기하는 것에 대한 비판도 있었지만 나에게 《오늘의 교육》을 만드는 일은 고상한 사유의 놀이가 아니라 치열한 지적 실천이었다.

이 책은 한 사람에 의해서 쓰인 단독 저서이지만 각각의 내용들은 서로 상이한 지적 그물망 속에 존재하는 선행 연구물의 도움을 받았다. 그래서 이 책에서 다룬 내용은 마치 영화 〈헐리우드 키드의 생애〉에서 병석이 쓴 영화 시나리오를 닮았다. 나는 어릴 적부터 사회에 관심을 가지고 많은 책을 읽었고 교육학이나 정치사회학 이론에 해박하다는 평을 받는다. 그리고 프로젝트 학습을 하며 매월 학부모 공개 수업을 하고, 수업 실천과 개인 연구를 위해 1년에 10번으로 외부 강의를 스스로 제한하는 엄격함을 가진 인물이기도 하다. 그러나 내가 쓴 글들은 여러 사상가의 좋은 말을 자연스럽게 연결한 수준에 지나지 않으며, 좋은 수업의 사례도 짜깁기와 표절의 경계를 넘나든다.

이러한 이유들 때문에 이 책이 정용주라는 한 사람의 이름하에 유기적으로 묶일 수 있는지 의문이다. 그럼에도 저자로서 이 책에 실린 글들에서 일관되게 관심을 가져온 것은 교육 문제를 가로질러 작동하며 교육의 문제에 행사되는 사회적 조건에 대한 탐구이다. 이 책을 읽게 되는 독자들은 자신의 뜻대로 이 책을 이해하고 해석할 수 있는 권리를 마음껏 누리시길 바란다.

  끝으로 여러 글을 한 권의 책으로 엮어 준 교육공동체 벗과 책이 나오기까지 응원해 준 아내와 아들 정지후, 딸 정서후에게 감사하다는 말을 전하고 싶다.

2018년 12월
정용주

| 차례 |

책을 펴내며 … 4

여는 글 이미지를 부수기 그리고 가장자리로부터 재구성하기 … 10
         파상과 재구성의 변증법

| 1부. 교사는 어떤 존재인가 |

곽노현 교육감, 그의 여섯 가지 착각
  '프로' 지식 관료가 평가하는 '아마추어' 진보 교육감 일 년　　　　　　　　… 20
  | 집필 후기 | 교육 개혁이 학교를 바꾸기보다는 학교가 교육 개혁을 바꾼 역사에 대한 성찰　… 52

신규 교사는 어떻게 '능숙한' 경력 교사가 되는가?
  신규 교사를 경력 교사로 만드는 여섯 개의 아비투스　　　　　　　　　　　… 56
  | 집필 후기 | 톱니바퀴가 되어야 하며, 되기를 희망하는 교사　　　　　　　… 83

좋은 교육은 좋은 노동을 통해서만 가능하다
  기간제 교사, 그 다양한 맥락　　　　　　　　　　　　　　　　　　　　　… 86
  | 집필 후기 | 우리 사회의 지위 경쟁과 차별에 대한 관대함　　　　　　　… 103

이제는 전교조 교사가 된 한 고등학생운동 활동가의 고백
  청소년운동의 숨겨진 상처와 열광적 진동에 대하여　　　　　　　　　　　… 105
  | 집필 후기 | 고등학생운동이라는 벌거벗은 경험, 그리고 온몸으로 몰입하기　… 133

| 2부. 진보 교육의 좌표를 묻다 |

혁신학교는 무엇을 '혁신'하고 있는가?
  비정상성에 대한 저항에서 정상성에 대한 저항으로　　　　　　　　　　　… 138
  | 집필 후기 | 혁신학교의 확산과 지속 가능성　　　　　　　　　　　　　… 156

진보 교육도 빠지기 쉬운 오류들
  익숙해서 더 위험한 교육 통념 깨기　　　　　　　　　　　　　　　　　　… 159
  | 집필 후기 | 포스트 민주화 시대로의 전환과 진보교육운동의 역할　　　… 178

모순적 종합으로서 공동체운동
불평등의 심화와 통합의 균열 ··· 181
|집필 후기| 무거운 신발과 피곤한 공동체 ··· 201

4.16이 '교육 체제'여야 하는가?
일란성 쌍생아, 5.31 교육 개혁과 4.16 교육 체제 ··· 204
|집필 후기| 교육 개혁과 권위주의적 자율화 ··· 226

'저항적' 교사운동과 전교조
포스트 민주주의 시대, 전교조 운동의 미래 ··· 229
|집필 후기| 전교조의 내부 정치: 동반 성장적 관계와 상호 파괴적 관계 사이에서 ··· 247

3부. 좋은 교육은 좋은 사회에서 가능하다

'생태적 탈근대'로서 교육의 생태적 전환
교육의 농적·동시대적·정치적 전환 ··· 252
|집필 후기| 뿌리 뽑는 교육에서 뿌리내리는 교육으로의 전환 ··· 276

석기 시대는 왜 끝났을까?
교육과 기본소득 ··· 279
|집필 후기| 교육 가능성의 조건: 보편적이고 무조건적인 권리의 정당화 ··· 302

"반드시 일어날 일인가요, 일어날지도 모르는 일인가요?"
인공 지능 시대, 교육에 대한 성찰 ··· 305
|집필 후기| 4차 산업 혁명 없는 미래 교육 ··· 324

"넓은 강에서 자라는 잉어는 꿈꿀 필요가 없다"
나이주의와 교육 ··· 327
|집필 후기| 막내 리더십과 반反에이지즘 ··· 346

광장, 휴머니즘의 페다고지
광장이 교육에 던지는 질문 ··· 349
|집필 후기| 광화문 광장: 중도 정지된 경험과 완결된 경험 사이 ··· 360

글의 출처 ··· 364

여는 글

이미지를 부수기
그리고 가장자리로부터 재구성하기

파상과 재구성의 변증법

교육에 대해, 꿈꾸고 상상하기

우리는 희망의 언어들을 사용하여 지금보다 더 좋은 미래 교육을 상상한다.

먼저 2015 개정 교육과정이 그려 내는 교육의 미래는 유토피아 그 자체다. 학생들은 배움의 주체가 되어 교과로 구분된 지식을 융합하면서 프로젝트를 수행하고 이 과정에서 지식과 가치, 태도를 통합한 핵심 역량을 기르는 진짜 공부를 하게 된다. 또한 시험과 동일시되던 평가는 수업의 과정과 통합되어 학생의 성장과 발달을 돕는 평가로 전환된다. 2015 개정 교육과정을 운영하는 교사들은 전례 없는 교육과정 재구성의 자율성을 누리며, 탐구와 질문 중심으로 개발된 세계적 수준의 교과서를 통해 수업을 진행해 간다. 교사들의 교육과정 재구성 권한을 제한하고 학생들을 획일화시킨다고 비판받던 국가 수준 교육과정은 교사의 교육과정 문해력과 수업 전문성을 신장시켜 교육과정-수업-평가-기록의 일체화의 주체가 되도록 하며, 수업에서 학생들이 중심이 되는 방향을 구현하면서 교육 패러다임의 전환을 유도하는 최고의 교육학 문서로 변화하였다.

여기에 진보 교육감이 당선되면서 추진한 각종 정책은 교육의 아름다운 미래에 대한 상상을 가속시켰다. 혁신학교 정책을 추진하는 것은 물론 학생들의 배움을 교실과 학교를 넘어 마을로 확장시키기 위한 지원 체계가 만들어지고 있다. 특히 학교 밖 기관들과 연계하여 프로젝트를 운영할 때 그것이 일회성에 그치지 않고 지속 가능하도록 마을 교육과정을 구조화하도록 하는 상상력을 발휘하고 있다. 이렇게 학교와 마을이 아이들의 성장과 발달을 위해 서로 협력하고 자원을 공유하면서 단순한 협력 관계를 넘어선 끈끈한 마을공동체가 만들어진다. 또한 교육청은 학교에 무엇인가를 지시하고 통제하려는 대신에 혁신 교육이 뿌리내릴 수 있도록 지원하고, 교사들의 잡무를 줄여 수업 전문성을 신장시키는 지원 조직으로 재탄생하려 노력하고 있다.

미래 교육에 대한 상상력이 정점을 이룬 것은 4차 산업 혁명이라는 담론이 등장하면서부터이다. 클라우스 슈밥 교수가 2016년 세계경제포럼에서 사물인터넷IoT: Internet of Things, 클라우드Cloud, 빅데이터Big Data, 모바일Mobile 기술과 인공 지능Artificial Intelligent 기술이 융합되어 가져올 변화를 설명하기 위해 4차 산업 혁명이라는 개념을 주창하면서, 한국의 교육 체제는 반복 작업의 굴뚝 경제 체제에 기초한 교육 공장들educational factories의 형태로 발전되어 학생들을 교육

시켜 왔다는 지적을 소환했다. 그리고 지금의 교육 체제를 그저 효율적으로 운영하는 것에 머물러서는 안 되며, 교육과정에서부터 교육 시공간 등에 이르기까지 교육 패러다임을 전환해야 한다는 논리를 확산시켰다.

현실, 교육에 대한 이미지 부수기

그렇다면 현실은 어떨까? 교육에 대해 상상하기를 멈추고 지금 여기 우리가 살고 있는 삶, 그리고 그 속에서 이루어지는 교육에 집중해 보자. 국가 수준 교육과정은 여전히 교육 목표를 설정하는 데서부터 학습 경험의 선정과 조직 및 그 성취 결과를 평가하는 데 이르기까지 철저하게 교사의 참여를 배제하고 외부 지향적이며 표준화된 관리와 통제를 원칙으로 하는 흐름을 고착화시키고 있다. 여기에 더해 잘 만들어진 교과서로 인해 교사가-교육과정과 교과서에서-제도적으로-배제되는 결과를 낳았다. 체계적인 교육과정과 잘 만들어진 교과서를 통해 전국의 학교에서 가르치는 내용과 교수-학습, 평가 간의 통일성을 기해야 한다는 논리가 교사의 교육 활동을 탈숙련화시키고, 학생의 배움과 평가를 획일화시키는 결과를 가져왔다는 앨빈 토플러의 비판은 비판으로만 수용되었을 뿐이다.*

입시 문제는 여전히 한국의 모든 교육 이슈를 삼켜 버리면서 혁신학교운동과 같은 교육 개혁을 좌절시키고 있다. 학생들은 시험

* 앨빈 토플러(2001), 위기를 넘어서: 21세기 한국의 비전.

점수를 잘 받아 좋은 대학에 들어가려는 치열한 경쟁에 노출되어 많은 스트레스를 받으면서도 경쟁 대열에 동참하고 있다. 그래서 교육과정에서는 학생의 자기 주도적 학습과 탐구에 대해 이야기하고 4차 산업 혁명을 대비해 종합적 역량을 계발해야 한다고 말하고 있지만, 실제로는 시험에서 높은 점수를 얻어야 한다는 압력을 강하게 받는다. 한국에서 시험은 성공에 대한 척도로서 받아들여지기 때문이다. 교육과정 안에서 평가는 학생의 성장과 발달이라는 교육 본연의 목적을 추구해야 한다고 말하고 있지만 학생들과 학부모들은 과정이야 어떻게 되든지 결과로서 점수만 잘 받으면 된다는 사고를 갖게 된다.

이러한 문화가 고착되고 교육이 시험 점수로 왜곡되는 이유는 간단하다. 우리 사회는 시험 점수가 높지 않으면 존엄한 존재가 될 수 없다는 모멸감과 수치심에 기반을 두고 있기 때문이다. 시험 점수와 무관하게 희망을 가질 수 없기 때문에 마음껏 상상하는 교육, '직업적 실용'을 넘어선 교육이 불가능해진다. 우리는 여전히 노동과 자본의 노예이다. 그래서 4차 산업 혁명 시대 담론 역시 공장제 스타일의 학교를 보다 효율적으로 운영하는 데 필요한 응급 처방을 내리는 것에 그칠 것이며 승자독식의 사회를 강화할 것이라는 불안이 팽배하다. 특히 상시적 실업 위기와 고용 불안정, 비정규직의 확산과 이중 노동 시장 구조의 심화, 유연한 임금 제도는 소득 분배를 악화시키고 있다. 이런 현실이 개선되지 않는 한 미래에도 여전히 개인은 스스로 자기의 안전을 책임져야 하며 자기 계발의 주체가 되어 직업적 역량을 길러야 하는 존재가 된다.

가장자리로부터, 교육을 새롭게 재구성하기

　독일의 문예비평가 발터 벤야민은 우리가 미래에 대해 무엇인가를 꿈꾸고, 상상하는 작업의 문제를 비판하면서 미래에 대해 꿈꾸고 상상하는 대신 그것을 부수는 작업이 필요하다고 말한다. 그가 상상력에 기초하기보다 이미지를 부수는 힘을 강조하는 이유는 상을 부수는 작업을 통해 현존하는 대상의 비실체성 혹은 환각성을 깨닫게 되기 때문이다. 그는 현실 세계에 존재하는 실제적 영상들의 이데올로기적 효과를 파괴하면서, 모든 집합적 역량을 지금 이 순간으로 집결시키려고 한다. 그가 파괴를 강조하는 이유는 의미에 균열을 일으키고 불일치와 비대칭의 세계를 인식하는 것을 통해 다시 세계를 재건하기 위해서다. 그래서 벤야민의 작업은 대상 파괴로 시작되어 파괴 결과로 형성된 잔해에서 폐허를 구축하고 새 질서를 창출함으로써 종결된다.

　김홍중 교수는 벤야민의 사유로부터 '파상력破像力'이라는 개념을 도출해 낸다.* 상상력이 부재하는 대상을 현존시키는 힘이라면 파상력은 반대로 현존하는 대상의 비실체성 혹은 환각성을 깨닫는 힘이다. 그는 파상을 통해 역사의 대상을 역사적 흐름의 연속성으로부터 떼어 내면서 자연스레 상상력 속에 감추어진 승리자들의 시선과 논리로 구축된 연속적인 역사 그리고 현 시대의 균질성을 폭로해야 한다고 말한다.

---

* 김홍중(2016), 사회학적 파상력, 문학동네.

그럼 우리는 교육에서 어떤 것을 부숴야 할까?

우선 우리는 평등한 개인들이 노력만 하면 원하는 것을 모두 성취할 수 있다는 교육학의 가상을 부숴야 한다. 우리에게 필요한 것은 '노오력 담론'에 기반하여 교육을 통한 새로운 미래를 상상하는 것이 아니라 그러한 가상, 환상, 소망으로부터 깨어나는 각성의 체험이다.

모두 동의하듯이 교육의 목표는 누구나 저마다의 좋은 삶을 누리며 존엄한 인간적 삶을 살아가도록 돕는 것이다. 이 목표가 작동하기 위해서는 개인의 노력과 능력에 비례해 보상받는 사회 시스템이 제대로 작동해야 한다. 그런데 능력적 요인이 제대로 작동하기 위해서는 개인이 선택할 수 없는 비능력적 요인이 사회적으로 통제되어야 한다. 사회적으로 비능력적 요인이 통제되지 않을 때 교육은 개인의 노력에 의해 좋은 삶을 누리며 존엄한 인간적 삶을 살아가도록 돕는 것이 아니라 부모로부터 불평등을 대물림하는 상속과 증여의 경기장이 된다. 이 경기장에서 이루어지는 경주는 개인의 노력이 아니라 부모로부터 물려받은 출발점이 어디인가에 의해 승부가 결정된다.

이와 관련하여 개인의 성취에 영향을 미치는 효과에 관한 다양한 연구물이 축적되어 있다. 그중에서도 눈여겨 볼 만한 최근의 연구는 뉴욕 대학교의 타일러 와츠가 UC어바인의 그레그 던컨, 호아난 콴과 실시한 〈마시멜로 실험 재시도 Revisiting the Marshmallow Test〉[*]라

---

[*] Tyler W. Watts et al.(2018), Revisiting the Marshmallow Test: A Conceptual Replication Investigating Links Between Early Delay of Gratification and Later Outcomes, *Psychological Science*.

는 연구물이다. 이 연구는 1960년대 스탠포드 대학교의 심리학자 미셸이 그의 동료들과 4~5세 어린이들을 대상으로 마시멜로를 활용하여 한 실험을 재시도한 것으로 처음 실험과 다른 결과를 얻어 주목을 끌었다. 우리에게 '마시멜로 효과'로 유명해진 고전적 마시멜로 실험은 어린 시절 만족감을 늦추는 능력과 이후 학업 성취도 및 사회관계 능력이 강한 상관관계를 보인다는 결과로 익숙하다. 그런데 이번에 재시도된 연구에서 이들 연구 팀이 얻어 낸 새로운 결론은 어린 시절 만족 지연delay of gratification 능력과 청소년 시기 학업 성취도 및 사회관계 능력 간에 통계적으로 유의미한 상관관계가 없다는 것이다. 그러면서 이 연구에서 눈여겨본 것은 청소년 시기 학업 성취도 및 사회관계와 통계적으로 유의미한 상관관계를 갖는 것은 부모의 사회경제적 지위라는 것이다. 다시 말해 부모의 사회경제적 지위가 자녀의 성취에 무엇보다 강한 영향을 행사한다는 것이고 이는 처음 마시멜로 실험에 의해 유행처럼 번진 노력형 자기 계발 담론이 허구임을 입증하는 것으로 받아들여졌다.

'부모의 학력 – 본인의 학력 – 본인의 직장과 소득 – 결혼'으로 이어지는 불균형의 세습-성취 경로가 개인의 능력과 성취를 압도하는 한국 사회에서 이런 연구 결과는 진부해 보인다. 개인의 노력과 능력에 따라 성공을 성취할 수 있고 교육학이 이러한 개인의 노력과 성취에 관한 과학적 학문이라는 논리가 한국 사회에서는 언제나 실패해 왔기 때문이다. 이렇게 불평등이 세습되는 사회에서 교육을 통한 희망찬 미래를 상상하는 것이 환상일 수밖에 없음을 인식하는 것은 좌절이 아니라 각성이다. 이 각성을 통해 우리는 지금 교육 담론에서 논의되고 있는 핵심 역량, 교육과정-수업-평가의 일체화, 성장과 발달을 돕는 평가, 협력과 공유가 기반이 되는 4차 산업 혁명, 학생 주도적 프로젝트 학습과 학교 너머로 배움이 확장되는 마을교육공동체와 같은 담론이 무너지는 것을 경험하게 된다. 그리고 무너져 재가 되어 흩어진 '가장자리'에서 우리는 재와 단편들을 수집하여 희망의 교육을 재구성해야 한다. 이 책은 교육의 가장자리로부터 다시 교육의 희망의 조건을 검토한다.

여기서 '가장자리'는 전체의 관점에서 봤을 때 불필요한 것, 주변부, 잉여의 교육 문제를 의미하는 것으로 이해할 수도 있다. 그러나 가장자리는 전체로서의 완결성을 갖는 교육학이 포괄하지 못하거나 주변화시킨 교육 문제를 전면화시켜 교육학을 재구성하려는 '위상학적 자리 배치'이다. 다시 말해 가장자리는 교육학의 중심으로부터 벗어나 있는 주변적 문제가 아니라 교육학의 전체 체계에 포괄되지 않는 어떤 잔여의 교육 문제를 적시하며 교육학 체계의 완결성과 중심 개념을 뒤흔들고 본연적 반성의 계기를 만들어 교육 문제를 재사유하기 위한 배치이다. 교육학을 내부로부터 흩어 놓은 어떤 불가능성의 자리인 가장자리에서 우리는 '도대체 교육이 무엇을 할 수 있다는 것인가? 어떻게 희망의 교육을 말할 수 있는가?' 하는 질문을 던져야 한다. '그래도 희망이란 필요한 것이 아닌가?' 질문하는 사람에게 다음과 같이 대답하고 싶다.

교육에 한 가지 유일한 희망을 갖는다면 교육의 비참함이 자연법칙이 아니라 제도에 의해 비롯되었다는 사실이다.

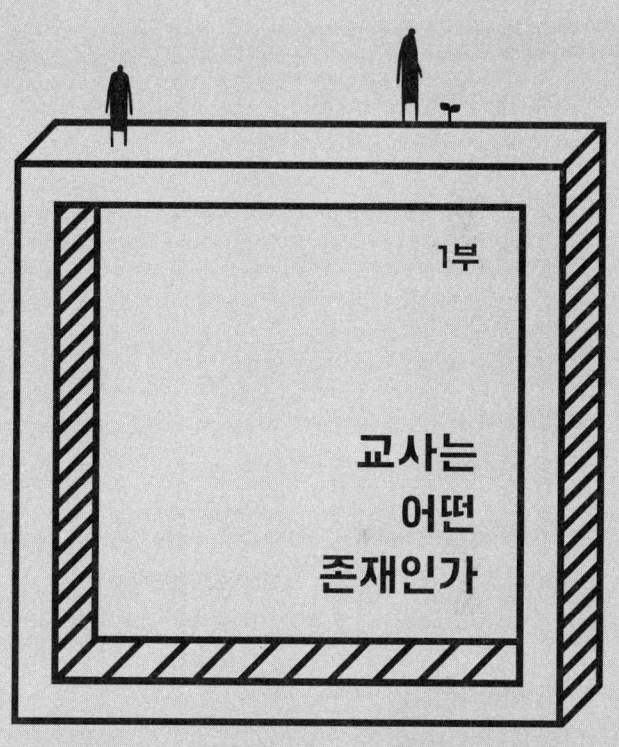

곽노현 교육감,
그의 여섯 가지 착각

'프로' 지식 관료가 평가하는 '아마추어' 진보 교육감 일 년

어떤 관료

김남주

관료에게는 주인이 따로 없다
봉급을 주는 사람이 그 주인이다
개에게 개밥을 주는 사람이 그 주인이듯!

일제 말기에 그는 면서기로 채용되었다
남달리 매사에 근면했기 때문이다

미군정 시기에 그는 군주사로 승진했다
남달리 매사에 정직했기 때문이다

자유당 시절에 그는 도청 과장이 되었다
남달리 매사에 성실했기 때문이다

공화당 시절에 그는 서기관이 되었다
남달리 매사에 공정했기 때문이다

민정당 시절에 그는 청백리상을 받았다
반평생을 국가에 충성하고 국민에게 봉사했기 때문이다

나는 확신하는 바이다
아프리칸가 어딘가에서 식인종이 쳐들어와서
우리나라를 지배한다 하더라도
한결같이 그는 관리 생활을 계속할 것이다
국가에는 충성을 국민에게는 봉사를 일념으로 삼아
근면하고 정직하게!
성실하고 공정하게!

  2010년, 곽노현 교육감이 당선되고 나서 서울 지역에서 초등 교사로 근무하고 있는 내가 그 후 1년 동안 그의 정책을 두고 학교 현장에서 가장 많이 들었던 말은 "교육을 모르는 교육감을 찍어 현장에 혼란이 많다", "완전 아마추어 교육감이다" 하는 얘기였다. 심지어 그를 찍었거나 지지했던 교사들 사이에서조차 교육감의 정책이 설익었다는 비판의 목소리가 높았다. 왜 그랬을까. 이 글은

2011년 6월, 곽노현 교육감 취임 1년 시점에서 그 이유를 그가 내세웠던 정책을 중심으로 살펴본 것이다.

곽노현의 착각 1 : 모든 교사들이 담임 평가권과 학급별 수시 평가를 원한다고 생각했다

<u>서울시교육청이 〈2011학년도 초등학교 평가 시행 계획〉을 발표한 후 교사들이 보인 반응</u>

A교사 아니, 같은 교과서 가지고 똑같이 가르쳤는데 왜 반별로 평가하래?

B교사 교육감 지시니까 따라야죠.

A교사 도대체 현장을 알기나 하는 거야?

B교사 아마추어 교육감 뽑아 놓으니까 참 아마추어 정책이 많네요.

A교사 아니, 서울시교육청이 아마추어 정책 실험하는 데야?

B교사 교육감 지시니까 학급별로 자율 평가 해야 해요. 불이익당할지 몰라.

A교사 어차피 해야 하는 거니까 편하게 갑시다. 이원목적분류표*는 하지 맙시다.

B교사 그래요. 그런데 교육청에서 학급별 수시 평가 계획을 수정한다고 하던데.

* 시험 출제 전 각 문항을 내용 영역과 행동 영역(지식·이해·적용)에 따라 정리한 표.

A교사 아마추어잖아. 아직 공문 시행된 건 없으니 일단 그때까지는 학급별로 하죠.

2011년 2월 21일, 곽노현 교육감은 〈2011학년도 초등학교 평가 시행 계획〉을 발표했다. 이 계획은 교육감이 "평가의 본래 목적은 학생들이 무엇을 잘하고 못하고 있는지 확인하여 이를 보완할 수 있도록 하는 데 있다. 교사가 수업 과정을 관찰하고 학생들의 다양한 잠재력을 평가해 이것이 이후 진학과 진로에 반영되도록 하겠다"고 공약한 것을 구체화한 것이다. 초등학교에서 중간·기말고사를 없애고 담임이 자율적으로 단원별 수시 평가를 하는 것이 핵심이다.

이렇게 수시 평가를 하면 평가 결과 통지도 수시로 해야 하고, 평가를 할 때마다 시험지와 이원목적분류표에 대한 결재를 받아야 한다. 그러다 보니 교사들 사이에선 차라리 이전처럼 중간·기말고사를 보는 게 낫다는 불만이 터져 나왔다. 또 국가 수준 교육과정에 따라 같은 시기에 같은 내용을 배우는데, 같은 문제로 시험을 보는 것이 교육적으로도 큰 문제가 될 것이 없다는 주장도 제기됐다.

곽 교육감의 평가 관련 정책이 교사들의 불만을 초래한 가장 큰 이유는 평가에 대한 패러다임 자체의 전환을 요구하고 있기 때문이었다. 우선 곽 교육감의 정책은 이전까지 수업과 분리되어 있던 평가를 수업과 통합시키길 요구했다. 지금까지 평가는 학기 중간이나 기말쯤에 시험을 보고 학생의 성취 수준만 파악하는, 학습의 과정이 아니라 결과에 초점을 맞춘 방식이었다. 이와 달리 수업과 통합된 평가는 학생이 배우는 과정 중에 이루어지며 그 초점도 학생이 학습을 더 잘할 수 있도록 도움을 주는 데 있다. 평가와 수업이 따로 이루어지는 것이 아니라 평가가 수업의 한 과정이 되는 것이다. 학생들은 평가를 통해 자신이 잘 몰랐던 부분을 확인하고 바로 보충할 수 있게 되며 이로 인해 학습 동기도 자연스레 유발된다.

지금 교사들이 시행하는 대부분의 평가는 지식의 습득 여부를 가리는 지필 평가이다. 수행 평가조차도 사실 수행을 위장한 지필 평가에 가깝다. 교사들은 늘 현실적인 조건(잡무가 많고, 학생 수가 과다하고, 학교 행사로 수업 결손이 많아 교과 진도 나가기에도 벅차다) 때문에 어쩔 수 없다고 한다. 수능을 정점으로 한 지필 평가 중심 체제에서 교사들도 다른 수가 없다고 한다. 물론 적지 않은 교사들이 초등학생만이라도 시험에서 자유롭게 해 주어야 한다고 말하지만 학부모나 관리자들에 의해 무력화되기 일쑤다.

교사들은 이론적으로 평가의 본질을 잘 이해하고 있고, 담임 평가권이 교육의 핵심이라는 것도 모르지 않을 것이다. 그런데도 교사들은 평가란 학생들이 각자 속해 있는 집단 내에서 상대적으로 어떤 위치에 있는지를 알려 주는 것이며, 경쟁이 학생들의 성취도 향상에 기여한다는 잘못된 믿음을 너무 쉽게 받아들인다.

이러한 평가 문화를 적당주의와 편의(도구)주의로 요약할 수 있다. 교사들은 학교의 모든 활동이 그렇듯이 시험에서도 '서류만 갖추면 끝'이라는 태도를 자주 보인다. 관리자들부터가 시험 문제 출제, 결재 절차, 이원목적분류표 작성 여부와 같은 관리적 측면에만 신경을 쓰니 교사들이 평가 결과에만 관심을 가지는 것도 어쩌면 당연해 보인다. 또 교사들은 문제 출제와 채점하는 데 시간과 노력이 적게 드는 것을 중요하게 생각해 단답형, 사지선다형 시험을 선호한다. 평가가 가져올 교육적인 효과보다 평가의 간편함에 초점이 맞춰지는 것이다. 결국 교사들은 시험 범위에 맞춰 진도를 나가는 데만 관심을 갖게 되고 수업을 어떻게 했느냐는 질문의 대상이 되지 않게 된다.

그러나 곽 교육감은 이러한 편의주의와 적당주의가 지배하는 학교 현장을 너무 몰랐다. 곽노현 교육감은 공정택 교육감이 학력 신장을 이유로 중간·기말고사를 강화하려 했을 때, 교사들이 '업무 과다' 이외에 교육적인 의미를 내세운 저항을 거의 하지 않았다는 것을 간과했다. 단지 보수 교육감이 교사들의 자율적인 평가 의지를 짓밟아서 교사들이 평가권을 행사하지 못한 것으로 오인한 것이다.

물론 앞에서도 이야기한 것처럼 많은 교사들이 적당주의와 도구주의적인 평가관을 갖는 것은 구조적 제약에서 비롯된 것이다. 그러나 그렇게 생각하는 데서 그치면 순환논법에서 벗어날 수 없다. 제대로 된 평가가 구현되지 못하는 이유가 학교 행사로 인한 수업 결손, 과중한 업무, 많은 수업 시수, 학생 수 과다 같은 것이라면, 스스로 전문가임을 자처하는 교사들은 곽노현 교육감이 이와 같은 정책을 내놓았을 때 이러한 구조적 제약에 대해 먼저 문제를 제기했어야 옳다. 그러나 이러한 문제 제기는 거의 없었다. 다만 학교가 이원목적분류표 제출을 강제함으로써 발생하는 업무 과다 문제만을 집중적으로 지적했다. 따라서 교사들이 학급별 수시 평가에 불만을 나타내는 것은 진보나 보수의 이념의 문제라기보다는 관료적인 학교 문화의 문제이다. 그것을 모르거나 간과한 곽노현 교육감은 아마추어이다.

곽노현의 착각 2 : 모든 교사들이 학급 단위의 의미 있는 수학 여행을 희망할 것이라고 생각했다

수학 여행 소규모(학급별) 테마 여행 실시, 그리고 수정 공문 시행 후 교사들의 반응

A교사 아니, 같은 학년인데 왜 따로 가래?

B교사 그러게요. 어차피 업체가 반별로 쪼개서 프로그램 짜서 올 텐데 왜 이런 짓을 해야 하는지.

A교사 우리 학교는 업체에서 세 반씩 나눠서 계획을 짜 오기로 했는데 교육감이 수정 공문 내려보내서 바로 바꿨어. 같은 장소로 같은 날 가기로.

B교사 그런데 한 반은 따로 가던데요. 교장 선생님이랑…….

A교사 수정 공문에서 "학교당 한 팀(1학급 또는 2학급 정도) 이상은 가급적 소규모 테마형 수학 여행을 시범 실시하여 좋은 모델을 제시할 수 있도록 학교의 적극적인 노력이 필요"라고 했거든. 학교장 경영 능력 평가에 반영한다고 했다가 안 한다고 했지만 확실히 모르니 일단 공문대로 해야지 뭐.

B교사 그런데 학급별 테마 여행이 의무는 아니잖아요?

A교사 공문으로 오면 의무야! 하라는 대로 해야 하는 거야. 아무튼 아마추어 교육감 때문에 혼란의 연속이야.

2010년 12월 13일, 곽노현 교육감은 그동안의 집단주의적이고 획일화된 수학 여행을 학급별 소규모 테마형 수학 여행으로 전환하는 정책을 추진한다며 관련 매뉴얼까지 작성해 배포했다. 당시에는 학교장들의 수학 여행 비리가 언론에 집중 보도되던 때라 별 저항 없이 이 정책을 수용하는 것처럼 보였다. 그러나 실상은 이랬다. 학교가 소규모 테마형 수학 여행 계획을 일사분란하게 짠 것이 아니라, 정확하게 말하면 기존 수학 여행 업체들이 교육청의 바뀐 방침에 맞는 프로그램을 준비해 왔다. 마치 입시 전형에 맞는 입시 전략을 수립하듯이 그들은 교육청의 발표가 있은 지 얼마 되지 않아 소규모 테마형 수학 여행 실시 프로그램을 짜서 학교에 제시했고, 학교는 이것을 받음으로써 새로운 계획을 수립해야 하는 부담을 덜었다. 그런데 이듬해 초, 방침을 수정한다는 내용의 공문이 내려왔고 아직 수학 여행을 진행하지 않은 학교들은 모든 것을 과거로 되돌려 버렸다.

교육청은 수정 공문을 통해 소규모 테마형 수학 여행은 교육청 정책 방향이긴 하나, 금년에 한해 이의 시행을 권장 사항으로 하니, 기존의 방식대로 준비를 해서 변경이 어렵거나 새로운 방식에 맞춰 준비하기가 어려운 경우, 종전 방식대로 진행해도 좋다고 했다. 다만 기존의 방식대로 하더라도 관람·참관·체험 등의 현지 프로그램은 소규모로 운영해서 최대한 소규모 테마형 수학 여행의 취지를 살릴 수 있도록 하라고 권했다. 또 학년 단위로 수학 여행을 갈 경우에도 학교당 한 팀 이상은 가급적 소규모 테마형 수학 여행을 시범 실시하여 좋은 모델을 제시할 수 있도록 하라고 했다. 그리고 학교는 딱 이만큼만 했다. "어차피 애들은 저녁에 자유 시간 많이 주고 밥 맛있고 잠자리 좋은 데서 재워 주면 만족도 올라가게 되어 있어. 올해 학교에서 한 학급은 시범적으로 해야 한다고 해서 소규모 체험형 수학 여행을 우리 반 애들 데리고 했는데, 애들은 고생하는 거 싫어해요. 교육감이 너무 아마추어야. 현장을 모르고 이런 정책을 만들다니." 시범적으로 학급별 여행을 다녀온 교사는 이처럼 넋두리를 늘어놓았다.

이런 지적에 대해서 현재 상황은 과도기일 뿐이고, 소규모 테마형 수학 여행이 의무화되면 좋은 프로그램들이 많이 공유되고 교사들도 경험이 쌓이면서 내실 있게 운영될 것이라고 말하는 사람도 있었다. 지나친 낙관이다. 교육감이 이 방침을 의무화하면 수학여행 업체들이 발빠르게 프로그램을 준비할 것이고 학교는 업체가 짜 준 프로그램으로 수학 여행을 진행할 것이다.

본래 소규모 테마형 수학 여행의 취지는 교실을 벗어나 학생들과 함께하는 배움의 여행을 만드는 것이다. 그러니까 지금처럼 교사가 일방적으로 주도하는, 즉 '학생은 없는' 여행에서 탈피하는 것이 목적이다. 교사 주도 여행은 학생들을 대상화시키고, 참여의 주체가 아니라 돈을 내고 프로그램을 사는 소비자로 만들어 버리기 때문이다. 당연히 이러한 수학 여행에서 학생들의 관심은 여행 경비에 상응하는 잠자리와 식사가 제공되는가에 맞춰질 수밖에 없다. 양심 있는 교사들이 수련회나 수학 여행에서 할 수 있었던 가장 적극적인 조치는 기껏해야 업체에서 제공하는 서비스를 거부하는 정도였다.

그런데 곽노현 교육감은 느닷없이 수학 여행을 학급별 테마형으로 실시하라고 했다. 교사들이 소규모 체험 학습을 원하지만 여러 가지 현실적인 벽에 부딪혀 뜻을 펴지 못하고 있다고 착각한 것이다. 실제로 많은 교사들이 수학 여행, 수련 활동을 때 되면 치러야 하는 행사로 여길 뿐 교육적 효과 같은 것은 별로 고려하지 않는다는 것을 모르고 있었던 것이다. 그러니 교육감은 학교 현장을 몰라도 한참을 모르는 아마추어이다.

곽노현의 착각 3 : 교사들이 학습 부진 학생은 수업 중에 더 많은 배려를 받아야 한다고 생각할 것이라고 믿었다

부진 학생 전담 강사와 나눈 대화

나 아침에도 학급 수업에 들어가셔서 부진 학생을 지도하시고 오후에는 부진 학생을 한 교실로 따로 모아서 수업하시는 것으로 아는데 어떤 게 효과가 더 좋죠?

부진 학생 전담 강사 효과는 오후에 부진 학생들만 따로 모아서 할 때가 좋아요.

나 그래도 원래 부진 학생 전담 강사를 도입한 취지는 오전에 부진 학생이 있는 반에 들어가서 수업 중 지도를 하라는 것 아닌가요?

부진 학생 전담 강사 예. 의도는 좋지만 시수는 정해져 있고 부진 학생은 여러 명이 있어서요.

나 불편한 점 같은 것도 있을 텐데요.

부진 학생 전담 강사 아뇨. 불편한 건 없어요. 선생님들이 좀 불편해하시는 것 같긴 한데……. 오전 수업에 함께 들어가는 것은 효과가 거의 없어요. 부진아 지도 일지 서류나 잘 챙겨 두는 거죠 뭐.

부진 학생 업무 담당 교사와 나눈 대화

나 곽노현 교육감이 부진 학생 지도를 강조하고 있죠?

부진 학생 업무 담당 교사 예. 우리 학교는 '대학(원)생 보조 교사제'를 통한 학습 부진 학생 개별화 지도, 담임 교사의 부진 학생 지도, 부진 학생 담당 강사를 활용한 부진 학생 지도 등 크게 세 가지 프로그램을 운영하고 있어요.

나 대학생 멘토제랑 담임 교사 책임 지도는 이전부터 하던 정책 아닌가요? 특별히 힘든 점은 뭔가요?

부진 학생 업무 담당 교사 올해 처음 맡은 업무라서 조금 힘들기는 해요. 어려운 점은 프로그램을 세 개나 돌리니까 아이들을 어느 선에서 선별하고 어떻게 배치할 것인가 하는 점이에요. 부진 학생 전담 강사를 오전 수업에서 어떻게 활용할 것인가도 어려운 문제예요. 오후에 남겨서 지도하는 것은 학부모 동의를 받아야 하고, 오전에 학급에 들어가는 것은 시수가 정해져 있어서 어느 반에 들어가게 할 것인지 결정하기가 힘들죠.

나 다른 어려운 점은 뭐예요?

부진 학생 업무 담당 교사 일단 지도 파일을 잘 만들어 놓도록 해야 해요. 교육청에서 부진 학생 책임 지도 공문을 내려보냈는데 그 공문에 보면 지역교육지원청에서 기초 학력 미달 학생 비율을 20%까지 줄이겠다고 하고 있어요. 그래서 학교장님도 스트레스 많이 받으시고 강사보고 파일 세심하게 만들라고 하세요.

나 이렇게 하면 학습 부진 학생이 줄어들까요?

부진 학생 업무 담당 교사 글쎄요. 사업은 사업대로 진행될 뿐 크게 나아지는 것은 없어요. 제가 작년에 담임을 해 봐도 그냥 지도비에 맞춰 계획 세우고, 오후에 남겨서 하는 프로그램에는 부진 학생 뽑아서 보내면 되니까 담임은 편하고…….

나 부진 학생을 가장 잘 지도할 수 있는 사람은 누굴까요?

부진 학생 업무 담당 교사 아마 담임이겠죠. 부진 학생을 가장 잘 알고 있는……. 그런데 담임 선생님들이 너무 바쁘시잖아요. 아무튼 교육감이 전담 강사까지 보내고, 의욕은 많은 것 같은데 학교 현장을 너무 몰라요. 아마추어 같아…….

학습 부진을 해소하고 학력을 향상시키려는 노력은 모든 나라의 교육 정책에서 매우 큰 비중을 차지한다. 우리나라에서 학습 부진 학생 정책을 모델링한 나라가 미국, 영국 그리고 핀란드인데, 미국은 낙오학생방지법NCLB: No Child Left Behind을, 영국은 아동지원종합계획The Children's Plan을, 그리고 핀란드는 교육 형평성 제고 정책을 통해 학습 부진 학생에 관심을 가지고 다양한 노력을 해 왔다. 그런데 각국의 학습 부진 정책을 보면 결국 성공의 열쇠는 학습 부진 유형을 제대로 진단하는 것과 정규 수업 중 학습 부진 학생을 어떻게 지도하느냐에 달려 있다고 할 수 있다.

교육부와 시·도교육청은 부진 학생을 조기에 선별하고 지원하기 위한 정책을 오래전부터 지속적으로 추진해 왔다. 역사적으로 조금씩 정책의 변화를 겪어 왔지만, 일반적인 흐름은 학습 부진 학생 진단을 위해 학년 초에 학습 출발점 점검을 위한 교과학습진단평가를 실시하고, 학습 부진 학생들을 대상으로 다양한 심리 사회적 진단 검사를 실시하여 학습 부진 원인을 파악하고 맞춤형 지도를 실시하는 식으로 진행되었다. 이러한 맥락에서 곽노현 교육감 역시 2011년 초에 '학습 부진 학생 책임 지도 계획'을 발표하고 부진 학생을 조기에 진단하고 담임 교사(혹은 전담 강사), 담당 교과 교사 등을 활용한 맞춤형 지도를 수업 시간, 방과 후, 주말, 방학 등에 실시하도록 했다.

교육부와 교육청의 정책만 보면 부진 학생 판별부터 지도 방법까지 모든 면에 걸쳐서 부진 학생을 돕기 위한 종합적인 그림이 그려지고 있는 것처럼 보인다. 그런데 3월 초 실시되는 교과학습진단평가가 7월 실시되는 국가수준학업성취도평가와 연동되고 그 결과가 정보 공시 항목에 포함되면서 취지는 변질되었다. 각 지역교육청에서는 학교별 기초 학력 미달 비율(초6)을 설정하였고, 이에 따라 각 학교의 부진 학생 지도 정책은 미국의 NCLB의 경우처럼 오로지 성적을 올리기 위한 수단이 된 것이다.

물론 교육청의 의도는 학습 지도와 함께 성취 동기 강화 프로그램을 병행하도록 하고, 학습 성취감(지적·정의적 성취) 부여를 위해 학교 단위로 개인별 성공 프로그램을 운영하며 학생이 자기 성장을 돕는 활동에 참여할 기회를 제공하는 것이다. 그러나 학교에서 실시되는 부진 학생 지도는 오로지 교과학습진단평가에 의해 걸러낸 학생과 담임이 추천한 학생을 각각의 프로그램에 끼워 넣고 문제 풀이를 반복하는 방식이 전부이다.

곽노현 교육감의 부진 학생 지도 정책은 오바마형과 핀란드형을 적절히 조합해 개선을 시도했다고 볼 수 있다. 우선 오바마형 부진 학생 지도 정책은 2002년 부시 행정부가 공표한 NCLB 법안이 낳은 문제점을 수정하기 위한 조치인데, 부진 학생 지도 개선이 필요한 학교에 벌을 주는 것이 아니라 지원하는 방식이 되도록 NCLB의 책무성 시스템을 개선하는 것이 핵심이다. 핀란드형은 "교육이라는 이름의 보트에 탄 학생들 중 단 한 명이라도 물에 빠지게 내버려 두지 않는다"는 가치와 이념을 구현하는 것이다. 핀란드에서는 특수교육의 범위를 장애 학생에 한정하지 않고 다양한 학습 장애를 겪고 있는 학생들을 지원하는 방식으로 구현하고 있다. 이런 맥락에서 핀란드형은 선별과 검사, 책무성의 개념을 넘어서서 부진 학생 개개인의 학습 장애를 진단하여 이를 국가가 책임지는 방식을 취한다는 점이 오바마형과 구별된다. 서울시교육청도 "한 사람도 포기하지 않는 교육"이라는 구호를 통해 이를 표현하고 있다. 곽노현 교육감은 이러한 두 국가의 부진 학생 지도 정책을 적절히 조합해 학습 부진의 유형을 다양한 맥락에서 진단하고 정규 수업 중 담임 교사와 부진 학생 전담 강사가 협력하여 지도하는 데 중점을 두는 정책을 수립하였다.

그러나 이 정책 역시 교사들로부터 현장을 모르는 설익은 정책으로 평가받았다. 교사들은 부진 학생 문제는 전담 강사가 수업에 한두 시간 들어온다고 해소될 수 없다면서, 자신의 교실에 학습 부진 학생 전담 강사가 들어오는 것을 불편해했다. 학습 부진을 초래하는 요인들이 워낙 다차원적이라서 단시간에 제한된 교과 교육을 보조하는 것만으로는 부진 학생 문제가 해결되지 않는다는 말이 틀린 것은 아니다. 그런데, 그렇게 말하면서 교사들은 무엇을 하는가? 진짜 문제는 수업에서 부진 학생에 대한 배려를 전혀 하지 않는다는 것이다. 교사들에게는 계획된 진도를 나가는 것이 가장 중요하기 때문에 수업 중 부진 학생 지도를 위해 누군가 들어온다는 것이 수업을 방해하거나 흐름을 깨는 것으로 여겨질 수밖에 없다. 그래서 교사들은 부진 학생을 통합교육의 관점에서 접근하지 않고 방과 후 따로 혹은 특수학급에 모아서 가르쳐야 한다고 생각한다.

물론 현재와 같이 수많은 과목을 가르쳐야 하는 환경과 교사의 업무가 과중한 상황에서 부진 학생 문제는 필연적으로 발생할 수밖에 없으며 담임 교사의 책임으로 이 문제를 해결한다는 것은 불가능하다고 반론하는 이가 있을 수도 있다. 그러나 현재의 부진 학생 지도의 문제점을 알고 있는 교사들은 그러한 조건에 대해 침묵할 뿐 분노하지 않는다. 또한 '모두가 배우는 학교'를 만들기 위해 교육과정을 개선하고, 평가 방식을 바꾸고, 교원의 자질을 높이고, 학교의 업무 구조와 교육 행정 체제를 개혁하자고 주장하지 않으며 교육감의 정책이 설익었다고 비판만 한다.

전문가인 교사들이 이미 너무 잘 알고 있는 것처럼 학습 부진 학생은 일회적인 진단평가에 의해 판별될 수 없고 일상적인 교육과정에서 담임 교사에 의해 수시로 진단받고 지도를 받아야 한다. 또한 수업에서 학생 각각의 수준과 관심이 반영된 개별화된 학습을 할 수 있어야 한다. 학생이 자신이 하는 학습의 맥락 속에서 성취 수준을 평가받는 '맥락에 기반한 평가' 역시 필요하다.

곽노현 교육감은 매 수업 속에서 교사들이 학습 부진 학생의 문제를 고민하고 이를 해결하려 노력했지만 잡무로 인해 이를 세심하게 신경 쓰지 못했다고 착각을 했다. 곽노현 교육감은 전문가인 교사를 몰라도 너무 모른다.

곽노현의 착각 4 : 모든 교사들이 참여 민주주의를 지지한다고 생각했다

한 교사와 나눈 대화

A교사 정 선생, 교육 정책 공부하고 있지? 뭐 하나 물어볼게. 교육감이 민관 거버넌스, 거버넌스 하는데 그게 뭐야?

나 학운위, 노사정위원회, 요즘 학교 시설 점검하러 다니는 시민단체와 교사, 교육청으로 구성된 위원회를 생각하시면 돼요. 거버넌스가 원래 지배 구조, 통치, 관리 방식과 같은 뜻이 있어요. 이 단어는 아직도 확립되거나 일치된 정의가 없지만 가장 넓은 의미에서는 사회생활이 조정되는 다양한 방식을 말해요. 그러니까 정부는 거버넌스 속에 포함된 기관 중의 하나가 되는 거예요. 이 단어가 나오게 된 배경이 점점 사회가 복잡해지고 공적인 의사 결정을 국가 혼자선 못 하니까 의사 결정을 국가 기구 밖으로 확대한 거예요. 점점 사회와 국가의 경계가 흐려지게 되죠. 넓은 의미에서 서울대 법인화도 거버넌스의 하나라고 할 수 있어요. 그러니까 결론적으로 말하면, 거버넌스는 새로운 행태의 공적 관리 방식인데, 시민 사회, 시장 등의 영향력이 증대하면서 의사 결정 과정에 이들을 주체로 포함시켜 조정하는 방식을 말해요.

A교사 괜히 물어봤네. 뭐가 뭔지… ….

나 설명을 잘 못했나 봐요. 학교 일을 교사들만의 결정으로 하지 않고 학부모, 학생, 지역 인사들을 포함시켜서 함께 결정하고, 교육청의 의사 결정에도 시민 사회를 비롯한 여러 단체를 포함시킨다는 의미로 이해하세요. 좀 더 많은 사람이 서울 교육의 정책을 결정하는 데 참여한다는 의미죠. 예산도 함께 짜고, 감사도 함께 하고요.

A교사 알았어. 그런데 뭐 하러 그런 걸 해? 참여하는 사람들이 많아지면 시간만 걸리잖아. 소수가 다수를 위한 합리적 결정을 내리면 되는 거 아냐? 민관 거버넌스 그거 솔직히 말해서 아무한테나 완장 채워 주고선 학교, 교육청 돌아다니란 거 아냐. 아무튼 곽노현은 어설퍼. 아마추어야.

"요리를 글로 배웠습니다!"

얼마 전 광고에 나왔던 문구이다. 요리를 책에 써 있는 대로 하니 제대로 된 맛을 낼 수 없었다는 일종의 푸념이다. 그런데 이 말은 민주주의와 관련해 교사들에게 어울리는 말이기도 하다. "민주주의를 글로 배웠습니다!" 교사들도 대부분 민주주의를 글로 배웠다.

민관 거버넌스는 대의 민주주의보다는 직접 민주주의의 관점에서 교육과 관련한 의사 결정을 하려 하는 정책이다. 그동안 소수의 사람들이 교육 정책과 관련한 결정을 해 왔다면 민관 거버넌스는 그 의사 결정에 되도록 많은 사람들이 함께할 것을 요구한다. 그러나 사실 이러한 방식의 민주주의는 교사들뿐만 아니라 우리 사회의 많은 사람들에게 그리 익숙하지 않다. 나와 대화를 나눈 동료 교사의 말처럼 많은 이들이 '소수가 다수를 위한 합리적인 결정'을 해 주길 바란다. 그러나 대의 민주주의는 기본적으로 대표성의 문제, 즉 고학력자, 고소득층, 남성 등에 편향된 대표성의 문제를 은폐하고 있다. 학교에서 어떻게 의사 결정이 이루어지고 있는지를 생각해 보라.

특히 학교에서 교사들에 의해 이뤄지는 민주주의를 보면 구성원의 주도적인 역할과 적극적인 참여를 강조하기보다 별다른 토의와 협의 없이 어떤 결정을 하고, 결정되었으니 따르라고 강요한다. 교사와 학생들을 '위한다'는 학교는 있는데 교사들과 학생들에 '의해' 만들어져 가고 있는 학교는 없는 것이다. 또 학교에서 이루어지는 민주주의는 동등한 권리와 의무를 가진 이들이 토의와 협상을 통해 구성원들이 수용할 수 있는 합의를 만들어 가는 방식이 아니라, 학생회장 선거나 학교운영위원회 교사위원 선거 등을 할 때 볼 수 있듯이 다수표 또는 과반수의 표를 획득한 안이 선택되는 산술적인 민주주의다. 이런 현실에서 교사들이 민관 거버넌스가 내세우는 참여적 민주주의에 대해 적대적인 것은 당연한 일인지도 모른다.

문제는 교사들과 학생들이 학교에서 이렇게 선거를 중심으로 한 대의 민주주의, 산술적 민주주의만을 경험하면서 자신들의 권리를 스스로는 개선할 수 없으므로 누군가 훌륭한 사람을 지도자로 뽑아서 그들로 하여금 우리를 다스리도록 하겠다는 생각, 즉 위임을 내면화하게 된다는 점이다. 대표를 자임하는 자들이 행사하는 권력이 아니라 예상치 못했던 시간과 장소에서 예상치 못한 주체들이 공적인 문제들을 결정하겠다고 나서는 것은 곧 '무질서'와 '혼란'이다.

민주주의란 어원상 '인민의 지배'를 뜻한다. 그런데 이 인민의 지배라는 것은 매우 불안하며, 그 불안함이 대의 민주주의를 통해 시민의 자발적 권리를 제한하게 된다. 그것은 직접 민주주의에 대한 증오이다. 사실 직접 민주주의에 대한 증오는 학식이 높아질수록, 지식인층으로 갈수록 더 강해지는 경향이 있다. 교사들 또한 민중들이 직접 참여하는 민주주의, 특히 배우지 못한 자들의 직접 참여, 어린이들의 직접 참여를 무질서로 보는 경우가 많다. 이러한 위임 민주주의적 인식은 관료제의 기본 원리이며, 학교의 뼈 역할을 한다.

교사들이 이 나라를 통치할 주인의 범주에서 약자들과 배우지 못한 자들을 제거하고, 각성한 민중의 뜻과 힘보다는 권력자의 선의에 의존하는 민주주의를 신뢰하게 되면서 다수가 침묵하고 권력자에게 자신의 권리를 위임하는 체제가 반복되게 된다. 그리고 이렇게 되는 순간, 뛰어난 선전과 선동을 통해 국민을 하나로 통합하면서, 설득과 대화라는 장치를 구축하여 반대 세력을 조용히 제거하고, 사회 전체적으로 스스로를 검열하는 문화를 유통시키는 권위주의와 관료주의가 등장하게 된다.

정리하자면, 교사들에게 민관 거버넌스는 대의 민주주의를 보완한 참여 자치적 체제가 아니라 어디서 굴러온 완장 찬 이들의 아마추어리즘이며, 또 다른 관료 조직에 불과한 것으로 인식된다. 그러니 모든 교사들이 참여 민주주의를 지지하고 정치적 기회 구조의 평등을 실현하고자 하며, 다양한 가치와 시각을 가진 자율적 교사들이 상호 소통하면서 공적 관념을 지향하고자 할 거라고 생각한 곽노현 교육감은 대단한 착각을 한 것이다.

곽노현의 착각 5 : 모든 교사들이 잡무 때문에 수업을 제대로 못 한다고 생각했다

> 부장 교사와 나눈 대화
> 나 곽노현 교육감이 잡무를 줄이겠다고 했는데 많이 줄었나요?
> 부장 줄기는 개코가 줄어. 오히려 더 많아졌어. 그리고 교사들 잡무 잡무 하는데 정확히 말해야지. 부장들하고 신규 교사들 잡무가 많은 거 아냐!

나 그래도 지역교육청이 지역교육지원청이라고 바뀌고 변화를 시도하고 있지 않나요?

부장 이름 만날 바꿔 봐라. 달라지는 게 있나. 그 나물에 그 밥이야. 여러 가지 이유에서 부장 하고 있지만 애들한테 미안하지. 수업이 제대로 안 될 때가 많으니까. 그나마 아이스크림i-Scream*으로 버텨.

나 잡무를 줄이는 건 중요하잖아요?

부장 이건 잡무를 줄이고 말고의 차원이 아니라고 봐. 생각해 봐. 교장, 부장, 교사들이 잡무 때문에 교육 활동 못 한다는 건 옛날 이야기야. 학교 현장을 봐. 몇 사람이 집중적으로 잡무 처리하잖아. 난 핵심은 '책무성'이라고 봐. 학교 경영 평가가 시작되면서 모든 교육 활동이 지표화되잖아. 심지어 곽노현 교육감도 자신의 정책을 강하게 밀어붙이려고 수학 여행 소규모 테마 여행으로 진행하는 거 학교 경영 평가에 반영한다고 했잖아.

신규 교사와 나눈 대화

나 지금 교사가 된 지 몇 년 차이고, 업무 분장은 무엇을 담당하나요?

신규 교사 저는 2년 차인데 스카우트랑 네이스NEIS, 교육행정정보시스템, 학

---

* 아이스크림은 초등 교사들에게 온라인으로 교실 수업용 콘텐츠를 교과, 비교과 등 전 분야에 걸쳐 다양한 방식으로 제공하는 서비스이다. 교사들에게 완성된 콘텐츠를 제공하는 것을 넘어서서 교사들이 수업을 디자인할 수 있도록 하는 서비스를 제공하고 있으며, 교사 연수원 등도 운영하고 있다. 최근에는 학생들을 대상으로 한 온라인 콘텐츠인 아이스크림 홈런(i-Scream Home-Learn)을 상품으로 출시하여 홈쇼핑에서도 판매하고 있다.

교 통신(신문) 담당해요.

나 얼마 전에 네이스를 담당하던 한 신규 선생님이 스스로 목숨을 끊은 사건이 있었는데, 알고 있는지요?

신규 교사 잘은 모르지만, 그 상황을 이해할 것 같아요. 솔직히 처음 발령받아서 지금까지 행정적인 일만 배운 것 같아요. 공문 쓰는 거랑 돈 정산하는 거. 수업에 대해서는 신규 교사 수업 장학 1년에 네 번 하는 거 빼고는 없는데, 뭐 그때도 다 뻔한 말들만 해 주시고요. 교사 임용 시험을 봐서 들어왔는데 학교에서는 공무원으로서 정체성을 더 요구하는 것 같아요.

나 잡무 때문에 수업 결손이 생기는 건 없나요?

신규 교사 전 솔직히 모르겠어요. 잡무가 허드렛일을 말하는 건데 스카우트랑 학교 통신이 학교 교육 활동에서 정말 중요한 거라고 선배 선생님들이 말씀하시는 걸 보면 제 일이 잡무는 아닌 것 같고, 그런데 이 일들로 인해 수업에 대해 신경을 많이 못 쓰게 되는 것도 사실이고요.

경력 15년 차 교사와 나눈 대화

나 업무 분장은 뭘 맡으셨나요?

경력 15년 차 교사 저는 통일교육을 담당해요.

나 그 업무 때문에 수업에 지장을 받은 적이 많으신가요?

경력 15년 차 교사 솔직히 그렇게 생각하지 않아요. 저도 신규 때는 스카우트에 업무 분장 한 개 더 하고 그랬는데 지금은 굉장히 편하고 수업에 지장이 될 정도의 업무 분장은 아니에요.

나 그래도 곽노현 교육감은 교사의 잡무 문제에 관심이 많은 것으로 알고 있는데…….

경력 15년 차 교사 잡무라는 게 교사로서 꼭 해야 하는 업무가 아닌 걸 말한다면 줄여야죠. 그런데 제 경험으로 보면 잡무를 딱 나누기가 어려워요. 물론 물리적으로 잡무가 많을 수 있지만 상대적으로 각각의 일이 서로 관련이 없고 기계적으로 연계되어 있을 때 잡무의 체감 지수가 높아지는 것 같아요. 저는 아이들 데리고 체험 학습 가는 것을 좋아하는데 그렇게 학급 단위에서 체험 학습을 가려면 가정통신문, 스쿨뱅킹 기안 등 처리해야 할 서류가 많아요. 그런데 그건 내가 자발적으로 아이들하고 하고 싶어 하는 것이라서 잡무라고 느끼지 않거든요. 제가 생각하기에 잡무의 총량을 줄이는 것 못지않게 학교를 가르치는 공간으로 변화시키는 것과 신규 때는 무조건 하라는 일, 힘든 일 다 하는 것이라는 사고를 버리는 게 중요하다고 봐요. 그런 점에서 곽노현 교육감은 현장을 너무 모르죠.

역대 교육감이 공통적으로 이야기한 것이 교사의 잡무를 줄이겠다는 것이었다. 경기도교육청의 경우, 잡무를 줄이기 위해 실시한 정책이 가시적 성과를 보이기도 했다. 진보 교육감이 당선된 다른 시·도교육청에서도 잡무를 줄이고 업무를 경감하는 실천들이 나오고 있다. 교육감들이 교원의 질을 향상하기 위해선 교원의 업무 부담을 적극 경감하는 것이 필수적이라고 생각하기 때문이다. 곽노현 교육감도 타 시·도의 진보 교육감과 같이 교사의 잡무를 줄이고 수업과 생활 지도에 집중할 수 있도록 하는 정책을 추진하였다. 특히 여기서 주목할 개념이 업무 정상화라는 표현이다. 업무 정상화라는 표현은 일하는 방식의 개선workforce remodeling을 위해 이루어지는 경영 혁신 전략과 같은 맥락에 있다. 일하는 방식의 개선은 전통적으로 폐쇄적인 부서에서 지침에 따라 일하는 방식에서 탈피하여 좀 더 유연하게 일하면서 높은 성과를 내려는 노동 방식의 전환을 의미하는 것으로, 이것을 학교 조직에 적용하여 교사들이 가르치고 학생들을 돌보는 활동에 집중하는 시간을 보다 많이 확보하도록 하는 전략이다.

교사의 업무 영역은 교과 학습 지도, 생활 지도, 특별 활동 지도, 학급 운영, 교육 행사 등 다양하다. 이 중에서도 잡무란 교육과정과 직접적 관련이 적으면서 수업 결손을 초래하고, 단순 노동성과 반복성을 특징으로 하는 허드렛일을 말하는데 크게 공문서 처리, 각종 장부 관리, 그리고 청소년 단체 업무, 방과 후 활동, 도서관 활동 관리 등이 있다. 이러한 일들이 교사가 교육 활동에 전념하는 데 지장을 초래하므로 줄여야 한다는 데는 이론이 없는 것 같다.

그러나 궁극적으로 지금 필요한 것은 잡무의 경감이 아니라 직무를 재구조화하고, 교사에게 과도한 책무성을 요구하는 정책을 개선하는 작업이다. 학교 현장에서 자율과 책무성을 기본 원리로 하는 신자유주의적 교육 정책이 실현되면서 학교에는 높은 책무성 메커니즘이 구조화되었다. 학생의 학업 성취도를 비롯해 학교의 모든 교육 활동이 각종 평가와 연동되면서, 학교장뿐만 아니라 교사들에게 높은 책무성이 부과되었다. 그래서 교사들이 높은 업무 부담과 스트레스에 시달리고 있는 것이다. 각종 연구 결과를 보면 학교가 경쟁에 기반한 문화를 가지고 있을수록 교사들의 직무 스트레스는 증가한다. 그러니 경쟁에 기반한 학교라는 기본 철학을 재구조화하지 않는다면 잡무를 줄여 봤자 큰 효과는 없다.

지금까지 교사 업무 경감 정책은 적은 예산으로 단기간에 가시적인 효과를 낼 수 있는 사무 보조원 배치에 치중되어 있었다. 이와 같은 정책은 단기간에 효과를 거둘 수 있을지 몰라도 중장기적으로 보면 효과가 미미하다. 잡무란 업무와 연결된 허드렛일, 즉 업무의 종속 변수이기 때문에 사무 보조원이 줄일 수 있는 잡무의 양은 한계가 있을 수밖에 없기 때문이다. 그래서 교사의 직무를 재구조화하고 보조 교사를 배치하는 것이 우선되어야 하며, 각종 사무 처리를 도와줄 사무 보조원을 배치하는 것은 마지막에 해야 할 일이다. 그런데 현재의 업무 경감 정책은 가장 손쉽지만 장기적으로는 효과가 없는 것에 집중하고 있다.

내가 잡무와 관련하여 검토하고자 하는 것은 다음 두 가지다. 첫째는 잡무의 불평등한 분배 구조 문제이며, 둘째는 잡무로 인한 수업 결손 문제이다. 학교에서 잡무는 소수에게, 특히 신규 교사에게 집중된다. 이렇게 잡무가 약자의 처지에 있는 신규 교사에게 집중됨으로써 상대적으로 수업 연구에 더 많은 시간을 투자해야 할 신규 교사들은 수업에 소홀하게 되고, 결과적으로 학생을 잘 관리하고 통제하며 정해진 진도를 잘 빼는 수업에 익숙해진다.

잡무 때문에 수업 결손이 생긴다는 말을 많이 한다. 그러나 수업 결손이 학교 현장에서 그리 부정적으로 인식되는 것 같지는 않다. 예를 들어 교사들은 학교 행사 때문에 수업을 한두 시간 안 하는 것에 대해서는 수업 부담이 줄어 오히려 반기기도 한다. 보다 근본적으로는 전문가인 교사는 '잡무로 인한 수업 결손'이라는 말을 함부로 해선 안 된다. 교사들이 수업에 대한 전문성을 가지고 있다면 수업을 방해하는 어떤 조건으로부터라도 수업을 지켜 내기 위해 노력했어야 하며, 방해가 되는 것들을 없애기 위해 강력히 저항했어야 한다.

학교에서 잡무는 업무가 되고 교육 활동은 잡무가 된 지 오래다. 수업도 오래전에 필수 업무가 아닌 잡무가 되었다. 수업의 의미는 진도 나가기 이상이 아니며 이런저런 비교육적 행사들에 몇 시간을 내줘도 되는 하찮은 것이기 때문이다. 그러니 잡무 때문에 교사들이 수업에 지장을 받고 있다는 생각에서 나온 곽노현 교육감의 업무 경감 정책은 현장을 몰라도 너무 모르는 아마추어 정책이다.

곽노현의 착각 6 : 교사를 관료가 아니라 수업의 전문가라고 착각했다

지식 관료

김남주 시 패러디

전두환 시절에 그는 초1정으로 임용되어 반공 교육에 힘썼다
남달리 매사에 근면했기 때문이다

김영삼 시절 그는 부장 교사가 되어 열린교육에 힘썼다
남달리 매사에 정직했기 때문이다

유인종 교육감 시절 그는 장학사가 되어 수행 평가 홍보에 힘썼다
남달리 매사에 성실했기 때문이다

공정택 교육감 시절 그는 교감이 되어 학력 신장에 힘썼다
남달리 매사에 공정했기 때문이다

곽노현 교육감 시절 그는 교장이 되어 혁신학교 유치에 힘썼다
남달리 그는 혁신을 지지하고 소비자인 국민에게 봉사했기 때문이다

나는 확신하는 바이다
다음 교육감이 곽노현과 정반대되는 사람이 되어
반대되는 정책을 쏟아 놓는다고 하더라도
한결같이 그는 정책을 성실히 따를 것이다
국가에는 충성을 국민에게는 봉사를 일념으로 삼아
근면하고 정직하게!
성실하고 공정하게!

우리는 흔히 교사는 관료 집단이 아니라고 이야기한다. 그래서 관료를 생각할 때 교장, 교감, 행정 직원, 그리고 학생들을 버리고

승진의 길로 들어선 부장 교사들만을 떠올린다. 이러한 구분법은 교사는 관료제의 외부에 존재하며 매우 자발적이고 자율적이며 전문적인 존재라는 일반적인 생각을 반영한다. 그러나 교사는 매우 정교한 관료제 시스템을 지탱하는 '특별한 관료'이다. 대부분의 교사들은 수업의 전문가인 교사로 임용되었지만 공무원이라는 교육 관료로서 삶을 살아가길 강제당하고 있고 또 그런 삶을 살아간다.

학교는 구성원들의 위계적 서열, 법과 규정의 체계, 업무의 전문화, 구성원 사이의 몰인간적 관계, 그리고 자원에 대한 조직적 통제로 특성화되는 관료적 조직이다. 이 속에 거주하는 개인들은 '탈인간화'되고, 공식적 업무에서 순수하게 개인적이고 비합리적이고 감정적인 요소를 제외하게 된다. 관료제가 지배하는 학교에서 행정은 정치를 대체한다. 공적 문제를 해결하기 위해 서로 협력하고 싸우는 교사의 참여적 행위로서 정치는 실종되고, 의사 결정은 행정에 의해 이루어진다. 그러니까 관료제화된 학교에서는 단순히 조직 체계뿐만이 아니라 학교 안의 지식, 언어, 문화가 모두 관료제를 바탕으로 형성되어 개인의 행위를 규제한다.

관료제의 언어는 일방향적이며 비인과적이다. 보통의 사회적 삶에서 쓰는 언어가 개인들 간의 역동적이며 쌍방향적 대화로 구성되는 것에 반해, 관료제의 언어는 어떤 도전도 허용하지 않고 설명도 제공하지 않는 지시, 규칙, 규정의 언어이다. 학교로 들어온 상담, 인권, 성교육 담론이 지시, 규정의 언어 속에 포섭되어 이해가 아닌 지배의 담론으로 변형되는 것이 그 예이다. 체벌과 인권 담론을 학교에서 어떻게 다루었는지 생각해 보면 된다.

  수업과 평가도 학교에선 관료제에 기반해 조직된다. 학교에서 지식을 조직하는 순서는 교육학적 또는 논리적 필요성보다는 행정적 편의를 따르며, 평가 또한 이러한 원리로 조직된다. 교실에서 교사의 관심은 얼마나 잘 가르치느냐보다 얼마나 학생들을 잘 통제해 학급 관리를 능숙하게 하느냐에 있기 때문에 학생들이 싫어하는 시험이 학생 통제의 방법으로 활용된다. 협력과 집단 학습조차도 교육적 효과보다 성적에 민감한 학생들의 심리를 이용하여 학생을 통제하고 집단 경쟁을 유도하는 데 쓰인다.

  더욱 심각한 것은 도구주의적이며 편의주의적 사고가 지배하는 관료화된 교실에서 앎은 역사적, 사회적, 개인적 맥락으로부터 벗어나게 된다는 것이다. 관료제로 조직된 학교에서 지식을 구성하는 과정에 있는 앎의 주체들은 종종 억압되고 무시되며, 학습자의 경험으로부터 파생된 구체적 지식은 객관적 범주화와 관련된 추상적 지식이나 형식화된 원리들보다 가치가 적은 것으로 고려된다. 따라서 지식의 구조화는 지식이나 앎을 추구하는 자의 본성보다 조직의 의무 또는 명령에 더 가까우며, 관료적 인지 스타일을 형성한다. 이러한 관료적 인지 스타일의 두드러진 특성이 바로 질서, 예측 가능성, 명료한 요약, 모형화된 익명성 그리고 수동성이다.

  그래서 교사들은 교육 관료들과 마찬가지로 명령자인 교육감의 책임을 떠맡아 철저한 무사유 속에서 정책들을 행정적으로 처리한다. 수행 평가를 도입하는 유인종 교육감의 명령에 복종하고, 학력 신장을 강조하는 공정택 교육감의 명령에 복종한다. 교사는 교육 관료다.

곽노현 교육감은 취임 후 1년 동안 교사들을 수업 전문가로 대우해 주었고, 혁신학교, 체벌 금지, 학생 인권, 학급별 수시 단원 평가, 잡무 경감 정책으로 우리들에게 말을 걸어왔다. 그러나 우리들은 교육감이 설익은 정책을 내놓는 아마추어라고 말하며 저항을 했다. 그런데 우리들의 저항은 교육 활동에 대한 열정을 바탕으로 나온 것이 아니라, 기존의 관행을 혁신하는 것에 대한 반감에서 나온 것이었다. 이렇게 교육적 열정과 토론이 사라진 곳에는 명령과 지침, 그리고 그 명령과 지침에 복종하는 교육 관료로서의 존재만 남게 되었다. 그러나 곽노현 교육감은 계속해서 '여러분은 관료가 아니라 수업의 전문가인 교사'라고, 초임 시절의 그 열정을 다시 불러 내자고 했다. 많은 교사들이 수업 전문가가 되기를 바란다고 생각하면서. 이것은 곽 교육감의 큰 착각이었다.

처음 교실에서 학생들과 마주했던 그 설렘의 복원을 위해

나는 맨 처음 진보 교육감의 1년을 평가하려고 이 글을 시작했다. 그런데 내가 하려던 교육감 평가는 점점 모호해졌다. 진보 교육감의 1년을 평가하면서 나는 어느새 거울 앞에 서 있는 나를 발견하게 되었기 때문이다. 교사로 임용된 후 지금까지 나를 규정하고 있는 정체성이 수업 전문가로서 교사가 아닌 지식 관료였다는 사실과 직면하게 되었다. 나는 이런 나의 실존과 대면하기가 몹시

괴로웠다. 그리고 이 순간, 진보 교육감에 대한 평가는 관료 집단의 틀 속에 있는 '교사가 아닌 교사'에 대한 평가로, 다시 나 자신에 대한 평가로 전환했다. 그래서 나의 진보 교육감에 대한 평가는 자기 평가가 되었다.

직선 진보 교육감이 당선된 지 1년이 지난 후, 여기저기서 '현장을 모르는 아마추어 교육감'이라는 말이 튀어나오고 진보 교육감 때문에 교권이 실추되었다는 비판을 했다. 하지만 곽노현 교육감만큼 우리를 관료가 아닌 수업의 전문가로 보아 준 교육감이 어디 있었던가 반문해 본다. 오히려 곽노현 교육감은 우리에게 '당신은 관료가 아니라 수업의 전문가입니다. 저는 처음 교단에 섰을 때 가졌던 그 열정에 다시 불을 밝히고 싶습니다'라는 애정 공세를 하고 있는데 우리들은 관료제라는 아주 오래되고 강력한 뼈에 의지하여 사고하기를 계속하고 있는 것은 아니었을까?

결국 우리의 싸움은 권위주의에 길들여진 교사 자신과의 싸움이라고 할 수 있겠다. 우리가 권위주의라는 강력한 뼈에 계속해서 의지하면서 수업의 전문가인 교사로 돌아가기를 멈춘다면 우리는 진보 교육감 시대가 끝나기를 조용히 기다리는 방법밖에는 할 일이 없다. 다음 교육감은 인권, 수업, 혁신을 말하는 아프리카 식인종이 아니라 프로페셔널한 지식 관료를 잘 이해하는 사람이 되기를 바라면서 말이다.

아! 왜 마지막에 김수영의 시 〈하…… 그림자가 없다〉가 생각날까? "우리들의 전선은 지도책 속에는 없다 (……) 그러나 우리들은 언제나 싸우고 있다 (……) 수업을 할 때도 (……) 우리들의 싸움은 하늘과 땅 사이에 가득 차 있다."

　난관은 새로운 생각 속에 있는 것이 아니라 낡은 생각을 벗어나는 과정에 있다.*

---

* John M. Keynes(1935), *The general theory of employment interest and money*, New york: Harcourt, Brace.

집필 후기

교육 개혁이 학교를 바꾸기보다는
학교가 교육 개혁을 바꾼 역사에 대한 성찰

　이 글은 2011년 6월, 서울시 곽노현 교육감의 1년을 돌아보며 교육 개혁을 둘러싼 교육청과 교사들의 관계를 대략적으로 그려 보기 위해 작성하였다. 형식적으로는 곽노현 교육감의 교육 정책 추진 방식과 내용을 비판하고 있지만 실제로는 개혁을 대하는 교사들의 자세에 대한 비판적 접근이라고 할 수 있다. 특히 이 글은 교육청은 교육적으로 옳지 않은 것을 교사들에게 명령만 하는 것도 아니고 교사들도 교육청의 강압에 희생당하거나 수동적으로 교육청 지침만을 따르는 존재도 아니라는 방향에서 썼다. 이러한 접근에 대해 교사들은 불편해할 수도 있을 것이다.
　어느 시대를 막론하고 교육 개혁의 형식과 방향에는 공통점이 있다. 우선 대부분의 교육 개혁은 국가나 교육청 주도로 진행되었음에도 형식은 학교 현장의 자율성, 교사의 자발성, 그리고 아래로부터의 상향식 개혁을 지향한다. 다음으로 교육 개혁의 내용 면에서는 단순 지식의 전달에서 벗어나 학습 태도 및 가치를 함양시키는 교육, 학생의 삶의 맥락과 관련성을 높이고 흥미를 증진시키는 교육, 반복적이고 기계적인 암기 중심의 학습에서 벗어나 학생들의 참여와 실생활 경험을 늘리고 새로운 지식을 습득하여 문제를 분석, 해결하는 능력을 고양하는 방향을 지향한다.

한국의 교육 개혁도 이런 형식성과 방향성을 가지고 진행되었다. 심지어 이승만 정권의 반공 교육, 박정희 정권의 새마을 교육과 국민교육헌장 교육, 전두환·노태우 정권의 국민 정신 교육도 자율성과 자발성, 상향식 개혁을 취하였고, 학생의 탐구와 문제 해결력을 전면에 내세웠다.

앞에서 설명한 교육 개혁의 형식성과 방향성에 가장 일치하는 사례는 열린교육운동이다. 그런데 우리 모두 알고 있듯이 열린교육운동은 실패했고 지금은 거의 흔적을 찾아볼 수 없다.

이렇게 방향과 형식이 옳았음에도 교육 개혁이 실패한 이유는 무엇일까? 진보든 보수든 교육 개혁이 실패한 가장 큰 이유는 국가나 교육청에 의해 정치적인 목적에서 하향식으로 추진되었기 때문이라고 분석한다. 이러한 분석은 자연스레 교육부와 교육청이 학교 현장을 모르면서 교육 개혁을 추진했기 때문이라는 결론으로 귀결된다. 교사들의 요구와 동의를 바탕으로 하지 않고 행정적인 힘에 의한 개혁을 추진하면서 교사를 대상화했고 결국 교육 개혁이 실패로 끝나게 되었다는 것이다. 이러한 분석은 어느 정도는 사실이다. 위로부터의 교육 개혁은 대부분 교사를 개혁의 주체로 세우지 못함으로써 실패했다.

그러나 우리는 위로부터의 교육 개혁을 무력화시킨 학교 현장의 힘에 대해서도 살펴야 한다. 우선 학교에 대한 이해가 필요하다. 학교는 선형적으로 이해할 수 없는 복잡성을 특징으로 하는 조직이다. 계란 판 구조와 같이 학급으로 분할된 조직 구조를 가지고 있는 것도 일원적 지배를 어렵게 하는 학교 조직의 특성이다. 이러한 학교 구조를 이해하지 못하면 교육 개혁을 추진하는 과정에서 학교에 예상하지 못했던 결과를 가져온다. 여기에 더해 교사라는 존재가 하나의 계급적·정치적 지향을 갖기 어려운 복합적인 정체성을 가지고 있다는 것도 중요한 검토 대상이다. 이는 교육 개혁의 형식과 방향에 대해 모든 교사가 동의하는 것이 아니며, 더 나아가 교육 개혁 그 자체를 거부하는 교사도 존재한다는 것을 의미한다.

이러한 맥락에서 김영삼 정부가 추진했던 교육 개혁 사례는 중요한 시사점을 준다. 우선 김영삼 정부는 문민정부로서 역할을 하기 위해 민주시민교육 관련 법과 조직을 만들어 민주시민교육을 제도화하려 했다. 그러나 이에 대한 교사들의 반대는 예상외로 거셌다. 많은 교사들은 학생 지도상의 현실적 필요성을 이유로 민주시민교육의 제도화를 거부했고, 이러한 흐름은 체벌 금지, 상벌점제 폐지, 그리고 학생인권조례 제정 과정에서 반복되었다. 학교의 민주적 운영을 위한 학교운영위원회 설치에 대해서는 교육청, 교장, 교사들 대다수가 부정적인 입장을 표했다. 비전문가인 학부모의 참여가 제도화됨으로써 학교 현장이 학부모들의 '치맛바람'으로부터 자유롭지 못할 것이라는 비판이었다. 수행 평가의 도입과 확대에 대해서도 교사들은 호의적이지 않았다. 입시 제도가 견고하게 버티고 있고 교사의 평가권이 인정되지 않는 상황에서 수행 평가 성적에 대한 시비가 벌어질 것이라는 우려가 표면적 이유였지만 이것만으로는 수행 평가에 대한 부정적 흐름을 설명할 수 없다.

교육 개혁의 역사를 살펴보면 개혁의 방향과 내용은 옳지만 추진 방식이 하향적이라서 교사들의 동의를 얻지 못해 실패했다고 설명할 수만은 없다는 것을 알 수 있다. 교육 개혁은 학교 현장을 바꾸려고 했지만 실제로는 학교가 교육 개혁을 바꿔 온 것이다.

그럼 자연스레 이런 질문이 뒤따른다. 국가나 교육청을 통해 교육 개혁을 추진하려는 운동이 성공하기 위한 조건은 무엇인가?

읽을거리
|

- 미셸 푸코, 심세광 옮김(2007), 주체의 해석학, 동문선.
- 미셸 푸코, 심세광 외 옮김(2011), 안전·영토·인구, 난장.
- 미셸 푸코, 심세광 외 옮김(2016), 비판이란 무엇인가, 동녘.
- 사다이 다카시, 오하나 옮김(2011), 통치성과 자유, 그린비.
- 사토 요시유키, 김상운 옮김(2012), 권력과 저항, 난장.
- 이성대(2011), 진보교육감 1주년 교육 자치 교육혁신의 성과와 과제, 진보교육감 1년 성과와 과제 토론회 자료집.

신규 교사는 어떻게
'능숙한' 경력 교사가 되는가?

신규 교사를 경력 교사로 만드는 여섯 개의 아비투스

    신규 교사가 처음 학교에 출근한 날, 그는 모든 것을 혼자 다 해야 한다. 교대에서 교직 관련 전문 지식들을 배우고 주기적으로 교육 실습을 나갔지만 모든 것이 낯설기만 하다. 교장은 교사들에게 신규 교사를 이렇게 소개한다. "아주 훌륭한 신규 선생님이 우리 학교에 오셨습니다. 요즘 초등학교 선생님 되시는 분들이 얼마나 똑똑한지 다 아시죠?"

    신규 교사는 학년과 업무를 배정받고 교과서를 건네받은 다음, 며칠 안 되는 사이에 학생들과 만날 준비를 해야 한다. 본격적인 학교 생활이 시작되면 방송반이나 교육행정정보시스템, 스카우트 등 기피 업무에 치인다. 연간 2회 있는 교원평가용 수업 공개와 발령 후 4년 동안 계속되는 저경력 교사 임상 장학도 받는다. 그러나

이는 교사로서 자기 성장을 경험할 수 있는 기회라기보다 학교의 정해진 일정에 지나지 않는다. 선배 교사도, 어쩌다 있는 멘토 교사도 신규 교사의 성장을 돕는 것이 아니라 정해진 임무에 충실할 뿐이다. 그들은 "신규 때는 뭐든 하는 거야!" 하는 이야기만 반복한다.

기피 업무에 치이고, 수업에 치이는 과정을 4년 정도 반복하다 보면 어느새 '타인의 쓸모에 익숙한 교사', '해마다 적당한 연수 학점을 채우며 자기 관리를 잘하는 교사', '정해진 교육과정을 학생들에게 잘 전달하는 교사'가 된다. 그리고 드디어 교육청으로부터 초등 1급 정교사 연수 대상자가 됐다는 통보를 받는다.

이 글에서는 신규 교사가 '성실하고 능숙한' 경력 교사가 되어 가는 과정을 신규 교사들과 직접 인터뷰한 내용과 '아비투스'라는 개념을 사용하여 분석해 보고자 한다. 아비투스habitus란 프랑스 사회학자 피에르 브르디외가 사용한 개념이다. 아비투스는 행위에 의해 형성된 구조화된 구조이며 동시에 행위를 구조화하는 구조로서 일종의 성향 체계를 의미한다.* 나는 이 개념을 신규 교사가 교직 생활을 통해 형성하게 되는 일종의 집단적 성향 체계라는 의미로 사용하고자 한다. 인터뷰는 4개 학교 20여 명의 신규 교사를 대상으

---

* 부르디외는 장 속에 위치한 행위자의 서로 다른 인식, 판단, 행위를 구조화하는 구조(structuring structure)라는 의미로 아비투스를 사용한다. 이 점에서 부르디외는 내재성의 외재화 구조로 아비투스를 본다. 다른 한편으로 아비투스는 구조화하는 구조와 반대의 의미로 사고와 행위의 변화에 의해 구조화된 구조(structured structure)이기도 하다. 결론적으로 아비투스는 특정한 사회적 맥락 속에서 획득한 내적인 인지, 평가, 행동의 틀이므로 그것은 객관적 규칙성의 내재화, 즉 외재성의 내재화된 구조인 것이다.

로 진행했으며, 이 글에는 그중 유의미한 이야기를 해 준 교사 여섯 명의 발언만을 담았다.

경험의 부재 : 성숙을 갈망하는 학생들, 박제되어 버린 예비 교사들, 방관하는 교수들

고등학생에서 대학생이 된다는 건 교복을 벗고 청년이 된다는 것을 말한다. 여기서 청년은 다소의 무모함이 있을지라도 정해져 있지 않은 불확실한 미래를 향해 결단을 내리고 어두운 터널을 향해 돌진하면서 미래를 잉태하는 존재이다. 다시 말해 청년은 꿈을 꾸는 자이다. 그러나 지금의 교대는 이러한 청년으로서 삶이 총체적으로 파괴된, 임용 시험을 위한 준비 공간에 지나지 않는다.

장차 초등학교 교사가 되고자 교대에 온 학생들은 고등학교의 연장선상에서 대학 생활을 한다. 그들의 성숙에 대한 열망은 자유와 혼란이라는 과정을 통해 책임감을 형성하는 방향으로 나아가지 못하고 자꾸만 열망을 접는 방식으로 길들여진다. 대학 생활을 하며 자주 듣는 말은 '장차 교사가 될 사람이……', '모든 것을 학생이 보고 배우니까 행동을 바르게……'라는 훈계다. 시간이 지날수록 그들은 4년 동안 배운 것이 도대체 무엇인가 하는 생각이 강하게 든다. 그렇게 그들은 성숙에 대한 열망을 현실화하지 못한 채 대학을 떠나 학교에 임용이 된다.

나 대학 다니면서 제일 많이 들은 말이 뭐예요?

신규 교사 A 교수님들이 "너희들은 인재들이다. 우리 교대 수능 성적 무지 높다" 이렇게 말한 거요.

나 왜 그 말이 기억에 남아요?

신규 교사 A 우리들더러 우수한 학생이라는 말만 하고 막상 대학에서 충분히 성장할 과정을 제공해 주지 않은 것 같아서요.

이처럼 교수들은 학생들에게 너희들은 우수한 인재들이라는 말 외엔 학생들에게 성장을 위한 지적 자극을 하지 않고 있다. 다양한 구성원들에게 예비 교사로서 성장할 기회를 제공하고 새로운 방향을 제시해 주며, 사유의 날카로운 눈으로 스스로를 볼 수 있도록 하는 경험이 지금의 대학엔 거의 존재하지 않는 것이다.

신규 교사를 경력 교사로 만드는 여섯 개의 아비투스

신규 교사 시절은 지금껏 학생으로 살아왔던 개인이 교사라는 공식적 역할로 전환되는 최초의 시기로서, 이때 역할의 변화로 인한 혼란을 가장 크게 느낀다. 이 시기는 나름대로 교사로서의 앞날을 준비해 온 사람이라 할지라도 역할의 변화로 인해 내적 갈등을 겪을 수밖에 없다. 예비 교사 대부분이 학창 시절 모범생이었고, 대학 생활도 그 연장선에서 이루어진 뒤 교사가 되었기 때문에 더욱 그렇다.

첫 번째 아비투스 : 전체주의 혹은 소수자에 대한 두려움

신규 교사들은 학창 시절 내내 치열한 경쟁을 벌인 끝에 교사가 된 존재들이다. 이러한 치열한 경쟁 결과, 신규 교사들의 행위는 차별화가 아닌 유사성으로 수렴된다.

나 신규 교사로서 독특하게 자신만의 학급 운영을 하고 싶을 텐데…….
신규 교사 A 같이 맞춰 가는 게 좋아요.
신규 교사 B 저도 튀는 거 싫어요. 정확하게 무엇을 하라고 시키면 그대로 하는 게 좋아요.

경쟁이 일상화되면 경쟁에 참여하는 사람들은 비슷비슷해진다. 교사들 또한 마찬가지다. 경쟁에 참여하는 이들은 자신의 강점을 더욱 키워 나가려고 하기보다 약점을 보완하는 작업에 주력하며, 이런 방식은 학생들을 만나는 데도 이어진다. 신규 교사들은 점점 아주 빠르게 표준적인 가치를 추구해 나가게 되며, '우리'라는 담론 속에 갇혀 우리와 다른 생각을 하는 타자를 배격하게 된다.

나 2012년에 서울학생인권조례가 제정되었는데 혹시 내용을 알아요?
신규 교사 A 네. 보면서 좀 심하다고 생각했어요.
신규 교사 B 저도 그렇게 생각해요. 동성애와 임신 또는 출산 때문에 차별받지 않을 권리, 집회의 자유, 두발·복장의 자유, 핸드폰 휴대 문제 등은 좀 심한 것 같아요. 동성애 하고 임신해도 된다고 아이들이 생각할 수도 있잖아요.

나 동성애와 임신과 출산 때문에 차별받지 않을 권리가 동성애와 임신 출산 장려라고 해석하는 것은 위험하지 않나요?

신규 교사 B 그래도 동성애 조항은 좀……. 학교에서 동성애 허용한다는 건데…….

나 아니 뭐 이성애자들은 학교에 와서 하루 종일 성적인 생각만 하다가 집에 가나요? 이것은 뭘 허용하고 안 하고의 문제가 아니라 개인의 성적 지향의 자유에 대해 말하는 거잖아요?

신규 교사 A 그래도 현실적으로 문제가 있다고 생각해요. 애들도 동성애자 이야기 나오면 징그럽다고 그러는데…….

나 오히려 우리가 학생들에게 가르쳐야 할 것은 그런 성적 지향에 대한 혐오감이 얼마나 폭력적인 것인지에 대한 것 아닌가요? 미국의 경우 학생의 헌법상의 권리는 성인과 똑같이 보장됩니다. 학교와 주 당국은 그들이 학생이라는 이유로 미국 헌법상에 규정된 양심과 표현의 자유를 제한할 수 없어요.

신규 교사 B 한국에는 한국적 상황이란 것이 있는 것 아닌가요?

나 양심과 표현의 자유를 제한하는 것이 한국적 상황인가요? 그런 식이면 모든 것이 한국 예외주의가 되는 거 아닌가요?

이들은 최종적인 가치 판단의 준거가 구체적인 개인의 권리와 욕구가 아니라 집단의 가치라는 점에서 전체주의적이다. 그래서 이들의 사고는 사람들의 삶이 신의 역사에 따라 이뤄진다는 기독교적인 믿음, '너희들이 어떻게 하면 더 행복해질 수 있는지를 내가 알아서 대신 결정해 주겠다'는 전체주의와 닮아 있다. 그래서 신규 교사들은 자신의 자유를 지키고 확장하기 위해 '투쟁'하는 것에 대해 무감각하다. 이를테면 마시기 싫은 술을 억지로 권하는 선배 교사, 자신이 하고 있는 수업을 검열하려는 교장 같은 이런 외부의 존재들에 저항하지 않는다.

이들은 어느새 일방통행만을 강요하는 학교 체제에 익숙해져서 기존의 틀 속에서만 자꾸 사고하려 한다. 꿈꾸는 것에 대해서는 늘 비현실적이라고 비판하며, 경력 교사보다 더 빨리 자신의 사고를 구조에 일치시킨다. 더욱 심각한 것은 이러한 신규 교사들이 기존의 틀을 깨고 아직 실현되지 않은 어떤 새로운 가능성을 꿈꾸게 하는 경험을 할 수 있도록 도와주는 선배 교사가 거의 존재하지 않는다는 점이다.

신규 교사와 선배 교사의 동료성이 존재하지 않는 상황에서 신규 교사는 자신의 '지식의 공백'을 직관적으로 깨닫고 이걸 메워 볼 궁리를 하지만, 교실에 갇혀 혼자 고민하고 혼자 책을 읽을 뿐이다. 당연히 동학년 회의를 비롯한 모든 학교 모임은 형식적으로 참여한다. 선배 교사와 연결할 수 있는 끈을 쉽게 찾을 수 없는 상황에서 신규 교사는 안간힘을 쓰며 홍수처럼 쏟아지는 교육 자료 속에서 허우적댄다.

전체주의적 사고는 그것이 의식적이든 무의식적이든 한 집단의 구조와 동원 방식을 결정하게 되며, '우리'를 위협하는 타자에 대해 배타적인 '약탈적 정체성'을 형성한다. 이들은 언제나 동일성의 테두리 속에서 편안함을 유지하고자 한다.

나 임용 시험을 보기 전까지 계속해서 경쟁을 하면서 살아야 했을 텐데 돌이켜 보면 어떤 생각이 들어요?
신규 교사 B 늘 우리 편과 우리 편이 아닌 것을 경계 지은 것 같아요. 그런데 우리 편이 고정되어 있지 않다는 것이 늘 불안했죠.
나 우리 편이 고정되어 있지 않다는 것이 무슨 뜻이죠?
신규 교사 B 임용 시험을 예로 들면 같은 서울에 지원해서 시험을 준비하는 친구들은 우리 편, 다른 지역에서 교사를 하다가 서울에서 다시 시험을 치르는 사람들은 공공의 적이라고 하다가도 막상 선발 인원이 공고되면 우리끼리 일종의 적이 되는 거죠. 전국의 교대생들이 함께 교육 문제로 연대 투쟁을 하다가도 임용 시험이 가까워 오면 우리라는 정체성은 언제든지 위태로워지고요.

그런데 이런 약탈적 정체성의 이면에는 소수자에 대한 두려움이 깔려 있다. 신규 교사들은 학창 시절부터 낙오하지 않기 위해, 불합격자가 되지 않기 위해, 임용 시험 탈락자가 되지 않기 위해 노력해야 한다. 교사가 된 후에는 자신들도 비정규직으로 전환될 수 있다는 두려움이 존재하며, 이 두려움은 종종 소수자에 대한 우월감, 또는 소수자에 대한 폭력으로 나타난다.

나 학교에 다양한 비정규직 강사, 직원들이 있는데 어떤 생각이 들어요?

신규 교사 A 조금씩 감정이 달라요. 급식실 조리 종사원을 보면 별 생각이 없고요. 교육 보조사(전산 보조, 과학실 보조 등) 같은 사람을 보면 돈을 적게 받아 저렇게 수동적인가 하는 생각이 들어요. 교감 선생님이나 부장 선생님들도 시키는 일만 하고 자율적으로 일을 하지 않는다고 그러시고요. 원어민 강사들을 보면 별로 하는 일도 없이 월급만 많이 받는 것 같고요. 영어 회화 강사들 보면 저런 사람들이 자꾸 학교에 들어오면 임용 시험으로 뽑는 인원이 줄어드니까 별로 안 좋은 것 아닌가 하는 생각도 들고요.

나 그런데 똑같이 가르치는 일을 하는데 원어민 강사랑 영어 회화 전담 강사는 정교사랑 신분도 다르고 월급도 다른 것에 대해 어떻게 생각해요?

신규 교사 B 당연한 거 아니에요? 신분이 다르니까 월급도 달라야죠.

나 왜 신분이 다르다고 월급이 달라야 하죠? 우리나라 비정규직 문제가 심각하잖아요. 유럽의 많은 국가들은 신분은 다르더라도 같은 일을 하면 같은 돈을 받는데 왜 우리나라는 비정규직이라고 같은 일을 하면서 받는 돈이 다를까요?

신규 교사 B 유럽은 잘 모르겠는데 신분이 다르니까 받는 돈이 다른 거죠. 대학 입학 성적도 다르고. 그 사람들은 임용 시험도 안 봤잖아요.

이들은 비정규직과 자신들 사이의 차별이 정당한 차별이라는 생각을 갖고 있다. 이들은 비정규직의 사회적 노동의 가치를 낮게 평가함으로써 정규직인 자신들의 가치를 높이려 한다.

두 번째 아비투스 : 교육의 사회적 관점 부재 그리고 학벌 의식의 내면화

신규 교사들은 교육이 사회적 맥락, 특히 계급적 맥락과 연결된다는 사실에 동의하지 않는다. 내가 인터뷰한 20명의 신규 교사들은 한국 사회의 교육적 성취에서 계급이 그리 중요한 영향을 미치지 않는 개방 사회라고 믿고 있었다. 이러한 사고를 가진 이들은 학생들은 대체로 평등한 삶의 기회를 가지고 있으며, 학생에 따라 삶의 기회가 달라지는 정도는 개인이 가진 열망, 재능, 근면의 차이에서 기인할 수 있다고 믿는다. 그들은 부모의 사회적 지위가 아동의 삶의 경험과 성취를 결정한다는 주장에 동의하지 않는다.

나 자신이 대학을 가고 교사가 된 것에 부모님이 결정적인 영향을 미쳤다고 생각하나요?
신규 교사들의 공통적인 대답 학원을 보내 주시고 여러 가지 입시 정보 등을 알려 주셨지만 공부는 제가 했다고 생각해요.

신규 교사들은 자신의 성취를 이해하고 설명하는 최선의 방식을 '개인'에게로 돌렸다. 그러나 역설적이게도 그들은 자신이 가르치고 있는 학생들이 교육적 성취를 이루는 것에 대해서는 개인의 근면함, 노력, 재능이 주요한 것이 아니며 교육을 통해 계층 상승을 할 수 있다고 믿고 있지 않았다.

나 한국 사회에서 학생들이 교육을 통해 꿈을 이룰 수 있다고 믿으세요?

신규 교사 A, B, C, D, E, F 아니요. 부모가 결정한다고 봐요. 학교는 별 역할을 못 해요. 강남, 목동 지역 아이들이 국가수준학업성취도평가에서 높은 점수를 받고 서울 외곽 지역의 학교에 다니는 학생들이 낮은 점수를 받는 것은 학교 효과가 아니라고 봐요.

나 그 말은 학교가 학생의 성취에 대해 아무것도 할 수 없다는 말로 들리는데…….

신규 교사 A, B, C, D 예. 영어 말하기 대회를 비롯해 각종 학교 경시대회는 거의 사교육 효과가 좌우한다고 봐요. 그런데 학교에서 상을 주는 대회는 열성적으로 참여하면서 학교에서 주관하는 영어 캠프는 레벨이 낮다고 신청을 안 해요. 학교는 그저 학원에서 배워 오는 것을 인증해 주는 기관 같다는 생각이 들어요.

이들은 부모의 양육 습관, 교육 수준, 직업, 수입과 같은 것들이 체계적으로 구조화되어 학생의 학력과 성취를 결정한다고 믿으며, 낮은 성취를 보이는 지역, 소득 수준이 낮은 지역에 근무하는 것에 대한 생각 또한 정확히 표현했다. 지금 자신이 근무하고 있는 학교에 만족하냐는 질문에 대해 인터뷰에 응한 신규 교사들은 대체로 만족스럽다고 했으나 "다음에 가고 싶은 학교는 어떤 학교인가요?" 하는 질문에 소득 수준이 낮은 지역에 근무하는 신규 교사들은 좋은 지역으로 발령받기를 희망했다. 저소득층 비율이 높은 지역의 학교에 발령받는 것을 피하기 위해 선배 교사의 권유로 학교를 옮기기 1년 전에 주소를 옮겨 놓으려 계획 중인 이도 있었다.

이처럼 신규 교사들은 학생의 학업 성취에 학교가 큰 영향력을 행사하지 못한다는 사실에는 공감하면서도 학교가 불평등을 구조화한다는 사실은 인정하지 않았다. 이들은 학교교육이 엄격하고 중립적인 평가와 동등한 기회 제공, 능력주의에 따라 진행된다고 믿는다. 이런 믿음 속에서 가정 배경이 좋은 학생이 높은 학업 성적을 받게 되고 결국 높은 사회적 지위를 점하게 된다는 사실은 은폐된다. 신규 교사들은 학교에서는 모두가 평등하며, 오로지 재능에 따라서만, 곧 각자의 지능에 따라서만 학생들에게 점수를 주고, 그들을 분류하며, 선별한다고 믿게 된다. 가난한 아이들이 만일 성공하지 못한다면, 그것은 그들에게 재능이 없거나 그들이 지적이지 않기 때문인 것이다. 학교는 이런 점에서 상징 폭력의 장소이다.

> 나 많은 교사들이 좋은 학교에 가고 싶어 한다는 것은 부모의 높은 교육 수준과 학생의 문화적 실천이 강력하게 관련되어 있다는 점을 인정하는 것 아닌가요?
> **신규 교사 C** 문화 활동을 빈번하게 하는 부모에 의해 아동기부터 예술 작품이나 예술 활동을 자주 접한 학생들은 확실히 감수성이 풍부하고 학업 성취도도 높더라고요. 그런데 그건 재능과 지능에 따라 점수를 주는 것이지 불평등이 아니잖아요.
> **신규 교사 D** 교육에 대한 가족의 태도가 학생들의 교육적 포부를 형성하는 것 같기 해요. 그런데 교육적 포부가 교실 수업에서 학생이 학습에 어떻게 참여할 것인지에 기반이 되며 학업 수행을 도울 수 있다고

까지는 생각해 보지 않았어요. 그냥 학업에 영향을 미치는 요인 중에 부모의 사회경제적 지위가 있다는 것이지 그게 왜 차별이고 불평등인지 모르겠는데요.

불평등에 대한 몰이해는 빈곤을 단순히 소득 중심의 경제적 결핍의 문제로 생각하게 만들어 권력의 문제를 인식하지 못하게 한다.

신규 교사들은 학교가 각자의 재능과 지능에 따라서 공정하게 학생들에게 점수를 매긴다는 것을 신뢰하면서, 학벌주의 또한 경쟁 사회에서 자연스럽게 나타나는 현상이며 그것이 개인에게는 동기를 부여해 주고 사회에도 발전 동력을 제공해 긍정적인 기능을 한다고 본다. 부모의 사회경제적 수준에 관계없이 누구나 노력만 한다면 좋은 학벌을 취득할 수 있다는 믿음도 가지게 된다. 이러한 사고는 학벌로 인한 차별이 문제가 아니라 공정한 경쟁을 제도화하는 것이 중요하다는 생각으로 이어진다.

나 아이들에게 공부 열심히 해서 좋은 대학 가라는 것이 결국 학력 사회를 강화하고 이것은 학벌 사회를 강화하는 결과를 가져오지 않나요?

신규 교사 C 학벌주의는 반대하지만 학력은 상당 부분 개인의 능력으로 취득된 것이고 그것을 취득하는 데 근본적인 제약이나 장벽이 존재하지 않는다고 생각하기 때문에 반대하지 않아요.

나 개인이 경쟁을 통해 획득한 것이라고 해도 학력을 취득하는 과정에 이미 불평등성이 내재되어 있잖아요.

신규 교사 A 저도 학벌 사회는 반대해요. 좋은 대학을 가기 위해 공부를 했지만 서울대, 연고대 졸업생들이 사회에 진출해서 기득권을 유지하기 위해 자신들만의 폐쇄적 집단을 형성하는 것은 문제죠. 더 심각한 것은 학벌을 가지지 않은 사람들도 그러한 관행을 받아들이고 자신의 자녀들도 그러한 무리의 구성원이 될 수 있도록 노력한다는 거죠. 그런데 교사가 되고 보니 그런 문제점이 있음을 알면서도 좋은 대학 가야 한다는 말을 자연스럽게 하게 되더라고요.

신규 교사들의 생각처럼 학력이 공정한 선발 과정을 통해 획득된다는 믿음은 정규직과 비정규직의 임금 격차, 좀 더 나아가 여성과 남성, 청소년의 사회적 노동에 대한 차별을 정당화할 위험을 안고 있다. 이런 상황에서 학생들은 시장에서 더 높은 비율로 화폐와 교환할 수 있는 지식을 습득하려고 점점 더 심하게 경쟁한다. 이렇게 문제를 개인화시키는 가운데 계층화와 학벌주의 또한 심화된다.

세 번째 아비투스 : 공공성/공론장의 부재

공교육은 근대 시민 국가에서 그 필요성과 당위성에 의해 제도화된 이후 현대 교육의 가장 특징적인 요소로 자리 잡게 되었다. 공교육 체제는 교육의 보편성, 평등성, 의무성, 무상성, 중립성, 전문성 등을 그 이념으로 한다. 이러한 이념하에 모든 국민에게 평등한 교육 기회를 제공하고자 의무 교육이 제도화된다.

그러나 역사적으로 이러한 국가에 의한 공적 개입을 개인의 자유의 침해, 사적 영역에 대한 통제의 문제로 접근하는 경향이 지속적으로 있어 왔다. 과외 금지 위헌 결정, 특목고 및 자사고 문제, 〈사립학교법〉을 둘러싼 공공성과 자율성 논쟁에서 이런 현상이 반복해서 나타나고 있다. 그리고 이러한 과정을 통해 모든 학생이 출생 신분, 경제적 배경에 구애받지 않고 좋은 교육을 받을 수 있는 학교 체제를 마련하는 것이 점점 어려워지고 있다.

인터뷰를 한 신규 교사들 또한 학교가 지닌 공공성을 크게 인식하지 못하고 있었다. 그들은 공교육을 사수해야 한다는 것이 낭비이며 지나친 간섭이라고 생각했다.

나 무상 급식을 포함해 최근의 복지 정책 확대에 대해 어떻게 생각하나요?
신규 교사 C 아주 가난한 아이들을 빼곤 전 학생에게 무상 급식을 하는 건 반대해요.
신규 교사 D 급식비를 낼 수 있는 사람은 내야 하는 거 아닌가요?
나 의무 교육이 본래 모든 학생이 각자의 환경에 구애받지 않고 평등한 교육을 받을 수 있게 하기 위해 존재하는 것인데 그러려면 가정적 요인을 최대한 줄여 줘야 하지 않을까요?

현재 학교에는 공론장이 거의 존재하지 않는다. 공공 영역이란 여론이 형성되는 사회적 생활의 장이다. 다시 말해 사적 개인들로 하여금 공적인 문제에 대해 그들의 '이성'을 사용하게 만드는 기제와 더불어 나타난 제도가 공론장이다. 교사들은 공론장을 통해 발언을 하고 여론의 압력으로 학교의 정책 결정을 통제해 사회적 권력자, 국가 관리들의 반공익적 권력 남용을 제재할 수 있다. 그런데 현재 학교에는 이러한 사회적 장이 거의 존재하지 않는다.

> 나 자신의 문제나 학교 문제를 공개적으로 이야기하고 토론한 적이 있나요?
> **신규 교사 C** 아뇨, 전 시끄러운 거 싫어해요. 민주주의는 찬성하지만 교장 선생님과 부장 선생님들이 알아서 해 주셨으면 좋겠어요.
> **신규 교사 D** 신규 교사가 자기 의견을 이야기하는 것이 눈치 보여서 하고 싶은 말이 있어도 참아요.

공론장이 형성된다는 것은 학교장의 상명하달식 의사 결정이 공론장의 자유로운 토론 과정을 거쳐 산출된 의사 결정으로 대체된다는 것을 의미한다. 이렇게 공론장을 통한 민주적 의사 결정 과정이 제도화됨으로써 교사들의 토론과 숙의 과정을 통한 결정이 공적이며 정치적 영향력을 행사하는 정당한 권력으로 성립한다. 이로써 교사들의 개별적 관계가 집단적 관계로 전환되고 법률적 명령에 따라 움직여야 하는 공무원 신분으로서 교사는 학교장의 직무상의 명령이라고 하더라도 그것이 가지는 정당성과 권한 남용을 비판적으로 검토하는 논의의 장을 형성할 수 있게 된다.

봉건 시대의 귀족·전제 정치에 대항해 새로운 정치 주체로 등장한 시민이 만든 곳이 바로 공론장이다. 따라서 근대 정치의 핵심 공간인 공론장이 부재하다는 것은 교사들이 공동의 이익을 인식하고 이를 위해 집단행동에 나서는 게 아니라 우선 자신을 보호하고 살아남기 위해 개별적이고 사적인 교환 관계만을 구축하게 만든다는 것이다. 학교에 잘못된 문화가 있어도 그것을 스스로 바꾸려 하기보다 좋은 교장이 오기를 기다리는 수동적이며 소극적 자세를 갖게 된다. 교사들은 점점 교실에서 혼자 자신의 문제를 해결하게 되고, 학교 내의 각종 회의는 지시, 전달, 명령만 남게 된다.

학교에서 공동의 일에 대해 발언하고 행동하는 과정이 부재하다는 것은 학교라는 조직 안에 정치가 아닌 '행정'만이 존재함을 의미한다. 그렇기에 통제적이며 억압적이지 않은 소통적 권력이 나올 수 없다. 당연히 교사들의 참여 속에서 만들어지는 개방적인 집단의 힘 대신 학교장의 지시가 학교 문화를 형성하게 된다.

네 번째 아비투스 : 관료주의

근대적 학교는 자신의 역할을 효과적으로 수행하기 위해 관료제 조직을 도입하였다. 관료제를 합리성과 전문성에 기초한 분업의 원리를 구현한 것이라고 보면, 학교 조직에서 이는 어느 정도 불가피한 면은 있다. 그러나 능률과 효율성을 지나치게 강조하게 되면 형식주의, 절차주의, 문서주의 등 부정적인 현상들이 나타나게 된다. 이러한 분위기가 학교를 지배하게 되면 구성원들은 자기 소외를 경험하게 된다. 그래서 최근에 학교 조직을 혁신하려는 사람들이 관료제를 대체하는 운영 원리로서 구성원의 참여에 의해 이루어지는 협력적 거버넌스를 추구하고 있다.

관료제로 인해 학교에서 일어나는 가장 큰 문제점은 형식주의다. 상부 기관에 의한 지시와 통제 위주의 행정은 불필요한 업무량을 늘리고 학교를 실적 위주의 확인 행정에 치우치게 만든다. 자연스럽게 구성원들의 관계도 관료제적으로 조직된다. 교사와 교사, 학부모와 교사, 교장과 부장 교사, 부장 교사와 교사 등의 관계가 관료적으로 조직되면, 학생과 교사의 관계, 수업도 관료적으로 조직된다. 학교 폭력 문제를 비롯해 안전 지도 등은 정해진 연수 횟수를 채우는 게 주가 되고, 모든 업무에서 서류상으로 필요한 자료를 준비해 두었는지 여부만 따지게 된다. 수업과 교육과정도 실제 운영되는 것보다는 문서화된 교육과정과 지도안이 중심이 된다.

상위 교육 기관에서 자신들의 교육 시책을 평가 지표나 교육과정 편성 지침에 반영하면 교육과정은 이러한 지침을 철저히 반영한다. 그래서 교육과정은 가장 정치적인 문서다. 관료화된 학교는 교사들의 불만과 과도한 부담을 해결하는 방식으로 '분리에 의한 느슨한 결합 구조'라는 방식을 사용한다. 여기서 분리란 외부로 표출되는 공식적인 부분은 제도적 기대에 순응하는 방식으로 하는 한편 실제 활동은 조직이 당면한 기술적인 여건에 맞게 구성하여 제도로부터 분리되는 것을 뜻한다. 쉽게 말하면 '다 한 척하기'라고 할 수 있다.

나 특별 활동과 재량 활동은 어떻게 운영하고 있나요?

신규 교사 E 교육과정은 연구 부장이 겨울 방학 할 때쯤 성적 처리 연수를 통해 설명해 주면 그때 합니다. 교사들에게 학교 교육과정이랑 학년 교육과정 한 권씩 나눠 주는데 동학년 선생님들 대부분이 거의 안 봐요. 특별 활동과 재량 활동은 계발 활동 제외하고 시수 맞추는 게 다예요. 동학년 회의 시간에 선배님들도 학기 말, 학년 말에 시수만 맞추면 된다고 하세요.

신규 교사 F 임용 시험 공부할 때는 재량 활동의 취지가 담임 재량을 높이기 위해서라고 했는데 막상 교사가 되고 보니까 학교에서 다 정해 주더라고요. 솔직히 편해요. 시수만 관리하면 되니까요. 선배님들은 그 시간에 교과 진도 부족한 거 빼기도 한다고 하던데…….

관료주의의 또 다른 문제점은 권위주의이다. 권위주의는 기관 간, 직급 간의 위계질서를 중시하며, 지시와 명령 하달을 중심으로 일을 한다. 이는 각 지역과 단위 학교의 특수성, 자주성, 창의성을 신장시키는 데 역점을 두지 않고 교육 행정 전체의 통일성과 능률성을 중시한 문화의 산물이다. 따라서 단위 학교들은 교육 활동을 독자적으로 운영하기보다 교육부, 교육청 등의 지시와 명령에 따라 운영하는 문화에 익숙해지게 된다.

나 신규 교사로서 학교의 회의 문화에 대해 어떻게 생각하나요?

신규 교사 E 월요일 교무 회의, 목요일 부장 회의, 금요일 동학년 회의가 있는데 부장 회의는 안 들어가 봐서 모르겠는데 모든 회의가 사실 전달 회의라고 생각해요.

신규 교사 F 솔직히 지시, 전달이 편해요. 길게 회의하는 거 싫어하거든요. 할 말도 별로 없고요. 매주 있는 것은 아니지만 성과급 회의나 인사자문위원회 회의도 있는데 이 회의도 형식적이죠.
신규 교사 E 지시한 대로 하는 것이 편하긴 한데 점점 생각이 없어지더라고요. 반복해서 이야기 안 해 주면 금세 까먹고요.

권위주의라는 관료제의 규범은 구성원들에게 강력한 영향을 미치면서 그들의 정체성을 형성하는데 특히 신규 교사에게 '합리화된 신화'와 같은 역할을 수행한다. 합리화된 신화란 학교가 어떻게 움직여야 하는지, 내가 어떻게 교사 생활을 해야 하는지, 어떻게 학생들과 행동해야 하는지를 구체화시킨 일종의 신념과 같은 것이다. 객관적으로 측정될 수는 없지만 학교에서 전반적으로 널리 받아들여지고 있기 때문에 '신화'라고 할 수 있고, 특정 결과를 달성하기 위해 필요한 과정이 구체화되어 있기 때문에 '합리적'으로 인식된다고 할 수 있다.

이렇게 관료화된 방식으로 학교가 운영됨으로써 교사의 전문성이 강조되고 있지만 이것은 형식적 구호에 불과하다. 모든 것이 교육청, 학교 수준에서 통제되고 교육과정이나 교육 내용도 국가 수준에서 고정되어 있다. 그래서 교사들의 수업이 여전히 전통적인 강의식 방법에 의존하는 경우가 많다. 교사와 학생 상호 간의 단절과 갈등, 그리고 학생들 간의 폭력도 심화되고 있지만 교사들은 권위주의의 타파가 아닌 강력한 권위주의를 통한 학생 통제로 문제를 해결하려 하기 쉽다. 폭력에 의한 폭력의 예방이라는 가장 손쉬운 방식을 취하는 것이다.

다섯 번째 아비투스 : 자기 감시

학생들에게도 그렇듯이 교사들에게도 평가 체계는 일종의 신호로서 역할을 한다. 입시 전형에 의해 공부의 방향이 결정되듯이 교사들이 어떤 평가를 받고 그 평가에 어떤 항목이 있는가에 따라 교사의 학교 생활도 달라진다. 경쟁에 참여하는 교사들은 자신의 강점을 더욱 키워 나가려고 하기보다 약점을 보완하는 작업에 주력한다. 결과적으로 무엇인가를 평가하려는 시도는 그 속의 다양한 구성원들을 비슷비슷한 존재로 만들어 버린다.

이러한 평가가 신규 교사의 정체성 형성에 미칠 부작용은 분명하다. 초등학교에서 신규 교사들이 신경 써야 할 평가는 그리 많지 않은 것 같지만, 다면 평가, 개인·학교 성과급, 교원평가, 근무 평정, 학교장 경영 평가, 학교 평가 등 다양한 평가들이 신규 교사의 교육 행위에 영향을 미친다. 특히 평가 지표는 신규 교사들이 학교 생활을 하는 방식에 영향을 준다. 일단 평가 지표가 만들어지고 평가를 받기 시작하게 되면 곧 수많은 신규 교사들이 하나의 방향을 향해 경쟁을 벌이게 된다. 각종 평가 지표는 신규 교사들에게 자기 감시라는 아비투스를 형성하고 그러한 변화는 교실 속에 은밀하게 침투하여 영향을 미친다. 다소 비약을 하자면 각 반에 CCTV가 하나씩 설치되어 있는 것과 같은 역할을 수행한다고 볼 수 있다.

나 교원평가나 성과급에 신경을 쓰나요?

신규 교사 E 뭐 신규 교사는 성과급도 최하 등급이고, 교원평가는 수업 공개 두 번 하면 되니까 별로 신경 쓸 일은 없어요. 그런데 솔직히 신경이 전혀 안 쓰이는 것은 아니죠.

신규 교사 F 성과급과 관련된 지표는 늘 생각해 둡니다. 하는 일에 비해 등급이 낮으면 기분이 좋지는 않지만 연수를 받으면서 제가 어느 부분이 부족한지 체크하며 등급을 높게 받을 날을 기다려요.

신규 교사 E 교사들이 나이가 들면서 학교 업무 하나 안 하고 월급만 오르는 것 아닌가, 성과급에만 욕심을 내는 것 아닌가 하는 생각도 해요. 물론 선생님들이 이기적인 것은 아니지만 신규 교사에게 불리하게 기준을 적용하는 경우를 보면서 실망하기도 했어요. 하지만 저도 나이 든 선생님들처럼 점점 일은 편해지면서 돈은 더 받을 거라는 생각을 하니 위안이 돼요.

각종 평가 지표가 교사의 일상적 자기 감시 체제를 제도화하는 것보다 심각한 현상은 이것이 학생들의 교육 활동을 왜곡한다는 것이다. 신규 교사들은 자신이 생각한 대로 교육과정을 재구성하기보다 국가수준학업성취도평가 체제에 맞춰 학생의 학력을 신장시켜야 한다는 압력을 받는다. 또한 이러한 평가에 따른 각종 학력 신장 프로그램 운영 등에 집중하면서 학생들이 시험 점수를 잘 받을 수 있도록 수업 시간에 핵심 정리 요약 및 반복에 치중하게 된다. 교실이 학원화되는 것이다.

인터뷰에 참여한 신규 교사들이 이상적으로 생각하는 수업은 학생들과 함께 즐기는 수업, 여러 활동이 활발하게 이루어지는 수업이다. 그러나 각종 평가 지표에 의해 수업이 관리되다 보면 교사들은 도전적인 과제가 있는 수업, 학생들이 적극적으로 참여하는 수업보다 학습 목표가 잘 달성되는 수업, 쉽게 가시적인 성과가 나타나는 수업을 선호하게 된다. 이렇게 신규 교사들은 교수-학습 과정보다 눈에 보이는 성과를 중시하는 현실 순응적 존재가 되며, 교육청, 교육부, 학교의 방침대로 따라야 한다는 의식을 내면화함으로써 새로운 뭔가를 만들고 변화시킬 수 있는 존재가 아닌, 그냥 '공무원'이 된다.

여섯 번째 아비투스 : 저항하지 않는 방법의 내면화

학교 업무 분장에서 신규 교사들이 맡는 업무의 대부분은 교사들의 기피 업무에 속한다. 기피 업무는 교사의 책임이 큰 업무, 아무리 열심히 해도 '본전치기'인 업무를 말하는데, 학생들을 인솔해 밖에 나가며 돈 관리도 해야 하는 청소년 단체 업무, 대외 행사를 많이 하는 업무 등이 여기에 속한다. 이러한 기피 업무는 기득권이 없는 신규 교사나 새로 학교에 전입하는 교사에게 떠넘겨지기 일쑤다. 담당자 역시 한 1년 고생하면 된다는 각오로 기피 업무를 맡아 최선을 다해 묵묵히 일하고 다음 해 업무 분장 때 이 업무에서 벗어나고자 한다. 신규 교사의 업무 과다와 기피 업무 편중이 가져오는 가장 큰 문제는 수업권 침해이다.

나 지금 업무 분장은 뭘 하고 있죠?

신규 교사 A 전 영어교육, 스카우트, 영어 방송 담당해요.

신규 교사 B 전 영재 교육이랑 스카우트 맡고 있어요.

나 원래 하고 싶은 업무 분장은 뭐였어요?

신규 교사 A 전 신문 만드는 것을 좋아해서 학교에서 발행하는 신문을 학생 동아리로 전환해서 만들고 싶었는데 먼저 이 업무를 하고 있던 분이 왜 일을 크게 벌이냐고 하셔서 그만뒀어요.

신규 교사 B 전 대학 때 방송반을 해서 방송반을 하고 싶었는데 주위에서 하지 말라고 하더라고요. 생각하는 것과 다르다고요.

신규 교사 A 같이 발령받은 남자 신규는 선생님들이 도와 달라는 일들을 하다 보니 자기가 할 수 있는 역량보다 점점 더 일이 늘어나 부담이 된다고 해요. 그런데 부탁을 받으면 못 한다고 거절할 수가 없어요. 그 친구는 내년이 되면 일이 더 늘어나지 않을까 걱정해요. 다들 청소년 단체 일은 남자면 당연히 해야 하는 거고 대장도 남자가 하는 거라고 하죠. 여교사는 솔직히 결혼을 이유로 도피라도 할 수 있지만 남자는 계속해야 해요.

신규 교사 B 여교사가 많아서 그런지 신규 남교사가 지나치게 주목을 받는 것 같아요. 가끔은 선배 교사들께서 '어머 자기' 그러면서 제가 보기에도 좀 과도하다 싶은 언어 표현과 스킨십을 신규 남교사에게 할 때도 있어요.

교직 사회에서 나이, 경력은 매우 중요하다. 그래서 이를 고려하여 학년이 배정되고 업무가 분장된다. 업무 분장도 업무 관련 전문성을 배양시키기보다 1년 단위로 계속 로테이션을 한다. 개인의 능력이나 특성에 맞춰 업무 분담을 하고 재구조화하는 경우는 별로 없다. 학년이나 교과 전담 등을 배정할 때 대부분의 학교에서 나름대로 합리적인 원칙을 만들지만 결국 마지막 조항은 '아무도 없으면 신규가 한다'이다. 신규 교사로선 열심히는 하지만 당연히 업무가 재미없을 수밖에 없다.

이처럼 자발성과 선호에 기초한 업무 배정이 아닌 탓에 일에 대한 도피 욕구도 강하게 든다. 몰입감도 잘 생기지 않는다. 몰입감이란 사람들이 하나의 활동에 너무 몰입해서 다른 어떤 것도 문제가 되지 않는 상태, 즉 경험 자체가 너무나 즐거운 것이어서 그 경험을 위해 상당한 대가를 치르고서라도 그것을 하려는 상태를 말한다. 몰입의 상태가 되면 행위자들은 스스로 자신의 생각과 행위를 총지휘하게 된다. 그런데 신규 교사들에겐 '아름다운 피곤', 즉 몰입감을 경험할 수 있는 기회가 잘 주어지지 않는다.

동료성collegiality은 전문적 학습 공동체와 관련하여 강조되는 핵심 개념이다. 동료성은 지휘 감독 권한을 가진 상급 기관의 지시사항을 효율적으로 실행하는 것을 넘어서 학교가 자율 운영 체제가 되면서 각종 교육 활동의 책임을 위임받은 교사들이 결정권을 올바르게 행사하기 위해 요구되는 것이다. 문제는 동료성이 제대로 구현되기 위해서는 결정권이 주어지고 이를 실제로 행사하려는 주체들의 자발적 노력과 연대가 필요하다는 것이다. 현재의 업무 분장 문화에선 당연히 이런 동료성이 교사들 사이에 들어설 틈이 없다. 그저 하고 싶지 않아도 신규니까 해야 한다는 의식만이 내면화된다. '까라면 까'는 군대식 사고와 같다.

보수주의라는 총체적 아비투스의 형성

신규 교사들은 이렇게 교육에서 사회적 의미를 제거하고, 관료주의와 복종의 문화, 자기 감시를 내면화하면서 점점 '모범적인' 경력 교사가 되어 간다. 신규 교사가 경력 교사가 되어 가는 교직 사회화 과정을 설명하는 여러 연구들이 있지만, 전체적으로 보수 레토릭의 형성이라는 관점에서 경력 교사화를 설명하는 연구는 드물다. 이 글에서는 신규 교사가 경력 교사가 되는 과정을 몇 가지 프레임으로 나눠 분석하였다. 우선 신규 교사는 계급과 신분 의식을 가지고 자기보다 낮은 서열의 사람들을 무시하거나 소외시키며 자신의 서열을 강화한다. 또한 임용 시험을 통해 교사가 되었다는 것을 통해 의식적이든 무의식적이든 이후에 경쟁의 다양성과 객관성이 보장되지 않도록 하는 '타성 효과'를 구축한다. 여기에 더해 가치 기준과 모든 결정 사항이 자신의 이해관계를 뛰어넘지 못함에도 이를 공동의 이익으로 둔갑시키는 '초월 효과'를 갖는데, 이는 교사뿐만 아니라 많은 사람들이 자신의 직업적 관점을 통해 세상을 보면서 갖는 전문적 편향과도 연결된다. 그런데 교사가 더 큰 문제점을 보이는 것은 학교 안에서 서로의 주장을 확인하면서 논쟁하고 의견을 모아 나가는 공론장을 형성하지 않고, 비공식적으로 인맥을 쌓으면서 개별적으로 문제를 해결하는 일에 비용을 아끼지 않는 '심화 효과'를 보인다는 점이다. 그리고 결론적으로 이러한 효과들이 중첩되면서 어떤 비판이나 도전도 거부하고 이익을 영속화하는 '관성 효과'를 형성해 나가며 이를 통해 성실하고 조직 융화력이 높고 충성도 있는 경력 교사가 되는 것이다.*

이렇게 경력 교사가 된 이들은 민주주의의 확장에 대해서 부정적이며, 복지의 확대가 오히려 사회 전체적으로 빈곤을 증대할 것이라고 생각하게 된다. 학생 인권을 보장하는 것이 교권의 붕괴로 이어질 것이며 학교 폭력 또한 심화시킬 것이라고 우려한다. 그래서 경력 교사가 되었다는 것은 곧 보수주의적 레토릭이 그들 안에 형성되었다는 것을 의미한다. 신규 교사들은 이러한 보수주의적 레토릭을 체화하면서 변화에 대한 부정적 이미지를 형성하고 무언가 변화를 시도했다간 나만 손해를 본다는 가치를 내면화한다. 이를 통해 경력 교사들 간의 결속력 또한 깊어진다. 이것이 바로 신규 교사들이 '우리' 외의 타자에 대해 배타적인 약탈적 정체성을 형성해 가는 과정이다.

그리고 다시 신규 교사가 발령을 받아 학교에 온다. 그들을 기다리는 것은?

---

* '타성 효과', '초월 효과', '심화 효과', '관성 효과'는 앨버트 허시먼의 《보수는 어떻게 지배하는가》에 나온 '역효과 명제'("오히려 정반대의 결과를 낳을 것이다"), '무용 명제'("그래 봐야 기존의 체제가 바뀌지 않을 것이다"), '위험 명제'("그렇게 하면 우리의 자유와 민주주의가 위태로워질 것이다")에서 아이디어를 착안해 개념화한 것이다.

집필 후기

톱니바퀴가 되어야 하며, 되기를 희망하는 교사

　최근 '토론이 있는 교직원 회의'를 강조하는 등 학교가 민주적인 문화로 바뀌고 있지만 학교는 여전히 토론과 회의를 통하여 합리적인 결정을 내리는 것에 익숙하지 않다. 교사들은 책임질 일을 하려고 하지 않고 하라는 대로, 규정대로만 하는 데 익숙하다. 학교가 권한은 위로 집중시키고 책임은 아래로 분산시키는 조직 문화를 가지고 있기 때문이다. 이러한 문화는 교육청을 포함해 한국의 공공 조직 전체에서 벌어지고 있는 익숙한 풍경이다.

　학교 또한 공동의 목표를 달성하기 위하여 체계화된 구조에 따라 구성원이 상호 작용 하는 조직이다. 학교 조직을 이해하기 위해선 과업이 어떻게 구조화되어 있고, 의사 결정이 어떻게 이루어지며, 지시·명령 권한이 어떻게 분산되어 있는지에 대해 알아봐야 한다.

　형식적으로 보면 학교 안에서의 의사 결정은 최초 기안자에서 중간 결재자를 거쳐 최종 결정자로 가는 과정에서 서로 다른 의견을 제시하고 논의하며 최선의 대안을 찾는 방식으로 이루어지는 것 같다. 하지만 실제로는 기안하기 전에 항상 최종 결정권자인 학교장의 의중을 파악하여

기안을 하는 문화가 지배적이다. 이러한 조직 문화에서는 자신의 생각을 이야기하기보다 최종 결정권자의 의도를 파악하여 순응하는 사람이 유능한 사람이 된다. 더 심각한 문제는 교사들에게는 시키는 대로 했기 때문에 결과에 대한 책임을 위로 떠넘기는 문화가 지배적이라는 것이다. 결국 서로 책임을 지지 않으려는 문화, 조직을 보호하려는 사고가 중심이 되면서 조직의 폐쇄성이 강화되어 외부에서 강한 충격이 가해지지 않는 한 변화가 불가능해진다.

이 글에서는 초등학교 교사들이 학교 관료제 문화를 내면화하면서 관료제적 퍼스널리티를 가진 경력 교사가 되어 가는 과정을 분석하였다. 분석을 위해 피에르 부르디외의 아비투스라는 개념을 사용하였다.

우선 관료제에 대한 이해가 선행될 필요가 있다. 통상적으로 관료제는 조직의 일을 '명백히 구별되는 직무'와 '잘 정의된 권한'으로 분류한다. 특히 분업으로 인한 마찰과 업무의 중복이 최소화되도록 업무가 설계된다. 그래서 학교 조직에서 교사를 포함한 각각의 업무 담당자는 비인간적 객관성*을 가지며 비합리적 활동을 업무 수행에서 배제한다. 또한 모든 학교 구성원들의 업무는 상위 직책의 감독 및 책임하에 놓이게 된다. 따라서 관료제는 계층적 통제와 계획 그리고 조정을 용이하게 하며, 개인을 마치 예루살렘의 아이히만**처럼 명령의 체계라는 커다란 기계 속의 톱니바퀴에 불과한 사람으로 만들어 버린다. 교사를 포함한 행정 직원들은 학교 조직 속에서 자신의 인격성을 구현하기보다 지침에 따라 업무를 수행하는

---

* 관료제에서 비인간적 객관성이 부정적으로 보일지도 모르지만, 사람에 의해 좌우되지 않는 교육이 가능하도록 한다는 의미에서 비인간적 객관성은 업무의 연속성을 확보하여 업무 처리의 효율화를 도모하기 위한 표준 처리 절차를 마련하는 것과 같다. 이 말을 가장 잘 설명하는 것이 "사람은 가도 업무 매뉴얼은 남는다"는 문구이다.
** 한나 아렌트, 김선욱 옮김(2006), 예루살렘의 아이히만 - 악의 평범성에 관한 보고서, 한길사.

톱니바퀴가 되어야 하며(되기를 희망하며), 점차 이러한 강제가 각 개인의 퍼스널리티가 되어 구성원들은 그러한 퍼스널리티에 지배된다.

특히 관료제가 점차 전문가주의와 결합하면서 관료제적 퍼스널리티를 지향하는 사람들은 자신의 우월성을 이치에 맞지 않을 정도로 확신하게 된다. 바로 이러한 점 때문에 관료제 안의 구성원들은 전문가주의에 갇혀 자신의 영역 이외의 다른 영역은 간섭하지 않게 된다. 표면적으로 각 단위는 지침과 규정 그리고 표준화된 매뉴얼에 따라 공평무사하게 업무를 처리하는 것 같지만, 위기 상황이 터졌을 때 관료제는 각자 자신의 부처 또는 영역에 갇혀 절차를 준수하고 자신을 방어하기 위해 노력하게 된다는 것이다. 이러한 것들이 점차 조직 전체를 관료화시키면서 무책임이라는 중대한 위험성을 내포하게 된다.

읽을거리

- 막스 베버, 이상률 옮김(2018), 관료제, 문예출판사.
- 앨버트 O. 허시먼, 이근영 옮김(2010), 보수는 어떻게 지배하는가, 웅진지식하우스.
- 최동석(2014), 똑똑한 사람들의 멍청한 짓, 21세기북스.
- 피에르 부르디외, 최종철 옮김(2002), 자본주의의 아비투스, 동문선.
- 홍성민(2000), 문화와 아비투스, 나남출판.

좋은 교육은
좋은 노동을 통해서만 가능하다

기간제 교사, 그 다양한 맥락

문재인 정부 출범 이후부터 뜨겁게 달아오르던 계약직 교원(기간제 교사와 영어 회화 전담 강사, 스포츠 강사 등)에 대한 정규직화 논의가 2017년 9월, 이들을 정규직 전환 대상자에서 제외한다는 '교육부 정규직 전환 심의위원회'의 발표 이후 일단락되었다. 처음에 이 논의는 비정규직의 정규직 전환이라는 문재인 정부의 공약 이행 차원에서 추진되었다. 교육계는 '비정규직의 정규직화'라는 흐름 자체에는 찬성하는 것처럼 보였지만, 기간제 교사를 포함한 스포츠 강사, 영어 회화 전담 강사의 정규직 전환에 대해서는 반대하는 여론이 지배적이었다.

구체적으로 살펴보면, 우선은 정규직 교사와 기간제 교사 간 갈등의 양상이 나타났다. 이때 정규직 전환에 반대하는 사람들은 "자격이 없고 기간제로 채용되는 과정에서 절차적 정당성도 없었던 사람들이 일단 교직에 들어온 후 정규직 대우를 해 달라는 것인가?"라는 입장을 보였다. 이런 갈등은 취학 연령층 감소로 이후 초등 교원 임용이 대폭 줄어들 것이 예상되면서 기간제 교사와 임용 시험 준비생 간 논쟁으로 확대되었다.

특히 많은 교사들이, 기간제 교사와 영어 회화 전담 강사, 스포츠 강사의 경우 다른 영역의 비정규직에 비해 업무, 급여, 복리 후생 등에서 이들의 처우가 정규직과 차이가 별로 없다고 주장했다. 비정규직 문제는 교육 문제로서 성격이 강한데도 이를 노동과 정치의 문제로 풀려고 한다는 비판이었다. 달리 말해 정규직 전환 문제를 질 좋고 안정적인 일자리와 관련된 노동의 문제로 접근하게 되면, 임용 시험 등 공개 채용 경쟁을 통해 교직에 들어온 정교사와의 형평성 문제 그리고 임용 시험을 준비 중인 예비 교사의 임용 적체 문제가 발생한다는 논리였다.

신분 차별은 배움에 영향을 미친다

물론 이것이 완전히 근거 없는 주장은 아니다. 가령 기간제 교사의 경우 정규직과 비교해 근무 환경, 급여, 복지 등에서 존재하던 차별은 상당 부분 해소되었다. 그러나 기간제 교사의 문제는 유치원·초등·중등·특수교육 등 기관에 따라, 사립·공립 등 학교 설립 유형에 따라, 기간제 교사를 선택하는 교사 개인의 상황에 따라, 정부의 교육 정책이나 사회적 상황에 따라 달라진다. 따라서 제도 개선을 논의할 때 다양한 맥락을 고려해야 한다. 무엇보다도 교사의 신분에 따른 차별이 학생의 배움에 영향을 미치기 때문이다.

기간제 교사는 '보따리장수', '21세기 신종 노예', '고액 아르바이트생' 등으로 불린다. 노동 조건이 개선되더라도, 기간제 교사는 학교 생활을 하며 신분의 불안정 때문에 어려움을 느낀다. 이것은 기간제 교사들의 노력으로는 해결할 수 없는 구조적인 문제이다. 기간제 교사 입장에서는 장래 계획조차 세우지 못하고 학교에 의해 이용당한다는 인식을 갖게 된다. 보다 근본적인 문제는 기간제 교사가 학교장의 권한으로 발탁되기 때문에 일반 교사와 달리 학교장과 고용 관계, 즉 갑과 을의 관계가 된다는 것이다. 게다가 일반적인 갑과 을의 관계보다 기간제 교사의 계약 관계가 불안정한 면이 있다. 정교사가 계획한 휴직이나 병가 등의 기한을 변경하여 복직을 희망하면 기간제 교사는 계약 기간이 끝나지 않았어도 계약을 종료해야 한다.

기간제 교사가 되는 경로는 다양하다. 중등의 경우에는 교원 임용 시험 실패와 시험 준비 과정의 경제적·심리적 부담감으로 인해 기간제 교사를 처음 시작하는 경우가 많다. 초등의 경우 교원 임용 시험 실패 후 재수를 하면서 또는 교원 임용 시험 합격 후 대기 기간에 기간제 교사가 되는 경우도 있지만, 명퇴한 교사들이 기간제 교사를 하는 비중도 꽤 높다. 초등과 중등의 상황이 조금 다르긴 하지만 많은 경우 학생 수의 감소와 노동 시장 악화로 인해 정규 교사 채용 인원이 감소하게 되자 미래의 불확실성으로 인해 신분이 불안정한 기간제 교사로 교직에 발을 들이게 되는 것이다. 최선책은 아니지만, 오랜 기간 임용 시험 준비로 인한 스트레스와 부모에게 더는 손을 내밀 수 없는 상황에서는 불가피한 선택이다. 이는 장기 실업자들이 여러 가지 이유로 실업 탈출에 어려움을 겪거나 전망이 안 보일 때 자신감과 의욕 저하, 경제적 부담으로 비정규직 일자리를 택하게 되는 것과 같은 맥락이다. 특수교육과 유아교육 전공자들의 상황은 더 심각하다. 유치원 대부분이 사립이고 특수학교·학급이 부족한 현실에서 공개경쟁을 통한 채용이 매우 힘들기 때문이다. 이들에게 기간제 교사로서 교육 활동을 하는 것은 생계와 직결되는 문제이다.

다른 한편 기간제 교사는 대체 교사, 빈자리 잠시 메꿔 주는 교사, 언제든 학교가 요구하면 물러나야 하는 자격 없는 교사, 책임감 없고 능력 없는 교사 등으로 인식되고 있다. 곧 떠날 교사로서 책임감이 부족하며, 임용 시험에 합격하지 못한 실력이 부족한 교사라는 편견과 무시는 교직 생활에 대한 의욕과 만족감을 떨어뜨리고, 교직에 대한 적응을 힘들게 하여, 학생들의 교육에도 영향을 미치게 된다. 따라서 기간제 교사의 정규직 전환 문제는 교육의 문제인 동시에 노동의 문제이며, 그 해법은 정치적이어야 한다.

기간제 교사 문제의 세 가지 쟁점

먼저 이 문제가 교육의 문제인 것은 어느 누구도 부정할 수 없듯이 교육에서 교사의 역할이 중요하기 때문이다. 가르치는 사람이 정규 교사인가, 기간제 교사인가에 따라 학생의 학습에 영향을 주면 안 되기 때문에 가르치는 모든 사람들이 보편적으로 교육 활동에 대한 권리를 행사하도록 보장해 주어야 한다. 그래야만 보편적으로 학생들의 교육의 질을 담보할 수 있다.

다음으로 이 문제가 노동의 문제인 것은 우리나라는 유치원 및 초·중·고 중 사립 학교의 비율이 월등히 높고, 이들 학교에 계약직 근로 형태의 교원이 많기 때문이다. 사립의 경우 신분 보장, 임금, 복리 후생 등과 관련해서 법의 적용을 유예하거나 자의적 재량권을 보장받는 면이 있다. 따라서 사립에서 예산 절감, 노동 통제의 효과를 전제로 한 비정규직 대체 임용은 비정규직 교원의 근로 조건을 악화시키는 주요 원인이 된다.

마지막으로 이 문제가 정치적인 문제인 것은 국가적으로 특정 정책을 추진하는 과정에서 정규직으로 채용해야 할 부분을 비정규직으로 채워서 일어난 것이기 때문이다. 학생의 유연한 배움, 고교 선택 교육과정 운영, 학생의 선택권 증가 정책이 노동 시장 유연화 전략과 결합하여, 파견 근로, 임시직, 시간제 등 비정규직 노동이 확산되었다. 그 결과 계약직 교원이 늘어난 것이기 때문에 이에 대한 진단과 해결책 마련이 정치적 공론장에서 이루어지는 것은 너무도 당연한 것이다. 영어 회화 전문 강사는 이명박 정부의 영어 공교육 강화 정책으로 인한 결과이며, 스포츠 강사는 정규 교사들이 실기 위주 체육 수업에 대한 보조 교사 배치를 지지한 결과이다. 그리고 문화 예술 강사, 국악 강사 등도 학교에서의 다양한 교육 활동을 위해 문체부에서 시행하는 정책의 산물이다. 결국 비정규직 문제에서 교육적 요구만 고려하고 노동과 정치의 문제를 배제한다는 것은 불가능한 일이다. 계약직 교원의 정규직 전환에 대한 공론장을 형성하고, 채용 당사자에게 계약직을 편법 채용하는 것에 대한 사회적 경고의 메시지를 주는 것이 필요하다고 본다.

기간제 교사, 그림자 노동

한국에서 계약직 교원의 채용은 1963년 12월 5일 이루어진 〈교육공무원법〉 제2차 전면 개정에서 교사 자격증 소지자를 1년을 초과하지 않는 기간의 임시 교사로 임용할 수 있다는 내용이 포함되면서 제도적으로 시작되었다. 이후 1965년 10월 28일 이루어진 제5차 일부 개정에서는 임시 교사의 명칭이 임시 교원으로 변경되었고, 정규 교사의 휴직이나 직무 이탈 등을 대체하는 후임자로 교원의 자격증을 가진 자 또는 그 자격 기준에 해당하는 자 중에서 임시 교원을 임용할 수 있게 되었다. 그 뒤로 경제 상황이나 교육 정책의 변동 등으로 교사의 이직이 늘거나 교사에 대한 수요가 늘어나면 정부에서는 임시직 교사를 늘리곤 했다.

1996년 12월 30일에 이루어진 〈교육공무원법〉 제25차 일부 개정에서는 임시 교원 대신 처음으로 기간제 교원이라는 명칭이 등장하였고 특정 교과를 한시적으로 담당하도록 할 필요가 있을 때 기간제 교원을 임용할 수 있다는 내용이 추가되었다. 이는 7차 교육과정이 도입될 경우 교과목 개편 및 선택 과목의 확대, 그리고 수준별 수업 및 재량 활동 운영 측면에서 기존 교원 인력으로는 수급이 불가능하게 될 것에 따른 조치였다. 이후 7차 교육과정이 운영됨에 따라 정규 교원의 수업 부담을 완화하고 교육과정 운영을 원활하게 하기 위해 기간제 교사의 수가 크게 증가하였다.

기간제 교사 수의 급증에는 1997년 IMF 외환 위기도 한몫했다. 외환 위기 이후 우리나라의 모든 부문에 구조 조정과 개혁이라는 매서운 칼바람이 불었다. 김대중 정부에서는 1999년 교원의 정년을 62세로 단축하는 한편, 40세 이상 교직 경력 20년 이상의 교원들을 대상으로 2년간에 걸쳐 65세의 기준년을 보장하는 명예퇴직을 유도하였다. 교육부의 예측과 다르게 정년퇴직자와 명예퇴직자가 급격하게 증가했고 이는 심각한 교원 부족 사태를 야기했다. 이후 수급 문제를 해결하기 위해 1999년 1월 29일에 이루어진 〈교육공무원법〉 제26차 일부 개정에서 제32조 4항에 교육 공무원이었던 자의 지식이나 경험을 활용할 필요가 있을 때 기간제 교원으로 임용할 수 있다는 내용을 삽입하여 퇴직 교원의 1/3 이상이 다시 기간제 교사로 채용되도록 하였다.

이러한 제도의 편법적 활용이라는 측면에 주목하기보다도, 먼저 제도 자체가 가진 의미를 되짚어 볼 필요가 있다. 기간제 교사의 법률적 근거가 되는 〈교육공무원법〉 제32조 1항에서는 기간제 교사의 임용을 다음과 같은 사유로 명확하게 하였다.

    1호. 교원이 휴직하게 되어 후임자의 보충이 불가피한 때

2호. 교원이 파견, 연수, 정직, 직위 해제 등 대통령이 정하는 사유로 직무를 이탈하게 되어 후임자의 보충이 불가피한 때
3호. 특정 교과를 한시적으로 담당하도록 할 필요가 있을 때
4호. 교육 공무원이었던 자의 지식이나 경험을 활용할 필요가 있을 때

이렇게, 한시적으로 교원의 신분을 갖는 기간제 교사의 임용은 정규 교원의 연구 활동, 복지 제도와 연동되도록 되어 있다. 달리 말해, 기간제 교사가 제도화되지 못할 때, 교사들의 파견, 연수, 휴직 등은 제한을 받으며, 희생을 강요받게 된다.

정규직 교원을 직접적으로 지원하기 위한 것에 더불어, 특정 정책의 시행이나 노동 통제의 수월성 때문에 기간제 교사를 활용하기도 한다. 2008년, '학교 자율화 방안'을 발표하면서 일시적 결원이 생겼을 때만 한시적으로 고용할 수 있도록 한정했던 '계약직 교원 임용 지침'을 폐지함으로써 일선 학교에서 자유롭게 비정규직 교사를 뽑을 수 있게 되었고, 학교는 정규 교원을 채용하기보다는 고용 부담이 적은 기간제 교사를 선호하게 되었다. 특히 사립 학교에서는 노동 비용을 절약하는 교사 임용의 한 패턴으로 기간제 교사 제도가 고착되었다.

그동안 기간제 교사의 학교에서의 삶은 많은 부분에서 개선되어 왔고, 개선되고 있다. 기간제 교사에 대한 차별에 끊임없이 문제를 제기하고 싸워 온 결과다. 그러나 정규직으로의 전환이 차단당한 현실에서 이들의 삶은 불안하다. 무엇보다 매년 계약을 해야 하는 만큼 신분이 불안정하고 여러 가지 부분에서 차별에 순응적이다.

가장 먼저 동료 교사와의 관계이다. 학교 급에 따라 양상이 다르지만, 여전히 기간제 교사에 대한 일방적 지시, 무언의 압력, 업무 떠넘기기, 실수나 잘못을 기간제 교사의 책임으로 돌리는 일들이 적지 않게 목격된다. 특히 나이가 어린 기간제 교사에게 무엇이든 배워야 한다며 은근슬쩍 업무를 주거나, 대리 출장을 가라는 등 권위적으로 업무를 강요하는 사례도 많다. 또한 일부 교사들의 기간제 교사에 대한 편견과 좋지 못한 평가 등은 기간제 교사가 교직 생활에 집중하여 일하지 못하게 하고 교직에 회의를 느끼게 한다.

학생과의 관계는 상대적으로 자유로운 것 같지만 꼭 그렇지만도 않다. 기간제 교사가 임시로 맡은 학급이나 과목에서 소신껏 교육 활동을 하려 해도 학생들을 만나거나 지도할 때 어려움을 겪는다. 우선 문제 상황이 생겼을 때, 기간제 교사라는 이유로 학생 통제에 어려움을 겪게 되며, 학생들은 임시 교사라는 이유로 담임이나 교과 교사의 이름을 모르는 경우도 많다. 공식적인 안내에서는 대체 이전의 교사가 표기되기도 하여 그림자 노동을 하는 사람으로 치부된다. 그리고 시간이 지날수록 기간제 교사의 신분적 한계와 목표의 부재 등이 교직 생활을 힘들게 한다.

학부모와의 관계에서 느끼는 문제는 보다 심각하다. 학부모들은 기간제 교사를 임시 담임이나 임시 교사로 생각하기 때문에 무례하게 대하며 정규직 교사로 전환해 달라며 학교 측에 항의를 하기도 한다. 이러한 상황에서 기간제 교사는 학부모로부터 무시를 당하거나 신뢰받지 못할까 봐 지레 위축되기도 한다.

관리자와의 관계는 여러 가지 측면에서 어려움을 겪는다. 먼저 교사들은 기간제 교사들의 채용 과정이 불투명하다고 생각한다. 최종적으로 학교장의 권한으로 발탁되기 때문에 많은 사람들이 이미 내정자를 정해 놓고 마치 공개 채용 방식으로 뽑는 것처럼 위장하는 것 아니냐고 의심한다. 실제 기간제 교사 채용 과정에서 학교장의 금품 수수 등의 비리가 종종 발생했기 때문에 이러한 시각이 전혀 근거 없는 것은 아니다. 그러나 기간제 교사의 채용 과정이 불투명하다고 문제를 제기한다면 초빙 교사, 초빙 교장 제도 등도 모두 비판받아야 한다.

학교장 권한으로 기간제 교사를 채용하는 방식은 기간제 교사를 더욱 불안정한 신분으로 만든다. 노조를 통한 집단적 협상과 문제 해결이 제도화되기 전 노동 문제를 개별적으로 접근하고 해결해야 했던 것처럼, 기간제 교사들은 다음번 재계약이나 추천에서 불이익을 당할까 봐 부당한 면이 있어도 당당하게 맞설 수 없는 경우가 많다. 계약 연장이나 재계약 등 채용이 불확실한 상황에서 교단에 계속 있으려면, 주어진 일을 말 없이 잘 처리하여 실력을 인정받거나 관리자의 명령을 잘 따르며 최선을 다해야 한다. 이러한 문제를 해결하기 위해 교육부에서는 2013년 기간제 교사의 채용 및 관리 방식을 개선하는 내용의 기간제 교사 인력풀제 운영 및 연수 강화 방안을 마련하였지만, 그리 실효성이 없었다.

이러한 관계 이외에도 복지, 연수 등에서 차별적 요소가 적지 않게 존재한다. 우선 교육 활동에서는 동일한 역할이 부여됨에도 성과급이나 휴가 등의 복지에서는 차별적이다. 여기에 더해 기간제 교원에 대한 사전 교육이나 실질적 연수의 기회도 부족하며, 아무리 경력 등의 여건이 갖추어져 있어도 1급 정교사 연수를 받고 자격증을 취득할 수 없다. 이러한 현상은 사립 학교의 비중이 높은 중등에서 기간제 교사 제도를 편법적으로 활용하면서 고용 안정성을 위협하는 요인이 된다. 이는 기간제 교원들의 전문적 자질을 향상시키거나 교직에 대한 적응 능력을 키우기 어렵게 한다. 지금도 사립 학교에서는 상당수의 계약직 교사들이 봉건적 교직 사회 풍토와 신분 불안에 시달리며 인권의 사각지대에 놓여 있다. 더군다나 계약직 교원의 많은 수가 여성이기 때문에 이는 젠더의 문제가 되기도 한다.

노동 조건에서도 여전히 차별이 존재한다. 비정규직 교사는 정규직 교사와 노동 시간이나 임금에서 차이는 없지만 경력은 인정받지 못한다. 후에 정규직 교사가 되더라도 호봉 수에서 차이가 나게 된다는 점에서 차별이다. 방학 중 임금을 지급하지 않는 문제는 지금은 많이 해결되었지만 아직도 사립 학교의 경우 지급하지 않는 사례도 많이 있다.

비정규직이 일시적 상황이 아닌 장기간 고착화되고 있는 지금, 기간제 교사 문제를 해결하기 위해 공론화 과정을 거치는 것은 너무도 당연하다.

편법 채용을 부추겨 온 정부

앞에서 살펴본 것처럼, 기간제 교사의 임용에서 문제가 되는 것은 관리자의 자의적 판단에 따라, 또는 의도적으로 정규직 임용을 비정규직 임용으로 대체한다는 것이다. 본래 법적으로 보나 기간제 교사 정책의 취지를 보나 1년이 넘게 기간제 교사를 임용하는 것은 합당치 못하다. 1년이 지나도 별다른 결격 사유가 없을 시에는 정규 교원으로 채용해야 한다. 하지만 사립 학교 등에서는 1년 이상 기간제로 근무하는 경우가 비일비재하다. 이처럼 기간제 교사 임용 제도는 관리자가 교육 활동 전반을 통제하는 수단으로 사용되고 있다. 이런 상황에서 기간제 교사는 학생 지도에 책임감 있게 매진하기 어렵고, 동료 관계에서도 정규 교원들에게 이질적 존재로 인식되어 열등감과 위축감을 가지게 된다.

보다 근본적인 문제는, 기간제 교사 임용을 편법적으로 활용하는 것을 관리 감독해야 할 교육청이나 교육부에서 오히려 이러한 제도를 적극적으로 활용하도록 하고 있다는 것이다. 최근 들어 나타나는 비정규직 교원(기간제 교사, 시간 강사 등)의 추이를 보면 세 가지 패턴을 보인다.

　　패턴 1. 총 교원 중 기간제 교사의 비율이 증가
　　패턴 2. 사립과 공립에서의 비정규 교원 채용 비율이 동시 증가
　　패턴 3. 기간제 교사 비율이 특정 교육 정책과 연동

전체적으로 사립뿐만 아니라 공립 초·중·고에서 기간제가 확산되는 것은 정책의 영향이라고 볼 수 있다. 우선 새로운 교육과정이 학생 선택권 존중에 중점을 두면서 수급 탄력성을 확보하는 게 중요

해졌고 이러한 이유로 비정규직이 양산되었다. 다채로운 선택 과목 개설, 고교 다양화, 그리고 마을교육, 가르치는 공간의 다양화와 같은 이유로 여러 맥락에서 학교교육에 인력 수급이 필요해지면서 계약직 교원이 늘어났다. 그리고 교육의 질을 높인다는 명분으로 학급당 학생 수 감축에 따른 교원 증원을 정규 교원 대신 비정규직으로 채웠다. 인구 변화 추이에 따른 정규 교원 관리를 용이하게 하기 위해 노동 관리 유연화라는 원칙을 내세운 정부와 시·도교육청, 사립 학교의 이해관계가 맞아떨어지기도 했다.

그런데 신자유주의에 대한 비판적인 시각으로 정규직 교원 정책에 대한 분석을 해 오던 사람들이, 기간제 교사의 정규직 전환 등에 대해서는 교육의 문제, 채용의 문제로 균열된 접근을 하는 모습을 보인다. 분명한 것은 비정규 교육 노동 자체가 신자유주의적 통치 전략이라는 것이다. 역대 정부는 교원 역량 강화를 위한 정책을 추진하면서 다양한 교원 채용을 위한 교사 조직의 유연성 제고, 교원평가의 신뢰도와 타당도 제고 등을 과제로 제시하였다. 이와 함께 교원 확충과 교사 업무 부담 경감을 위한 교무 행정 지원 인력을 확보하는 방안을 제시하였다. 교사의 신분은 법률로 보장되지만, 교원평가를 통해 교원의 신분에 대한 심리적 불안을 야기하고 있다. 임금 체계 역시 호봉제를 유지하지만 성과급, 연금 체계 개선, 정년 단축의 효과로 불안한 제도 감정을 야기한다. 이 점에서 지금 나타나는 기간제 교원 문제는 실질적으로 주체를 포섭해 자기 증식과 지배 강화에 동원하면서 작동하는, 좀 더 유연하고 그래서 더욱 강력해진 자본주의의 노동 통제

모습과 관련된다. 이것이 우리가 그토록 비판했던 신자유주의 유연화 전략이었다.

　신자유주의는 경제는 물론 정치, 사회, 개인적 일상 같은 모든 것이 합리적 개인들의 자유와 자발성에 입각한 자유 시장의 원리에 따라 작동할 때 가장 이상적인 결과를 가져올 수 있다고 생각하는 신념 체계이다. 이런 신념 아래 신자유주의는 개인, 가족, 공동체, 시민 사회, 심지어 국가처럼 전통적으로 비시장 영역으로 여겨지던 영역들을 시장 영역으로 간주하고 조직해 왔다. 이 과정에서 신자유주의 체제는 공공 영역의 기업화와 시장화, 경제 영역의 탈규제, 복지 축소와 작은 정부 지향 정책들을 통해 국가를 비롯한 다른 공공 영역들의 공익적 성격을 침식했다. 또한 공동체 구성원들을 합리적 계산에 따라 경제적 이익을 극대화하는 행동을 최고의 미덕으로 삼는 원자화된 '호모 에코노미쿠스'로 변형해 왔다.

　호모 에코노미쿠스로 변형된 기간제 교사의 노동 상황은 점점 불안해져 간다. 사립 학교의 비중이 높은 우리나라에서는 비정규 노동에서 정규직 노동으로 이전하는 경향이 단절되어 고용 상황을 악화시키는 결과를 가져온다. 기간제 교원의 문제 중 가장 시급하게 해결해야 할 것은 비정규직으로 일하는 동안 임금이나 각종 복지 혜택의 측면에서 차별받지 않는 것과 정규직 전환 시 비정규 교사로 근무한 경력을 인정해 주는 것 두 가지이다.

편법을 깨는 정공법이 필요하다

비정규직 교사의 정규직 전환에 대한 논의의 초점은 공개경쟁 채용 절차를 거치지 않고 비정규직 교사를 정규직으로 채용한다는 데 있었다. 나는 역설적으로 비정규직 교사와 정규직 교사가 동일한 근무 조건에서 일할 수 있게 하고, 비정규직에서 정규직으로 전환 시 근무 경력을 인정하도록 제도가 마련되어야 학교와 교육청에서 비정규직을 선호하는 현상을 차단할 수 있다고 생각한다. 현재〈교육공무원법〉제32조 2항은 기간제 교원은 정규 교원 임용에서 어떠한 우선권도 인정되지 않는다고 규정을 하고 있다. 이는 기간제 교사로서의 근무 경력을 〈교육공무원법〉상 국공립의 정규직 교사로 채용되는 데 경력으로 인정하지 않겠다는 의미이다. 이러한 규정은 교원 임용 시험에서 기간제 교사로서의 근무 경력을 통해 일종의 가산점을 부여하는 것을 금지하여 동일한 조건에서 시험을 통해 교사를 선발하겠다는 의도이다. 하지만 이는 기간제 교사로서의 경력이 제대로 반영되지 못하도록 하면서 정규직 수요를 기간제 교사로 편법 운영하는 것을 용인하는 법이 된다.

우리는 외환 위기 이후 노동 시장 유연화, 공공 기관 민영화, 정부 재정 축소, 기업 구조 조정 등 가혹한 신자유주의적 사회 재구조화 요구를 받아들일 수밖에 없었다. 신자유주의적인 사회 구조의 변화는 경제 영역에만 한정되지 않았다. 학교에서 개개인들의 일상적 삶과 사고방식에도 커다란 변화를 불러왔다. 교사는 자기가 가진 인적 자본을 경영하고 고용자를 상대로 자기가 가진 자본을 거래하는 기업가로 간주되기 시작했고, 주부는 가정 경제와 자녀들의 인적 자본을 경영하는 CEO로 표상되기 시작했으며, 자기계발서가 크게 유행하였다. 이런 분위기에서 개개인들은 자기 앞에 닥친 다양한 문제들을 정부에 의지하지 않고 스스로 해결하는 것을 당연하고 바람직한 규범처럼 간주하기 시작했다. 특히 교사들은 학생들을 자기 계발의 주체로 만들면서, 스스로도 자기 계발의 주체이며, 학교를 경영하는 혁신적 기업가가 되어야 했다. 누구에게도 소속되지 않으면서 유연한 노동의 종사자로서의 교사의 상이 바로 그러한 모습이다. 이러한 능동적인 교사, 능력 있는 교사의 입장에서 볼 때 자격은 있으되 임용 시험이라는 공개경쟁 채용에서 탈락하여 기간제가 된 교사는 '능력이 없는 교사'였다.

지금 신자유주의는 새로운 차원의 압박에 직면하고 있다. 경쟁, 효율, 합리적이고 자유로운 개인들의 선택, 시장, 작은 정부와 복지 축소, 탈규제 같은, 시장이 스스로 문제를 해결하므로 공적 개입을 최소화해야 한다는 원칙을 유지하면서도 이러한 신자유주의가 만들어 낸 점증하는 불안정 고용, 실업 증가 같은 여러 사회 문제에 대응하면서 신자유주의가 이러한 것들을 스스로 해결할 수 있다는 점을 증명해 신자유주의의 우월성을 입증해야 한다는 압박이다. 그러나 이제까지의 신자유주의 정책은 경쟁, 효율, 시장, 복지 축소가 우월하다는 것을 입증하지 못했고, 고용 문제와 실업 증가에 대한 어떤 해결책도 없다는 것만을 증명했다.

이제 사회 문제에 대응하고 해결할 새로운 정치 합리성을 만들어야 한다. 먼저 교육을 구성하는 신자유주의가 만들어 놓은 위상학적 영역들을 가르는 구분선을 해체해야 한다. 사립과 공립, 자율형 사립고와 일반고, 기간제 교사와 정규직 교사 등의 구분은 누가 능력 있는 교사이며 보호받아야 할 대상인지, 누가 영원히 비정규직으로 남아 있어야 하는 존재인지에 대한 선을 긋고 분할해 왔다. 그런데 구분선들의 경계는 명확하지 않다. 선진국의 노동자들이 제3세계의 노동자들의 착취를 통해 물가를 통제하며 저임금 체제를 유지하는 것이 지속 가능하지 않듯이, 기간제 교사의 차별에 대한 묵인을 전제로 유지되는 정규직 교사의 복지 역시 지속 가능하지도, 합리적이지도 않다. 왜냐하면, 질 좋은 교육은 질 좋은 노동을 통해서만 가능하며, 질 좋은 노동은 노동 형태에 따른 차별이 부정될 때 가능해지기 때문이다.

집필 후기

우리 사회의 지위 경쟁과
차별에 대한 관대함

한국의 교육 문제는 사실상 평생에 걸친 지위 경쟁positional competition에 예속되어 있다. 교육과정에서 학생의 성장과 발달을 돕는 수업과 평가를 강조하지만 학교 안에서는 지위 경쟁이 구조화되어 있고 성적에 따른 차별적 보상이 강화된다. 그리고 성적에 따라 대학 서열 체계에 편입되고 경쟁을 통해 획득한 지위에 따라 차별적 임금과 처우를 받는 것에 모멸감과 수치심을 느끼기보다 당연한 것으로 받아들이게 된다. 이 글에서는 이러한 평생에 걸친 지위 경쟁의 맥락에서 기간제 교사를 포함한 강사들의 정규직화 문제를 접근하였다. 이러한 맥락에서 볼 때 교사들이 소위 '정규직화' 문제에 대해 보이는 태도는 지위 경쟁에서 뒤처진 사람들이 똑같은 대우를 받는 부조리(?)에 대한 분노라는 측면이 강하다고 보았다.

우리 모두가 알고 있듯이 한국의 교육 문제는 교육만의 문제가 아니라 사회경제적 불평등과 상호 작용 하는 결과이다. 학벌은 대학을 서열화하고 대학 서열화는 소득을 차등화시키고, 이는 육아, 돌봄, 사교육에서의 차이로 이어진다. 지위 경쟁의 결과는 사회 전체적으로 차별을 확대하고 이를 합리화시키는 악순환 구조를 형성한다. 경제 발전 전략이 모든 것을 지배하게 됨으로써 학생들은 위계적 분업 구조의 열악한 조건에서 일하는 노동자들이 신분의 불안과 함께 가장 낮은 보상을 받는 것에 순응한다. 그들 자신이 미래에 가장 힘들고 위험한 일을 하는 노동자가 될 지도 모르지만 나만은 가장 높은 보상을 받는 주체가 될 것이라는 확신을 가지고 진로 설계를 하게 된다. 학생들은 이렇게 노동 시장이 이중화된 것을 받아들이고 이것을 개인의 문제로 치환해 버린다. 교육은 성장과 발달을 가로막고 생존을 위해 능력에 따른 배치를 하는 역할을 수행할 뿐이다. 그리고 이 과정에서 노동자 의식의 형성을 말살한다. 여기에 더해 위계화된 노동 분업 구조에서 상층에 가기 위한 경쟁은 서로 돕고 개인의 성과를 요구하지 않는 등의 사회문화적 실천을 방해한다. 기간제 교사와 강사 문제는 이러한 맥락 속에 있다.

지위 경쟁이 치열한 사회에서 좋은 교육은 불가능하다. 학생들은 지위 경쟁에서 뒤처지지 않기 위해 더 치열하게 경쟁해야 하고 뒤처지는 사람에 대한 멸시와 조롱을 감내해야 한다. 경쟁이 다양한 국면에서 이루어지면서 뒤처지지 않기 위한 몸부림이 동시다발적으로 일어난다. 지위 경쟁을 완화시키는 방법은 좋은 노동이 보장되는 것이다. 다시 말해 좋은 교육을 위해서는 좋은 노동이 필수적이다.

읽을거리
|
- 마강래(2016), **지위경쟁사회**, 개마고원.
- 브랑코 밀라노비치, 서정아 옮김(2017), **왜 우리는 불평등해졌는가**, 21세기북스.
- 아네트 라루, 박상은 옮김(2012), **불평등한 어린 시절**, 에코리브르.
- 조지프 스티글리츠, 이순희 옮김(2013), **불평등의 대가**, 열린책들.
- 지그문트 바우만, 안규남 옮김(2013), **왜 우리는 불평등을 감수하는가?**, 동녘.

이제는 전교조 교사가 된
한 고등학생운동 활동가의 고백

청소년운동의 숨겨진 상처와 열광적 진동에 대하여

언제나 진실은 학교와 교과서에서 가르쳐 주지 않았다

언젠가 글로 표현한 적이 있지만, 학교는 나에게 의무적으로, 엄격하게 교육을 받는 '영광'을 누리면서 자유를 억압당하고 구속당하는 경험을 동시에 제공했다. 내게 학교는 즐겁고 열정적인 공간이 아니었으며 나는 늘 상실의 위험에 노출된 채 학교의 문턱을 넘었다. 당연히 학교에 대한 좋은 기억은 그리 가지고 있지 못하며 대신 추상적인 지식을 지루하게 공부하느라 절망한 기억만이 남아있을 뿐이다. 나는 학교 속에 갇혀서 끊임없이 모욕당하고 벌을 받거나 죄의식을 주입받고 다른 한편으로는 칭찬받고 위로받으며 도움과 보호를 간청하는 팔삭둥이로 자랐다.

학창 시절을 회고해 보면 가장 나쁜 선생님은 두말할 것도 없이 정해진 교육과정에만 집착하는 관료 타입의 교사였다. 이런 분들은 케케묵은 교과서를 손에서 단 1분도 떼어 놓지 않고 수년 전에 짜 놓은 수업 방식을 고집하며, 역사를 거쳐 오며 잘 다듬어진 수업의 오솔길에서 단 한 발짝도 벗어나지 않았다. 그런 선생님들은 시험 때 외에는 실생활에 전혀 쓸모없는 내용들을 잔뜩 주입시켰고, 학생들이 배운 것을 진정으로 마음속 깊이 익혔는지 따위에는 전혀 관심이 없었다.

반면에 학교 밖에서 만난 책과 선생님들을 통해 교과서에 나오지 않는 시와 소설, 역사, 그리고 신문에 나오지 않는 5.18 광주에 대한 진실들을 배웠고, 이러한 것들이 나의 감수성을 발달시켰다.

"늘 일어나는 일이라도 자연스러운 것으로 보지 마세요! 피비린내 나는 혼란의 시대, 제도화된 무질서, 조직적인 횡포와 비인간화된 인류의 시대에 아무것도 자연스럽다고 일컬어지지 않게, 아무것도 변화가 불가능하다고 생각되지 않도록."* 브레이트의 희곡 〈예외와 관습〉에 나오는 이 구절은 나로 하여금 일상적인 현실에 거리를 두고 비판적으로 보도록 했다. 아무것도 자연적인 것은 없다는 브레이트의 글을 통해 나는 내가 부조리한 세상에 살고 있으며 법과 정의가 일치하지 않음을 알게 되었고, 학교가 오로지 시험공부만을 시키는 매우 비정상적인 사회 제도라는 사실도 깨우쳤다. 그래서 나의 고등학생 시절의 운동은 자본주의, 그 부조리함에 대해

---

* 베르톨트 브레히트, 임한순 엮음(2016), 브레이트 희곡선집1, 서울대학교 출판부, 163쪽.

'알고 싶어서' 행한 일종의 반항이었다. 학교와 교과서에서 마치 그런 부조리함이나 부당함이 없는 것처럼 애써 고개를 돌리는 것에 분노했고, 그래서 나는 점점 '혁명가'가 되어 갔다.

그러나 지금에 와서 나의 고등학생운동 시절을 회고해 보면, 그 시기 나는 지극히 이광수적 계몽관으로 무장되어 있었다. 늘 내가 알고 있는 진리를 어떻게 사람들에게 '먹일까'를 고민했고, 후배들이나 동료들이 내 말을 잘 듣지 않음에 자책했다. 그럴수록 나는 마치 시험공부를 하듯 사회과학적 개념들을 밑줄 치고 외웠고, 더욱더 고립된 독서를 했다. 진리는 책에서 사람에게 전달되는 것이 아니라 서로가 어우러져 하나로 이어지는 과정에서 생산되는 것이라고 말하며 대중들의 자율성을 믿던 로자 룩셈부르크의 절규를 외면했던 것이다.*

나의 고등학생운동 경험 : 비정상적인 학교 체제에 대한 저항

나는 권위주의 시기인 전두환 정부 시절부터 민주주의 이행기인 김영삼 정부까지 초·중·고등학교를 다녔고, 1985년부터 1994년 시기에 걸쳐 형성되어 발전하고 쇠퇴한 고등학생운동을 경험했다. 고등학교 시절을 떠올리면, 가장 기억에 남는 것은 '행복은 성적순이 아니잖아요!'라는 문구다. 영화의 제목이 되기도 했던 이 표현은 실

* 헬무트 히르슈, 박미애 옮김(1997), 로자 룩셈부르크, 한길사.

제로 많은 학생들이 자살을 하면서 남긴 유서 속에서 발견되기도 했다. 이들의 죽음에 대한 깊은 애도와 공감, 그리고 오로지 입시만을 위해 존재하는 학교와 아우슈비츠 관리자 같은 교사에 대한 분노는 우리를 고등학생운동의 주체로 호명했다. 이 시기에 전교조도 결성되었다. 많은 사람들이 당시의 고등학생운동을 "선생님을 돌려주세요"나 "선생님! 사랑해요!" 같은 구호로 대변되는 참교육운동의 일환으로 기억하지만, 당시 고등학생운동의 노선은 다양했다. 나는 고등학생운동이 노동자 계급의 해방에 복무해야 한다고 생각했으며, 고등학생의 정치 세력화가 중요하다는 입장에 서 있었다. 그래서 고등학생의 정치 활동을 전면화하고, 전국적인 고등학생 전위 조직을 만들기 위한 활동에 앞장섰다. 고등학생 대중지를 창간하고, 여름 방학과 겨울 방학에 '청소년 대중 정치 교실'을 개최하고, 지속적인 세미나 활동을 하고, 학내 민주화 투쟁을 해 나갔다. 나와 내 동료들은 압수 수색을 당하거나 구속되어 재판을 받기도 했다.

하지만 학년이 올라가고, 전교조 해직 교사의 복직 문제가 장기화되면서 고등학생운동 내외적으로도 위기가 닥쳤다. 대학생 선배들이나 운동단체들, 그리고 전교조 교사들은 노동자 지향을 갖는 고등학생운동, 그리고 전교조와 결이 다른 독자적 교육운동 세력으로서 고등학생운동에 대한 인식이 부족했고, 고등학생은 당연히 대학에 진학해 (대)학생운동을 해야 한다고 생각했다. 특히 전교조 교사들은 제자들을 대학에 진학시켜야 한다는 의식에서 자유롭지 못했다. 졸업 후 노동운동으로 진로를 결정한 선배들을 빼고는 대부분의 활동가들이 재수생이라는 불안한 신분을 가져야 했고, 대학에 가지 않고 고등학생운동을 측면 지원하는 구조도 매우 취약했다. 고등학생들이 사회적 통념과 대학 진학에 대한 압박을 뚫고 독자적 정치 세력으로 발전하기에는 내적으로나 외적으로 많이 미약했다. 그래서 대부분의 활동가들은 대학 진학을 선택해야 했고, 결국 우리가 비판했던 입시주의에 의해 고등학생운동은 약화되어 갔다.

나는 민주주의 이행기에 경험한 고등학생운동에 대해 회고하고 역사화하기 위해 이 글을 쓰는 것은 아니다. 대신 나는 당시 고등학생운동이 왜 시대에 갇혀 그 이후를 사고하지 못했는지 돌아보고, 전교조 교사로서 지금 학교에 대해 갖는 태도가 그때 가졌던 관점과 비교해 어떻게 변했는지 점검해 보는 시간을 가지려고 한다.

사회운동으로 취급받지 못한 고등학생운동

잘 알고 있듯이 고등학생운동은 1987년 이후 중·고등학생들의 조직화와 집단행동 과정에서 고등학생들이 스스로의 운동을 지칭한 용어이다. 6.10민주항쟁 이후 사회 전체적으로 민주주의가 확장되면서 집단행동이 폭발적으로 전개되기 시작했고, 이때 고등학생운동도 출현하였다. 이 시기 고등학생운동은 사립 학교를 비롯한 학내 민주화 투쟁, 전교조 교사들의 해직으로 인해 생겨난 참교육운동, 그리고 고등학생운동의 정치 세력화라는 흐름이 복합적으로 표출되었다.

이 당시 고등학생들이 제기했던 의제들은 두발 규제 철폐, 교복 자율화, 강제 야간 자율 학습 폐지, 보충 수업 폐지, 입시 교육 반대, 사학 비리 척결, 학생회의 자율적 활동 보장, 고등학생의 정치 활동 보장 등에 이르기까지 다양했다. 운동 형태도 유인물 배포, 낙서, 농성, 교내 시위, 가두 투쟁, 학교 간 연합 집회, 야당 당사 농성 등 다양한 방법으로 전개되었다. 시대가 시대인지라 학교 안에서도 소모임 등을 통한 다양한 공론장이 구성되었다. 특히 1989년 전교조가 결성된 후 고등학생운동은 전교조 활동과 관련을 맺으면서 강력한 상승 작용을 일으키기 시작했다.

내 경험을 통해 이야기했던 것처럼, 민주주의 이행 과정에서 분출했던 고등학생운동은 1990년대 중반 이후 다소 침체기를 맞이한다. 물론 학교 규율 체계에 대한 저항을 멈추지는 않았지만, 사회 전체적으로 형식적 민주주의가 확장되고 '저항의 민주주의'에서 '민주주의 제도화'가 진전되면서 고등학생운동은 청소년운동이라는 성격으로 전환되고, 이 시기부터 '청소년인권운동'이라는 다른 이름으로 불리게 된다.

이미 많은 글에서 분석했듯이, 당시에도 고등학생운동을 하나의 사회운동으로 인정하지 않는 통념이 존재하였다. 고등학생운동을 독립된 운동으로 인정하지 않고 대학생이나 교사, 특정 정파의 의식화 작업의 일환으로 접근하는 경향이 강했다. "선생님을 돌려주세요"라는 구호를 외치며 종이비행기를 날리는 운동만이 순수한 고등학생운동인 것처럼 이야기하는 이데올로기적인 공세도 있었다. 미성숙한 연령 집단이 전교조 결성으로 해직된 선생님들에 대한 안타까움과 분노로 일시적으로 한 운동이라는 인식이 컸던 것이다.

고등학생운동과 청소년인권운동 사이

　물론 이런 통념이 당시 고등학생운동이 성숙한 운동으로서 하나의 세력이 되지 못한 이유가 되는 것은 아니라고 본다. 이 시기 운동을 분석한 여러 글을 보면 고등학생운동이 형성된 시기적 특성들로 민주주의로의 이행, 각종 사회적 요구들의 분출, 억압적 학교제도와 입시 체제에 대한 분노, 전교조 결성을 든다. 여기서 핵심은 이러한 요소들에 대해 저항했던 고등학생 스스로의 주체적이고 자발적인 의지일 것이다. 나를 포함해 당시 운동을 했던 고등학생들은 그 누구로부터도 구속받지 않고, 부모와 교사, 학업으로부터 해방된 우리들의 공화국을 꿈꾸었다. 그러나 이러한 운동은 지속되지 못했다. 고등학생의 계급적 해방이나 자본주의 철폐를 구호로서만 외쳤을 뿐 기본소득운동 같은 전략으로 구체화하지 못했고, 운동의 전망도 갖지 못했다. 다만 우리는 우리들끼리 들떠서 자본주의의 임박한 파국을 이야기했을 뿐이다.

　1990년대 이후 학교 밖 청소년들이 증가하면서 '학생=청소년'이라는, 학제를 매개로 한 청소년기의 개념화가 더 이상 당연하고 정당한 것으로 받아들여지지 않게 되었다. 이러한 한계 속에서 고등학생운동은 2000년대 이후 청소년인권운동이라는 말로 바뀌었다. 이 둘을 지속으로 보건 단절로 보건, 청소년인권운동이 고등학생운동의 문제의식을 확장하는 계기가 된 것은 사실이다. 하지만 나는 '청소년기'라는 개념화에 대해서는 동의하지 않는다.《아동의 탄생》의 저자 필립 아리에스에 의하면 청소년기는 아동기의 연장에 불과하며 청소년 인권이란 성인의 보호를 강화하는 논리가 될 수 있다. 인간 그 자체가 아닌 청소년기에 대한 인권 담론이 제도권의 청소년학과 연결되면서 보호라는 명목으로 국가가 청소년에 대한 개입을 노골화시킬 가능성이 있기 때문이다.

그리고 당시 고등학생운동이 '학생=청소년'이라는 틀에 갇혔다고 보는 것도 정확한 분석은 아니라고 생각한다. 물론 고등학생운동이 학교를 중심으로 진행된 싸움이긴 했지만 사립과 공립, 인문계와 실업계를 넘어 인간으로서 삶 자체를 고민하고 만 17세 선거권 쟁취 등 청소년의 정치 참여를 제도화하려고 했다는 점에서 그러하다. 또한 당시 고등학생운동을 이론적으로 뒷받침하는 글들을 보면 교육학적 맥락에서 고등학생들이 충분한 자각 능력과 가치 판단 능력을 보유하고 있고, 역사적으로 저항적 에너지가 이어져 오고 있다는 것을 강조한다. 고등학생운동을 긍정하는 이론 역시 고등학생들의 성숙한 능력을 인정하면서 고등학생들이 전체 변혁운동의 주체가 될 수 있다고 주장했다. 물론 교사, 학부모, 그리고 같은 고등학생들에 의해 미숙한 운동으로 취급받고, 대학이 아닌 다른 삶을 상상할 수 없는 현실 속에서 결국 소멸해 갔지만.

재미있는 것은 당시 고등학생운동을 이끌었던 주체들이 지금도 '잘살고' 있다는 점이다. 일부는 매우 보수적인 사람이 되었고, 또 일부는 좋은 대학을 나와 이른바 성공적인 삶을 살고 있다. 그 시절의 경험이 경력이 된 사람들도 있다. 돌이켜 생각해 보면 그들은 언제든 다시 공부해 대학에 갈 수 있는 존재들이었다. 다시 말해 활동가들 중에 상당수는 이미 학교라는 공간 속에서 기득권을 가지고 있으며, 교사들이 무시할 수 없는 수준으로 성적이 우수했던 존재들이었다. 그리고 이들은 운동 방식에서도 매우 신사적이며 인정받는 투쟁을 전개하였다. 그들은 매우 모범적이며 공부도 잘하고, 규칙을 지켜 토론하고 반론하는 데 능숙한 예비 정치인이며 지식인이었다. 그런데 이러한 운동의 주체들과 다르게 보통의 학생들은 다른 방식으로 학교 체제에 저항을 했다. 폴 윌리스는 《학교와 계급재생산》에서 학교 체제에 저항하는 생생한 모습들을 소개한다. 선생님과 교직원을 적으로 대하기, 개기기, 거짓말하기, 까불기, 무단결석, 수업 시간 빼먹기, 수업 시간에 딴전 피우기, 엉뚱한 반에 들어가 앉아 있기, 장난거리를 찾아 복도를 배회하기, 몰래 잠자기, 얌전이들에 대한 거부, 성차별주의 옹호 등. 이러한 저항들을 우리는 일탈 행위, 문제 행동으로 분류하고 이들을 처벌하려고 한다. 학생 인권 담론에서도 이러한 행동은 타인의 인권을 침해하는 행위로 분류되어 보호받지 못했다. 인권 담론이 확장되고 있는 현재에도 이러한 행동은 수업 방해 행위로 분류되며 생활 지도 대상이 된다. 이와 반대로 고등학생운동가들의 언어는 저항적이면서 체제 내적이라는 특성을 갖기 때문에 확장성을 가지고 있었다. 이들은 자치 활동이라는 합법적 틀에서 정제된 언어로 자신의 의견을 밝히고 토론하는 과정을 통해 인권을 이야기했다. 반면에 주체적이지 못하고 의식적인 선택이 아닌 어떤 행동은 여전히 인권의 문턱을 넘지 못하며 정당한 저항이 아닌 문제 행동으로 분류되어 처벌의 대상이 됐다. 내가 학교에 다니던 시절, 공부를 매우 잘하는 학생과 공부를 못하는 학생이 동시에 염색을 한 적이 있었다.

그런데 공부를 잘하는 학생의 염색은 창의적이며 개성적인 표현으로 인정받았지만, 공부를 못하는 학생의 염색은 일탈 행위로 학생부의 지도를 받아야 했다. 같은 사건에 대한 해석의 차이는 저항과 일탈을 구분 짓는 교사들의 정의가 무엇인지 의구심을 갖게 했다.

고등학생운동으로 대변되는 시기의 요구들 대부분이 정상적인 국가 체제에서라면 올바른 민주주의적 참여의 형태로 인정될 만한 수준을 넘어서지 못했다. 다시 말해 고등학생운동 세력의 보수와 진보로의 분화라는 문제가 이미 예견되어 있었던 것이다. 민주주의를 수호하려는 저항 그 자체는 진보와 보수 이전의 문제이기 때문이다.

교사라는 주권자로 다시 돌아온 학교

나는 내 진로에 없었던 교사가 되었다. 교사 자체가 한 인간의 잠재 가능성을 최대한 끌어올리는 역할을 하는 존재임을 믿어 의심치 않지만, 나는 여전히 고등학생운동 활동가로서 정체성을 가지고 교사 생활을 하고 있다. 교사 생활을 시작하면서 전교조에 가입했고, 적극적으로 활동을 하고 있지는 못하지만 내가 만났던 전교조 교사들은 모두 너무나 인간적이고 착했다. 그런데 전교조 교사들이 교육자로서 높은 사명감을 가지고 헌신하고 있는 것과 별개로 학생들을 대하는 데서는 오히려 다른 교사들보다 더 아이로 취급한다는 생각이 들었다. 내가 고등학생운동을 할 때도 이런 생각을 했는데, 여전히 전교조 교사들은 아이들은 '천사', '선한 존재'라는 믿음을 가지고 있었다. 한편으로는 학생들이 스스로 자기의 문제를 결정할 수 있는 능력을 가지고 있다고 믿으면서 또 한편으로는 이러한 믿음에 비례하여 학생들을 선하고 지나치게 어린 존재로 보는 경향이 있는 것이다. 이러한 사고는 학교의 다양한 평가 상황에서 여실히 드러난다. 교사들은 언제든 자유롭게 학생을 평가하면서, 학생들이 교사를 평가하는 것에 대해서는 어떻게 학생들이 교사를 평가하느냐는 논리를 들이댄다. 교원평가 그 자체의 문제를 지적하는 것은 타당하지만, 어떻게 학생이 교사를 평가할 수 있는가라는 논리는 성숙한 교사와 미숙한 학생의 분할을 정당화한다. 학생은 늘 잘 평가를 받아야 하는 존재이며, 교사는 평가를 잘해야 하는 존재이다. 이러한 논리를 확대하면 학교에서 올바른 결정을 할 수 있는 존재는 오로지 교대, 사대를 나온 교사이며 그중에서도 정규직뿐이다. 학교의 비정규직은 모두 교사들의 잡무를 담당하는 비전문가의 지위를 부여받으며, 오로지 가르치는 교사만이 학교 내에서 전문성이라는 특권을 가진다. 그러므로 교사들은 학교에서 늘 선하고 착한 권력의 모습으로 나타난다. 교사들만이 사태를 종합적으로 볼 수 있으며, 객관적이고 공정하며 올바른 결정을 할 수 있는 철인의 경지에 오른 존재들이고, 이들은 언제든지 민주주의 외부에서 민주주의를 제도화하고 심판하는 역할을 하게 된다. 반면에 학교의 모든 비정규직들, 그리고 학생들은 교사들에 의해 판단당하고 해석당하는 주변화된 존재들이다. 이러한 구도는 내가 고등학생운동 시절 가장 싫어했던 모습이다.

규율 체계가 아닌 수용소로서 학교 : 주권자와 벌거벗겨진 존재

억압받는 자들의 전통은 우리가 그 속에서 살고 있는 '예외상태'가 상례임을 가르쳐 준다.

– 발터 벤야민, 〈역사철학테제〉 8번[*]

권위주의 체제가 해체되면서 학교를 지배하던 규율 체계는 무너지는 것처럼 보였다. 그러나 민주주의로 이행하면서 일상적 예외상태가 학교의 본 모습임이 확인되고 있다. 내가 고등학교 시절 경험한 학교의 모습은 비민주적이라기보다는 교사 자체가 민주주의의 외부인 예외상태에 있는 주권자로 서야만 작동하는 곳이었다.

교사는 더 이상 소지품을 뒤지고 때리는 등의 폭력을 행사하는 사람이 아니다. 이제 교사는 자치 활동을 보장하고, 학생의 자유를 보장하는 존재다. 토론하게 하고, 말하게 하고, 쓰게 한다. 이처럼 교사는 학교에서 민주주의를 수호하는 주권자의 모습으로 존재한다. 여기서 중요한 것은 교사는 학교 규칙 안에 존재하는 사람이 아니라 규칙 밖에서 규칙의 예외상태를 결정하는 자라는 것이다. 주권자인 교사는 법질서가 위협받는 상황에서 법질서를 지키기 위해 법 자체를 중단시키는 존재이며, 수많은 벌거벗은 생명을 만들어 내는 주권자이다.

---

* 마카엘 뢰비, 양창렬 옮김(2017), 발터 벤야민 : 화재경보 - 〈역사의 개념에 대하여〉 읽기, 난장, 115쪽.

교사들은 또한 평상시에도 법질서 밖에 존재하며 지금이 어떤 상태인지를 결정한다. 자치 활동을 몇 시간 보장할 것인지, 학생들에게 규칙을 스스로 만들게 할 것인지 말 것인지, 무엇을 제거할 것인지 결정한다. 학생들은 자기가 쓴 일기가 교사에게 읽힐 것을 알면서 일기를 쓰는 것에 의구심을 갖지 않으며, 교사가 언제든지 예외상태를 선언할 수 있다는 사실을 의아해하지 않는다. 학생 인권 선언은 바로 이러한 법질서 밖에 있는 교사를 법질서 안으로 위치시키려는 것이었지만, 모든 법의 일괄 정지 여부를 결정하는 권한을 가지고 있는 교사들은 인권의 안으로 들어가 교육을 하는 것은 교육 자체를 불가능하게 한다고 느꼈다. 학생 인권이 선언되면 주권자인 교사로서 비상사태를 선포하거나 교사 자신이 법질서의 예외가 되는 것이 불가능해질 수 있기 때문이다. 교사는 보호받아야 할 보편적 삶과 그렇지 않은 예외적 삶 사이의 경계를 정한다. 그러므로 학생 인권에 대한 반감과 혐오는 그들이 때릴 수 없다는 데 있는 것이 아니라 예외상태를 선포할 수 있는 주권자의 위치에서 법질서 안으로 들어가야 한다는 데 있다.

학교 자체가 예외상태를 일상화하는 공간이라는 것은 학교는 그 자체로서 배움의 공간도 아니며 인권의 공간도 아닌 오직 미성숙함이라는 이름으로 학생들을 통제하는 수용소임을 말해 준다. 학교는 맥락이 제거된 지식 이외의 모든 경험을 불신하고, 오로지 의미 없는 체험을 정례화하고, 사고하지 않고 연습 문제만을 풀게 한다. 아우슈비츠가 그렇듯이 수용소라는 학교가 제도화되면서 교육은 오직 학교에서만 가능하게 되며, 성적에 의해 시민이 될 자와 시민이 될 수 없는 자가 분류된다. 최근에는 잠재 가능성까지 성적화되며, 이들은 꿈을 갖도록, 자기 성장을 하도록, 부지런하며 역량을 갖출 자유를 가진 저주받은 존재가 된다.

국가가 주도하는 성취도평가에 대해 정당한 거부권을 행사하는 개인에게 학교는 즉시 비상사태를 선포하여 법 밖에서 체험 학습을 신청하는 자들을 무법자로 만든다. 학교 안에서 공부를 못하고 질서를 지키지 않는 것은 하찮은 생명이 되는 것이고, 학교 체제에 해가 되는 인물이 되는 것이다. 이들은 '부진아 제로'라는 방식으로 제거되어야 할 호모 사케르, 즉 벌거벗은 인간일 뿐이다. 나는 하루에도 몇 번씩 주권자로서 교실 속에서 예외상태를 선포하고, '문제아'들을 호모 사케르로 만들고 있다. 민주주의와 인권을 교육하다가 집중하지 않는 학생에게 "야! 뒤에 나가 서 있어!", "니네들 수업 태도가 왜 이래? 집중!" 하면서 비상사태를 선포한다. 나는 늘 학생들에게 법의 공백을 헤집고 들어가 어떤 명령을 한다. 많은 학생들은 내 명령을 거부할 수 없는 주권자의 명령으로 수용한다. 학교에서 교사가 예외상태를 선포하는 주권자의 위치를 철회한다면 학교는 정상적으로 작동하기 어려울 것이다. 이 문제를 어떻게 해결할 수 있을까?

계급으로서 청소년

청소년들은 하나의 세대가 아니라 계급이다. 그들 대부분은 소득이 없으며, 부모의 소득에 기생하여 용돈으로 살아간다. 따라서 부모의 소득, 사회적 지위에 의해 청소년은 분할되어 있다. 그런데 청소년을 세대로 접근하면서 집단의 연령적인 특성이 과장된다. 이렇게 되면 일반 명사로서 청소년만 보이게 된다. 질풍노도의 시기니 어쩌고 하는. 그러나 개별적인 청소년들은 '공부를 하기 싫은 청소년', '일하고 싶은 청소년', '아무리 공부를 해도 안 되는 청소년', '학교에 가지 않고 다른 것들을 하고 싶은 청소년' 들이다. 일반화될 수 없는 단독자들인 것이다. 이들 모두를 오로지 대학을 가야 하는 존재, 대학을 가지 않으면 안 되는 존재로 규정하고 학교에 가두고 있다.

그런데 얼마 후에 대학생이 될 청소년들의 미래는 어떤가? 대학생들은 대학 졸업장이 있건 없건 안정된 직장에서 멀리 떨어진 인생을 살게 될 것이다. 청소년기본소득단체를 통해 소개된 글에서처럼 "직장 얻고, 결혼하고, 집 사고, 아들딸 구별 말고 하나만 낳아 잘사는 새해 덕담 같은 삶을 꿈꿔 보기도 전에 돈의 쓴맛을 경험"하게 될 것이다. 대학만 졸업하면 입에 풀칠은 할 것이라고 기대하지만 수십 군데 면접을 보러 다니는 대학생들이 곧 청소년의 미래이다. 엄습하는 절망감으로부터 도망치기 위해서라도 더 좋은 대학을 가기 위해 노력해야 한다. 이제 옆 친구가 성적 때문에 자살을 해도 어떤 시대적 울림도 존재하지 않는다. 그것은 철저하게 개인의 일이 된다. 지금 청소년들은 예전보다 더 강력하게 개인화됐다.

우리는 청소년들에게 꿈이 없다고 비판한다. 공부를 안 한다고 말한다. 그런데 계급화되어 있는 청소년들에게 제시된 복지라는 것은 학교를 중심으로 한 복지에서 멈춘다. 학교에 온 청소년에게 무상 급식을 할 것인가 말 것인가 하는 논쟁처럼. 이들의 삶과 관련된 복지 정책은 보이지 않는다. 생각해 보자. 2012년 대선에서 50, 60대의 표 결집이 강력했다고 한다. 자신의 재산을 지키려는 표심이 반영된 결과란다. 분명 이들의 표심은 절망의 표현일 수 있다. 그런데 청소년은 어떤가? 선거권이 없으므로 자신의 미래를 선택할 수 없고, 성인 세대들이 선택한 한국의 미래를 받아들여야 한다. 모은 재산을 잃을 두려움이 아니라 모을 재산이 없다는 것에서 오는 무기력과 체념이 이들을 강하게 지배한다. 다시 말해 청소년의 경제적 현실은 더욱 계급화되고 있다. 부모에 의존하지 않고서는 스스로의 힘으로 살아갈 힘이 없어 더욱더 의존적이어야 하지만, 사회가 요구하는 소비의 총량은 급속도로 커져 가고 있다. 철저하게 부모에게 사적으로 의존하여 살아가도록 하면서 꿈을 가지라고 말한다.

세대 프레임을 걷고 보면, 모든 개인은 생존에 위협을 느끼지 않고 삶을 살 권리가 있다. 그리고 자신의 가능성과 적성을 충분히 실험하고, 뚜렷한 목표를 위해 오랫동안 준비하는 삶을 살 권리가 있다. 이러한 권리를 보장하는 데 가장 기본이 되는 것은 부모가 아니라 공동체에 의존하도록 하는 것이고 그것의 가장 기초적인 형태가 청소년에게 기본소득을 제공하는 것이다. 그런데 우리는 '청소년에게 무슨 스마트폰이 필요하냐?', '요즘 청소년들은 너무 소비적이다'라는 식의 접근을 하는 것에서 상상력을 멈춘다. 나 역시 모든 것을 관리의 대상으로 볼 뿐이다. 스마트폰 때문에 수업을 할 수 없다느니 하는 이야기만 하면서.

그런데 상상력을 확장해 보자. 청소년들이 부모와 상관없이, 학교에 다니는 것과 상관없이 자신의 공부를 할 수 있도록 조건 없는 기본소득을 지급하고, 대안교육 및 공공 프로그램과 연계하여 학습 안식년제를 보장하며, 다양한 강의 자료 공개를 의무화하면서 도서관, 강의실 등의 시설을 개방하면 어떤가? 학교 전체에서 무료 와이파이를 제공하고, 청소년의 통신비를 무상으로 지급하는 것과 함께 정보통신 기기의 올바른 사용을 교육하는 것은 어떤가? 학교가 아닌 다른 배움의 형식을 다양하게 고민하고, 학교에 다니는 것과 무관하게 모든 배움을 보편적 복지의 정신에 따라 구현하는 것은 어떤가? 왜 나를 포함해 우리의 상상력은 더 확장되지 못하는가?

폭력의 숙주로서 학교
- 어떤 사실도 정의로 확정되지 않고 법과 사실이 일치하는 공간

아무도 때리지 않는다. 그런데 왜 학교는 폭력의 숙주인가?

폭력을 이야기하면 대부분 자연스레 누군가를 때리는 것을 떠올린다. 그런 점에서 학교는 폭력적이지 않다. 교사 또한 폭력적이지 않으며, 폭력은 평화로운 학교의 예외상태에 다름 아니다. 그러나 폭력의 개념 자체를 새롭게 정의하면 학교는 폭력을 제도화하는 곳이다. 무엇을 배울지, 어떻게 놀아야 할지, 무엇을 할지가 규정되고 그것을 따라야 한다. 여기에 개인적 삶은 존재하지 않는다.

학교가 폭력의 숙주라는 말은 단순히 물리적, 자연적 폭력을 말하는 것이 아니라 권위화된 사회로부터 정당함을 부여받은 폭력을 의미한다. 우리는 일반적으로 '폭력=악'이라는 고정관념에 사로잡

혀 있다. 하지만 모든 폭력이 악이라면 안중근 의사의 이토 히로부미 암살은 폭력이자 테러이고 곧 악이 된다. 마찬가지 이유로 프랑스혁명도 악이 되고, 5.18민주화운동도 악이 된다. 아니 무엇보다 '법' 역시 악이다.

반대로 1968년 12월 5일 박정희 대통령에 의해 국민교육헌장이 공포되면서 민주시민교육은 국민 정신 교육으로 대체되었고 1972년 유신 이후에는 국민윤리교육이라는 이름으로 흡수되었다. 1987년 6.10민주항쟁 때까지 민주시민교육을 주제로 한 국가 영역의 교육 성과는 전무했다고 봐도 지나치지 않다. 그러나 박정희, 전두환, 노태우 정권은 학교에서 교육과정을 통해 민주주의 정권으로 교육되었다.

법, 정치, 정의, 권위, 윤리는 모두 수단과 목적이 구분되는 영역이다. "폭력은 정의인가?"라는 질문에 대해 결국 우리는 수단과 목적에 의해 옳고 그름을 판단하게 된다. 많은 교사들은 목적이 정당하면 수단으로서의 폭력도 정당하다는 입장을 취한다. 이러한 입장에서 보면 나치즘의 홀로코스트도 적합한 폭력일 수 있다. 그런데 우리는 '목적이 옳다는 것은 누가 담보해 주는가?'라는 질문을 하지 않는다. 산업화 시대가, 국가의 발전이라는 목적이 폭력을 수단으로 취했으며, 목적이 수단을 정당화한다고 말한다.

내가 보기에 법은 폭력의 독점과 보존적 폭력을 통해서 그 자신의 정당함을 얻고 유지해 나간다. 예를 들어 기존의 법을 또다시 전복하려는 세력을 가정해 보자. 그 세력은 새로운 정의에 따른 새로운 법을 정초하기 위해 기존의 법질서를 부정할 것이다. 그들에 의해 새로운 법이 정초되는 순간 이전의 법질서는 파괴되고, 앞으로 도래할 법이 소급되어 그들의 행위에 적합함을 부여하는 '정의'가 된다. 이 근거를 바탕으로 새로운 법은 기존의 법질서를 폭력적으로 전복한다. 새롭게 정초된 '법'은 동어반복에 의해 그 자신이 '정의'가 되고, 정의를 지키기 위해 보존적 폭력을 표출한다.

여기서 다시 한 번 '법의 토대, 법의 정의로움의 근거가 무엇인가?'라고 물어보자. 앞에서 말했듯이 법은 규정됨으로써, 그 체계에서 벗어난 것을 '탈법적'으로 공격하고 있는 것뿐이다. '정의'란 앞으로 도래할, 정초됨으로써 '적법'하게 되는 '정의'에 근거를 둘 뿐이다.

학교는 늘 현존하는 권력과 법을 정당화한다. 그리고 새로운 정의의 도래를 막는 역할을 한다. 폭력으로서의 법은 자신을 전복할 위험이 있는 권리에 대해 폭력으로서 억압한다. 이를 넘어서기 위해서는 결국 법 그 자체를 전복하는 수밖에 없다. 여기서 보수 세력은 도래할 새로운 법(국가)의 창설을 거부하며 보존적 폭력을 정당화한다. 청소년들이 현재의 법 앞에 서는 것이 아니라 도래해야 할 법 앞에 서지 못하도록 한다. 교사는 자본주의 너머를 사유할 수 없으며, 그러한 시도는 공무원이라는 신분에 갇혀 철저히 분쇄된다.

인권의 재검토
- 공부를 잘하는 학생들, 말 잘 듣는 학생들에게만 보장된 인권

2012년, 대선과 함께 치러진 서울시 교육감 재선거에서는 문용린 후보가 곽노현 교육감의 정책을 이어 가겠다던 이수호 후보를

상당한 표 차로 따돌리며 교육감에 당선되었다. 그리고 문용린 교육감 당선자가 제일 먼저 한 말이 학생인권조례를 손보겠다는 것이었다. 이유인즉슨 학생 지도가 되지 않고 교권이 추락하고 있기 때문이라는 것이다. 학생인권조례와 관련해 한쪽에서는 교권 추락을, 한쪽에서는 생활 지도의 불가능성을 이야기하는 모습을 지켜보면서, 교사, 학교에게 인권이란 무엇인가에 대해 생각하는 시간을 가졌다. 그리고 아직 '인권 영향 평가'를 한 번도 받지 못한 학교의 권위주의적 속살이 그대로 드러나고 있는 현실에 주목하게 되었다.

아감벤이 지적한 대로 인권의 보편주의와 예외의 논리 사이의 애매한 타협은 프랑스인권선언의 제목에서 이미 나타난다. 잘 알고 있듯이 프랑스인권선언은 단순한 '인권선언'이 아니라 '인간과 시민의 권리 선언'이었다. 여기서 다음과 같은 의문들이 꼬리를 물고 일어난다. 인간과 시민은 같은가, 다른가? 전자가 후자에 포함되는가? 혹은 그 반대인가? 이러한 모호성은 인권선언을 출발점으로 생겨난 근대 국가가 인간의 국가가 아니라 시민권을 가진 자들의 국가, 즉 국민(민족)의 국가였다는 데에서 기인한다. 민족 국가의 시스템 속에서 양도할 수 없는 신성한 인권은 국적이 부여하는 시민권에 의해 보장되지 않는 한 어떤 근거도, 어떤 실체도 없다. 중세 때 귀족 신분으로 태어난 사람들이 시민권을 행세할 수 있었다면, 이제는 '인간의 타고난 권리'를 잘 보장해 주는 나라의 국적이 거의 신분적 특권에 가까운 것이 되었다. 근대 국가의 국민이 가지는 권리는 모든 인간의 자유와 평등에 대한 신념으로부터 나온 것이지만, 그것은 암암리에 국민이 아닌 사람들의 배제를 전제한다. '인간과 시민의 권리 선언'이라는 애매한 표현은 바로 이러한 역설을 감추고 있다. 오늘날 서유럽 국가들에서 벌어지는 불법 이민이나 난민 문제를 둘러싼 논란은 인권 개념의 보편성과 시민권 개념의 특수성 사이의 충돌로 이해할 수 있다.

이와 같은 맥락에서 모범적이며 공부를 잘하는 학생이 아닌 자들은 주권자인 교사가 선포한 예외상태에 의해 추방되고, 단순히 살아 있기만 한 존재가 된다. 이들은 학교 제도 자체를 무의미하게 만드는 존재들이며, 학교는 공부하기 싫은 학생들에게 공부할 것을 강요하는 수용소이다. 난민의 지위를 가진 이들이 인권을 보장받기 위해서는 공부를 잘하거나 모범생이 되어야 한다. 인권은 모든 학생에게 보장되는 권리가 아니라 시민의 위치에 선 자, 공부를 잘하고 규칙을 잘 지키는 학생들에게 보장되는 것이다.

아감벤의 논의를 따라가 보면, 생명에는 조에^{zoé}적 삶과 비오스 ^{bíos}적 삶, 두 가지 성질이 있다. '조에'는 생물학적인 의미의 삶, 즉 생명이고, '비오스'는 사회, 정치, 문화의 맥락 속에서 규정되는 삶의 형식과 양식을 의미한다. 고대 그리스에서 정치적으로 의미 있는 삶은 오직 비오스뿐이었으며 이 점은 중세에도 변함이 없었다. 인간의 정치적, 법적 권리는 그가 속한 사회적 신분에 대해 부여되는 것이었다. 단순히 태어났기 때문에 권리를 누리는 것이 아니라 무엇인가로 태어났기 때문에 권리를 누리는 것이다. 어떤 신분으로서의 삶이냐 하는 것만이 문제였고, 사회적 규정성과 무관한, 모든 인간에게 공통되는 생물학적 삶, 벌거숭이 삶이란 아무 의미도 없는 것이었다.

근대는 조에에 대한 비오스의 우위를 부정하는 데서 시작된다. 인간이 단순히 인간이라는 사실 때문에 권리를 가진다는 사상, 모든 인간이 평등하다는 사상은 조에, 즉 생물학적 차원의 벌거숭이 삶 자체를 정치적, 법적 권리의 궁극적 근거로 만들었다. 근대의 보편주의적 정신은 권리 주체로서 인간을 생물학적 소여로 환원시킬 수밖에 없었다. 그것만이 모든 인간에게 공통된 유일한 조건이기 때문이다.

이것이 1789년의 프랑스인권선언에 대한 아감벤의 해석이다. 아감벤은 다음과 같이 쓰고 있다. "인권선언문들은 자연 생명이 국민국가의 법적·정치적 질서 속에 기입되는 원초적인 형태를 대표한다. 앙시앙 레짐하에서는 정치적 무관심의 대상이자 신에게 귀속되는 창조물의 생명이었으며, 고대 그리스 시대에는 조에로서 정치적 삶(비오스)과는 (적어도 외견상으로는) 명백하게 구분되었던 바로 저 벌거벗은 생명이 이제 국가 구조 속으로 완전히 진입하게 되었으며, 더 나아가 심지어 국가의 정당성과 주권의 세속적 토대가 되었다."* 이제 인간의 생명은 가장 귀중한 가치가 되었고 국가가 부양해야 할 최고의 목표가 되었다. 아감벤의 말에 따르면 이를 통해 모든 인간의 생명은 존엄하고 신성한 것이라는 근대적 관념이 형성된 것이다.

모든 인간은 자유롭게 태어나며 법 안에서 평등하다는 근대 인권선언의 보편주의는 차별과 배제를 예외적인 것으로 만들었다. 하

---

* 조르조 아감벤, 박진우 옮김(2008), 호모 사케르, 새물결, 249쪽.

지만 프랑스혁명 당시 발표된 인권선언은 참정권 문제와 관련하여 여성, 아이들, 외국인들, 기타 사회에 대한 기여가 전혀 없는 사람들을 배제하는 단서를 달았다. 예외는 어디에나 있었다. 모든 학생이 인권을 가지고 있다는 것은 공부를 잘하고 못하는 것에 상관없이, 생명 자체가 가장 귀중한 가치를 가지고 있다는 것이며, 생명의 존엄을 위협하는 그 어떤 것도 반인권적인 것으로 간주된다는 것을 뜻한다. 그러므로 교사가 배제와 예외상태를 선언하는 주권자의 위치에서 벗어나야 한다는 의미를 갖는다.

인권이 유린되던 시절, 교사는 한 인간의 존엄을 짓밟고 선 공안검사나 상관과 다름없었다. 학생은 인간으로 간주되지 않았고, 미성숙한 인간, 즉 인간 아닌 인간, 벌거벗겨진 인간이었다. 이들은 잠재적으로 위험한 이들로 취급될 수밖에 없었다. 입시에만 집중하고 전력투구해야 할 학생들이 머리가 길 경우 놀러 다니느라 공부를 못 한다는 식의 이야기는 우리 어른들이 공유하고 있는 문화이다. 학생의 사적 소지품을 털고 검사하는 것은 경찰의 불심검문처럼 폭력이었지만 저항은 용납되지 않았다.

청소년인권운동의 민주성과 확장성 문제

우리는 흔히 청소년은 국가의 미래라는 말을 격언처럼 사용한다. 이 말은 청소년이 어떻게 성장하는가에 따라 국가의 성장 결과도 달라진다는 의미로 해석된다. 다시 말해 한국의 미래가 어떻게 형성될 것인가는 한국의 미래를 담보하고 있는 청소년들이 제대로 성장하고 있는가에 달려 있다고 할 수 있다. 이렇게 '청소년은 국가의 미래'라는 담론이 형성되면, 다음으로 국가는 성장의 정도를 보여주는 각종 지표들을 설정하고 이 지표를 대리 변수로 하여 청소년을 설명하려 한다. 대표적인 것이 학업 성취도이며, 최근에는 이에 더해 종합적 역량을 평가하는 사회적 역량, 문해 능력, 학습 역량, 의사소통 역량을 국제적으로 비교한다. 청소년을 자본과 같은 생산 수단으로 접근하는 구조에 저항하지 못하면 복지 국가 건설을 탈자본주의 변혁과의 관계 속에서 고민하지 못하고 만다.

나 역시 교사로서 청소년은 국가의 미래라는 담론에 쉽게 포섭되며, 청소년 각자의 현재적 삶과 행복에 대한 관심보다 미래의 꿈과 행복을 위해 현재는 얼마든지 희생할 수 있는 것이라는 의식을 무의식적으로 드러낸다. 아마도 내가 이러한 성장 패러다임이 지배하는 시기에 학교에 다녔고 그것을 자양분으로 하여 자란 덕일지도 모른다.

나는 청소년인권운동이 청소년이 국가의 미래라는 이러한 담론을 해체하고, 궁극적으로 학교 체제를 해체하면 좋겠다. 새로운 배움의 방식을 조직화하는 실험들도 다양하게 시도하면 좋겠다. 그리고 이것들이 보편적 복지의 관점에서 보장되어야 한다고 본다. 청소년이 만약 질풍노도의 시기이고, 무엇이 되고자 하는지 탐색하는 기간이라면 국가는 철저하게 이러한 탐색이 자유롭게 이루어지도록 해야 한다. 다시 말해 학생들이 공동체 속에서 '의존의 존엄성'을 인정받도록 해야 한다고 본다. 국가의 역할은 생명 그 자체로 존중받는다는 의미에서 인권의 보장 그 이상도 이하도 아니어야 한다. 청소년인권운동이 어떻게 가야 할지 모르겠지만, 개인적으로 청소년 범주가 아닌 청소년 각자의 삶에 관심을 가지면서, 시민의 영역에 없는, 학생의 영역을 거부하는 자들의 인권 문제가 고민되길 바란다. 탈학교 청소년, 탈가정 청소년, 다문화 청소년, 성적 소수자들 등의 인권에 관심을 가져야 한다. 인권은 시민의 존엄 이전에 인간의 존엄이기 때문이다.

나는 기본적으로 고등학생운동, 또는 청소년운동은 시대와 불화하는 운동이라고 생각한다. 1960년대 유럽의 청소년운동도 결정적으로 베트남 전쟁, 제3세계 해방운동, 우익화되려는 정치적 움직임, 군사력 확장, 미흡한 대학교육의 환경에 대한 공개적 의사 표시였고 이를 막고자 하는 경찰, 정부와 극렬한 대치를 겪었다. 이러한 청소년운동은 이후 권위적인 유럽 사회의 변혁을 가져오는 데 결정적인 역할을 했다.

한국 사회에서도 박정희의 권위주의적 독제 체제는 지금까지도 이데올로기적으로나 사회심리적으로 한국 사회의 정치, 경제, 사회, 문화, 교육 곳곳에 자리 잡고 있다. 우리가 이명박, 박근혜 정부를 지나면서 확인한 것은 민주주의는 하나의 완성태로 있지 않으며, 늘 불안 속에서 작동한다는 것이다. 이를 지우려는 반권위주의운동은 청소년운동의 열광적 진동을 통해 가능하다. 그런데 현재의 운동에서는 이러한 열광적 진동이 잘 느껴지지 않는다.

고등학생운동을 경험하고 현재 전교조의 조합원으로 교사 생활을 하면서 둘 사이에 교차하는 부분이 있음을 느낀다. 그것은 현장주의와 중앙 집중주의의 균열이다. 우리는 흔히 민주주의를 이야기하며 현장성을 이야기한다. 의사 결정을 분권화하고, 조직원의 참여가 보장되며, 강력한 현장 기반을 가지고 있어야 한다는 주장이 좋은 예이다. 그런데 자본주의가 심화되면서 기업이라는 조직이 요청되듯 조직이 거대해지면 관료주의가 그만큼 커지게 된다. 이로 인해 민주주의가 축소되는 경향이 생긴다. 관료주의가 커지면 지도자들의 지위를 강화하게 되며, 단체 교섭이나 조직의 일반적 업무 수행을 위해 책임과 권위를 강조하게 된다. 그리고 이는 행정적인 기능의 비대화로 이어진다. 국가가 중앙 집중화 될수록 조직의 관료주의는 강화되며 책임 있는 지도자를 요구하는 논리가 강해진다. 조직의 의사 결정이 중앙 집중화 되면 지도부의 정책에 대해 'YES', 'NO'를 놓고 투표하는 참여만이 남게 되며, 고도의 효율성을 갖는 조직체가 된다. 청소년인권운동은 이러한 문제로부터 어느 정도 자유로운 것처럼 보인다. 주로 인터넷을 통해 소통하고 개별 활동가들이 네트워크적으로 활동한다는 측면에서 그러하다. 그러나 소수의 청소년인권운동 활동가가 운동의 어젠다를 세팅하는 역할을 하고 다양한 청소년들의 삶과 소통하지 못할 때 그것은 의사 결정의 중앙 집중화, 활동가들과 현장의 단절로 연결될 것이다. 실제로 대학 입시에 여념이 없는 현장의 학생들보다 청소년운동 활동가를 알아주고 또 잘 통하기도 하는 다른 영역의 활동가들과 소통하는 게 훨씬 수월할 수도 있기 때문이다.

    오늘날 거의 20년 동안 이어지는 아동기와 청소년기는 노동을 위한 체계적인 준비가 필요하다는 현상과 연결된다. 다시 말해 보통 교육을 제도화하고 아동 노동을 금지하는 흐름은 어린이를 노동 세계에 진입하도록 준비시키자는 논리 속에서 교육이 점차 이러한 과제에 맞도록 바뀌는 과정이었다. 이는 모두 많은 아이들이 공교육의 혜택을 받도록 하는 효과를 가져왔지만, 동시에 공교육을 통해 길러야 할 것이 시민성이 아니라 직업인이라는 인식을 고착화하는 계기가 되었다. 특히나 좋은 정규직을 잡기 위한 생존 경쟁에 유치원을 포함한 초·중·고 전 과정이 포섭되면서 청소년들이 타인의 아픔에 공감하고 반응하는 능력은 현저하게 약화되었다. 그들은 부모로부터 정규직 노동에 대한 옹호, 그리고 빈민들에 대한 혐오의 감정을 교육받는다. 그리고 비생산적인 삶을 인성의 결함과 동일시하는데, 학교에서 시간의 분할은 철저하게 노동 생산성의 원리에 따라 작동한다. 나 자신을 회고해 보면 자기 자신을 몰아붙이는 인간driven man이었다.* 진보를 내세우면서도 공적 영역에서의 의존은 수치스러운 것으로 생각했고 그런 인간이 되지 않기 위해 공부했다. 현대의 복지 국가 주장자들도 새로운 복지 국가는 의존이 아니라 노동을 장려해야 한다고 선언하며 엄격한 기준을 갖춘 동정심을 촉구한다. 공동체를 통한 돌봄, 사랑과 우정, 의존은 수치스러운 것이라고 강요당한다. 그리고 이러한 감정은 학교에서 자기 존중이라는 이름으로 철저하게 교육받는다.

 나는 청소년운동의 핵심은 게으름뱅이가 될 자유에 있다고 생각한다. 여기서 게으름은 체제나 다수가 인정하지 않는 일을 하고 살

* 막스 베버, 박성환 옮김(2009), 경제와 사회, 나남.

자유란 의미에 가깝다. 게으름을 인정하지 않는 사회는 원칙적으로 돈벌이가 되지 않는 여타 가치들을 무시한다. 지식의 공유가 그렇고 전통적인 집안일이 그렇다. 학교에서도 성적을 향상시키지 않는 일, 삶의 역량을 키우는 지표에 포함되지 않는 일은 무시된다. 그런데 대체 그 기준은 누가 정했는가? 과연 돈벌이가 우리 삶의 판단 기준이 될 수 있는가?

청소년은 본질적으로 인간이다. 그리고 인간은 창조를 추구하는 정신에 따라 살아가는 삶에서 근원적인 행복을 느낀다. 일찍이 이러한 삶의 방식을 찾은 이들은 두려움으로부터 해방되었다. 왜냐하면 그들이 삶에서 가장 소중히 여기는 가치가 외부의 권력에 아랑곳하지 않기 때문이다. 만약 공포의 지배를 극복하고자 한다면 대중에게 용기를 갖고 불운에 의연해지라고 설교하는 것만으로는 부족하다. 우선 공포의 원인을 없애야 하고, 선한 이의 삶이 더 이상 세속적인 의미에서 실패하지 않도록 해야 하며, 한 사람이 다른 사람의 삶에 관여하는 정도를 가능한 한 최소화하는 방식으로 사회의 정치 및 경제 조직을 혁신해야 한다. 다시 말해, 외부의 권력에 아랑곳하지 않을 수 있는 조건, 즉 우리 모두가 게으름뱅이가 될 수 있는 구조로 우리 사회를 바꿀 수만 있다면, 비로소 우리는 삶을 어떻게 살아야 하는지에 대한 해답을 찾아 나갈 수 있을 것이다.

집필 후기

고등학생운동이라는 벌거벗은 경험, 그리고 온몸으로 몰입하기

나는 고등학교 시절 억압적인 학교와 사회에 맞서 저항했다. 세미나를 했고, 학교에 유인물을 붙이며 교육의 부조리와 시대의 부정의를 고발했다. 학교 안에서의 싸움으로는 한계가 있어 다른 학교의 친구들 그리고 대학에서 운동을 하는 선배들을 만나 책을 읽고 토론하며 학교와 세상을 바꾸는 이야기를 했다. 그러나 나는 치열하게 저항하고 반항하지 못했다. 지배 질서에 반하는 저항적 운동을 펼친다고 하면서 지배 질서에서 벗어나는 것, 특히 대학이 아닌 현장을 선택한다는 것이 두려웠다.

그럼에도 고등학생운동이 전교조 선생님 지키기 운동을 넘어서고, 대학생운동의 영향에서 벗어나려고 치열하게 고민했던 것은 분명한 사실이다. 많은 활동가들이 학교 민주화를 위해 학생회를 민주적으로 조직하는 운동과 예산을 편성하고 운영하는 운동 등에 주도적으로 참여했고 지역적 조직, 더 나아가 전국적 조직을 만들어 고등학생운동의 세력화를 이루기 위해 노력했다. 또한 다양한 정파로 구분되어 고등학생운동의 미래, 학교 민주화의 방향, 한국 사회의 개혁 방향 등에 대해 건강하고 치열한 노선 투쟁을 진행하기도 했다. 이는 많은 선행 연구자들, 특히 구수경

(1997)과 전누리(2016)가 분석한 대로 교육 경쟁 구조하에서 수동적으로 학교생활을 하기보다 자율성을 갖고 다양한 형태의 저항을 하며 진로를 고민했다는 것을 의미한다. 무엇보다 많은 활동가들이 대학이 아닌 노동 현장이나 사회운동으로 진로를 정했고, 취업이 진로였던 고등학생들도 단순한 취업을 넘어 노조 건설 운동에 투신했다. 하지만 대학생운동이 그렇듯이 고등학생운동도 많은 사회운동과 중첩되어 있었고 이러한 이유로 고등학생운동의 정체성을 세우는 데 어려움이 따르기도 했다. 이 과정에서 다시 대학에 진학한 활동가들도 있고 다른 사회운동으로 진로를 바꾼 활동가들도 있었지만 오히려 지식인과 노동자 사이에서 정체성 갈등을 느꼈던 대학생보다 선명한 의식을 가지고 활동하기도 했다.

물론 기억하기란 단순히 기억된 대상을 복원하는 작업을 뜻하는 것이 아니라 기억하는 주체의 깨달음이 침투하는 과정이기 때문에 중요한 것은 과거의 경험을 정확히 되살려 내는 것이 아니라 과거의 경험을 되살려 내는 내가 지금 어떤 위치에 서 있는지 분명히 하는 것이다.

글에서 밝혔듯이 나는 전교조 교사로서 과거 고등학생운동의 기억을 불러냈다. 그러나 내가 전교조 교사로서 명확한 정체성을 가지고 있지 못하기 때문에 고등학생운동의 기억을 소환하는 것 역시 분명한 지향점이 없이 회고적으로 흘렀다. 과거의 기억을 회고적으로 기억해 내며 기억하는 주체로서 내가 깨닫게 되는 것은 고등학생 시절 내가 경험했던 학교의 일상이 수많은 미사여구에도 불구하고 바뀐 것이 거의 없다는 것이다. 내가 고등학생이었을 때에도 겉으로는 민주주의와 학생의 개성을 말하지만 개성의 존중이 개인 교육 지상주의로 흐를 수 있다며 공동 훈련, 단체 훈련을 기피하지 말 것을 강조하였다. 이것은 학생인권조례가 제정된 이후 개인의 인권에 대해서 이야기하기보다 타인의 권리를 침해해서는 안 된다는 것을 강조하는 것과 같다. 또 다른 공동체교육을 하고 있는 것이다.

 이처럼 학교교육은 학생들이 자율적 습관을 양성하는 것을 지향하면서 실제로는 훈육, 규율 중심의 교육을 계속하면서 민족주의, 책임, 협동, 공동체를 강조하고 있다. 여기에 더해 교육을 통해 공평한 기회가 부여되었음에도 자신의 노력이 부족해 공돌이, 공순이가 된다는 자유주의 이데올로기가 제도적으로 뒷받침되고 있다. 이러한 현실에서 나는 교실과 학교 안에서만 인권과 평화, 민주주의를 이야기하고 있다. 그러면서 나의 교사로서의 유능함을 이 학생들의 성적, 더 나아가 좋은 학교에 진학하는 것을 통해서 증명받고 싶은 욕망으로부터 자유롭지 못하다.

읽을거리

- 공현·전누리(2016), **우리는 현재다**, 빨간소금.
- 구수경(1997), 청소년 저항 문화에 관한 연구, 한국교원대학교 석사학위 논문.
- 백초록(2003), 학교 위기, 프레임 그리고 학생의 저항, 한국교원대학교 석사학위 논문.
- 류지영(2001), 학교 규율에 대한 청소년들의 인식과 저항운동, 이화여자대학교 석사학위 논문.
- 양돌규(2006), 민주주의 이행기 고등학생운동의 전개 과정과 성격에 관한 연구, 성공회대학교 석사학위 논문.
- 전누리(2016), 고등학생운동 참여자의 사회 진출에 관한 연구, 성공회대학교 석사학위 논문.
- 최성만(2014), **발터 벤야민 기억의 정치학**, 길.

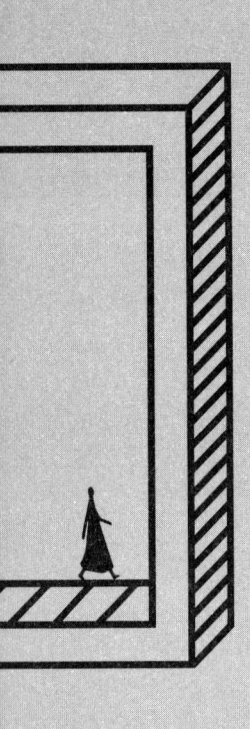

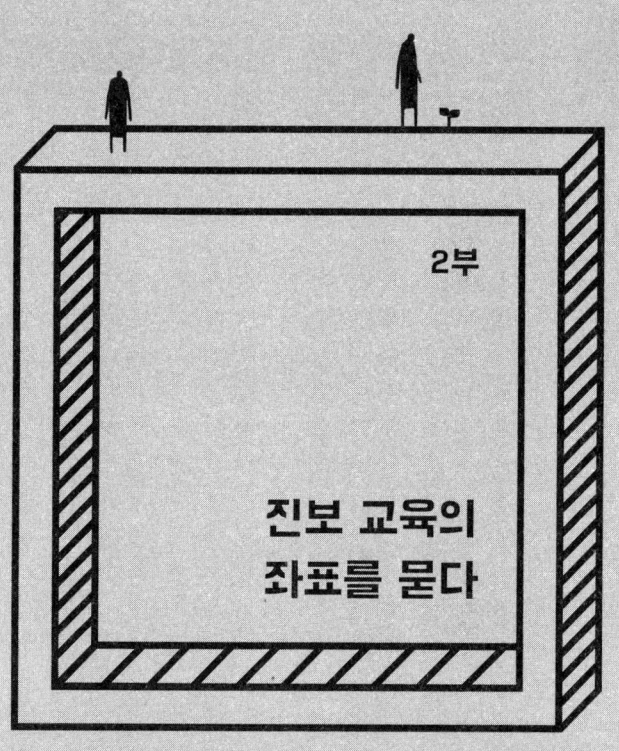

혁신학교는 무엇을
'혁신'하고 있는가?

비정상성에 대한 저항에서 정상성에 대한 저항으로*

    전교조 초등위원회에서 발행하는《우리 아이들》2012년 9월호에는〈혁신학교에 없는 것들 그리고 혁신학교에 있는 것들〉이라는 제목의 글이 한 편 실렸다. 당시《오늘의 교육》에 '혁신학교에 십중팔구 없는 것과 있는 것'이란 가제를 정해 두고 글을 쓰려 했던 난 제목을 선점(?)당했다는 생각을 하며 재미있게 그 글을 읽었다. 그 글에서는 혁신학교에 없는 것과 있는 것을 다음과 같이 정리했다.

---

* 이 글의 부제는 조희연의 책《비정상성에 대한 저항에서 정상성에 대한 저항으로》(2004)의 제목을 빌린 것입니다.

혁신학교에 없는 것들

아침 방송과 방송 조회, 체벌과 시상, 일제 고사, 반장과 부반장, 과학·독서·포스터 그리기 대회, 운동회와 학예회 연습, 관리실 학생 청소, 중앙 현관 출입 금지, 수업 장학, 수업 시간 공문 작성

혁신학교에 있는 것들

역량 중심 교육과정과 주제 중심 통합 학습, 중간 통지표와 학부모 상담 주간, 묶음 수업과 자유 놀이 시간, 작은 학교, 계절 학교, 돌봄, 수업 보조 교사와 자기 주도 학습장, 수업 나눔, 자발적인 교사와 교사 동아리, 믿고 지지해 주는 관리자

이는 혁신학교가 기존의 학교들과 어떻게 다른지 살펴보는 데 도움을 준다. 특히 혁신학교가 자신들이 제시한 6가지 혁신 과제 — 학교 운영, 학생 생활 지도, 교육 복지, 수업, 평가, 교육과정 — 에서 대체 무엇을 혁신하고자 하는지에 대해서도 어렴풋한 상을 제공한다.

혁신학교에 대한 몇 가지 검토

그런데 나는 이 글을 몇 번 꼼꼼하게 읽다가 이런 질문에 사로잡혔다. '혁신학교에서 혁신하고자 하는 것은 사실 어느 학교든 당연히 했어야 하는 것들 아닌가? 당연히 했어야 하는 것들을 하는 데

서 그쳐도 되는 걸까? 그게 과연 혁신일까?'

혁신학교에서 지금 하고 있는 실험들은 한마디로 말해 비정상적인 것의 정상화, 비교육적인 것의 교육적인 것으로의 전환이다. 과도하게 국가주의적이며 관료적이고 행정 편의적인 학교를 교육 기관이라는 학교의 본래 목적에 맞게 바꾸는 작업이다. 그러나 학생들이 관리실을 청소하는 것, 수업을 파행으로 이끄는 각종 대회들이 난무하는 것, 중앙 현관의 학생 출입을 금지하는 것, 수업 시간에 공문을 작성하는 것 등이 사라졌다는 것을 근거로, 또 중간 통지표와 자발적인 교사 동아리, 믿고 지지해 주는 관리자 등이 생겼다는 것을 근거로 혁신학교가 혁신적이며 진보적이라고 말하는 것은 어딘가 한계가 느껴진다. 더군다나 혁신학교가 보여 주는 어떤 움직임들에선 그것이 과연 옳은 건지 성찰이 필요한 대목들이 보이기도 한다.

혁신학교운동을 기존의 학교개혁운동들과 비교하는 이야기 속에서도 마찬가지 한계를 느낀다. 흔히들 혁신학교운동은 교사들이 자발적으로 하는 아래로부터의 학교개혁운동이며, 개별 수업을 넘어 학교 전체의 공기를 바꾸려는 시도이고, 시장적 방식이 아닌 공공성에 기반한 개혁을 한다는 점 등에서 기존의 학교개혁운동들뿐만 아니라 연구 시범 학교, 교육복지투자우선지역 학교들과도 구별된다고 말한다. 그러나 여기에서도 혁신학교가 이전의 학교개혁운동들과 구별되는 혁신적 요소를 가지고 있으며 진보적인가 하는 점에 대해선 좀 더 검토가 필요하다고 본다. 이 글은 이런 관점을 가지고 혁신학교에 대해 이야기해 보려고 한다.

고교 다양화와 혁신학교, 둘은 얼마나 다른가?

교육 개혁은 무엇보다 시급합니다. 획일적 관치 교육, 폐쇄적 입시 교육에서 벗어나야 합니다. 글로벌 스탠더드를 받아들이고 교육 현장에 자율과 창의, 그리고 경쟁의 숨결을 불어넣어야 합니다. 학교 유형을 다양화하고 교사들의 경쟁력을 높이는 데에 주력하겠습니다. 그래야 공교육이 정상화되고 사교육 열풍이 잦아들게 됩니다. 학생들의 적성과 창의력이 살아납니다.

위의 내용은 이명박 대통령이 17대 대통령 취임사에서 한 말이다. 이명박 정부는 이러한 문제의식에 따라 평준화를 부정하고 학교의 자율성과 다양화 확대라는 명목으로 '고교 다양화 300 프로젝트'를 추진하였다. 그러나 이 정책 역시 이전의 교육 개혁이 그랬듯이 학교 간 수평적 계층화만 더욱 심화시켰다. 대학 서열화가 굳건히 존재하는 상황에서 이는 애초에 '다양화'가 아닌 학교 간의 '서열화', '계층화'로 이어질 가능성을 농후하게 지니고 있었다.

그런데 혁신학교에 관한 자료들을 보면 교육 방법과 교육과정의 획일성을 비판하면서 다양화를 강조하는 내용이 자주 등장한다. 그 구체적인 내용은 지금부터 따져 보아야겠지만, 일단 고교 다양화 정책이나 혁신학교나 둘 다 '교육의 다양화'라는 공통된 구호를 외치고 있다. 그렇다면 혁신학교를 추진하는 주체들은 이명박 정부의 학교 다양화 정책을 어떻게 평가할까. 그들은 학교 다양화 정책이 오히려 학교 서열화로 인해 학교교육의 획일화를 조장하고 있다고 비판한다. 더불어 학생 선발에 기초한 다양화 정책은 특정 소수 계층만 혜택을 누리는 수월성 교육이라는 비난을 피하기 어렵다고 말한다. 그러면서 혁신학교는 '학교 유형'의 다양화가 아니라 '교육 방법과 교육과정'의 다양화를 하겠노라고 강조한다. 다시 말해 고교 다양화 정책이 '학교의 평준화'를 문제 삼는 것과 달리 혁신학교는 획일화된 교육 방법과 교육과정, 즉 '학습의 평준화'를 문제로 보며, 이를 극복하기 위해 학교의 규모, 지역적 여건, 학습자의 흥미와 수준을 반영해 교육과정을 다양화하기 위해 노력한다. 혁신학교에서는 수월성의 추구도 성적이 좋은 일부 학생들만의 것이 아니라 '모든 학생들'에게 해당되는 것으로 확장한다.

혁신학교가 비판하는 학습의 평준화를 '내용적 평준화'라고 했을 때, 혁신학교는 학교의 평준화는 동의하지만 내용적 평준화는 반대한다고 정리할 수도 있을 것이다. 그러나 학생 개개인에게 맞는 개별화된 교육과정을 실현하지 못하는 것은 내용적 평준화의 문제라기보다 대학 서열 체제와 학벌 사회 속에 학교가 놓여 있는 탓이 크다. 이러한 사실을 너무도 잘 알고 있던 진보적 교육운동 진영은 노무현 정권 시절까지만 해도 교육 개혁의 방향을 평준화를 실질화하는 데 맞추었다. 더불어 대학 서열 체제와 학벌주의를 비판하고 타파하기 위해 애썼다. 그런데 혁신학교에서 지향하는 교육의 다양화가 이러한 더 큰 구조적 문제에 대한 인식과 이를 해체하기 위한 노력과 함께 진행 중인지는 의문이다. 공고한 대학 서열 체제와 학벌주의를 흔드는 시도 없이 학교 내부에서만 교육을 개별화, 다양화한다는 것은 너무나 한계가 분명한 일 아닐까.

진보적 교육 개혁을 추진하는 이들은 늘 신자유주의적 교육 정책을 비판하지만, 정작 이러한 신자유주의 세력과 차별화된 의제를 설정하지 못하면서 오히려 그들의 담론 속에 포섭되었다. 다양화를 강조하는 슬로건을 채택한 것도 그러한 한 예라고 본다. '21세기에 필요한 개성과 창의성을 지닌 인재', '학교교육의 자율성과 다양성 확대', '학생의 선택권 강화' 등 혁신학교가 쓰는 언어들은 고교 다양화 정책을 추진한 이들의 언어와 크게 다르지 않다.

물론 혁신학교가 보편적 복지와 같이 많은 사회적, 정치적 의제를 제기하고 있는 것은 사실이다. 그러나 혁신학교가 교육과정의 다양화와 자율화와 같이 학교의 내적 변화를 통한 교육 개혁을 추구하면서 학교가 모든 문제를 해결할 수 있다는 믿음을 키움으로써 학교가 할 수 없는 문제, 즉 교육의 구조적 한계를 간과하게 만들고 있진 않은가에 대해선 성찰이 필요하다.

학교의 내적 변화를 통한 교육 개혁이 갖는 또 하나의 위험성은 그것이 언제든 학부모들의 욕망과 결합해 '좋은' 입시 교육으로 변질될 수 있는 가능성을 안고 있다는 점이다. 고교 다양화 정책이 추진될 때 인천경제자유구역의 청라지구로 한 전자공고가 이전할 예정이었지만 그 지역 아파트 입주 예정자들의 반대로 이전이 무산된 적이 있다. 부동산 가격을 떨어뜨리는 흉물이라는 이유 때문이었다. 이렇게 특정 학교가 혐오 시설로 간주되어 지역 사회로부터 거부되는 현상을 모두 신자유주의적 교육 정책 때문이라고만 말할 순 없을 것이다. 내 자식만은 좋은 학교에 보내 좋은 대학에 보내겠다는 사람들의 욕망 또한 간과할 수 없는 것이다. 그런데 이런 욕망의 주체들이 혁신학교를 자발적으로 유치하려고 한다면 혁신학교는 그들에게 어떤 공간으로 인식되고 있는 것일까?

이 질문은 결국 혁신학교가 평가를 통한 학력 신장이라는 문제로부터 자유로울 수 없다는 것을 의미한다. 또한 이러한 맥락에서 볼 때 진보적 교육운동 진영에서 논의하고 있는 무학년제와 학교 자율성 강화 정책 역시 자율성을 부여받은 주체들에 의해 선행 학습과 입시열의 온상이 될 가능성이 크다. 나아가 지역 사회와 함께 좋은 학교를 만들겠다는 노력이 입시 명문고 육성을 통한 인구 유출을 막기 위한 방편이 되고, 교육 뉴타운을 조성할 것이라는 염려 또한 기우가 아닐 수 있다.

교사의 자율성 문제 : 무능함을 가진 유능한 주체로

흔히들 교사가 중심이 된 학교개혁운동에서 개혁의 성패를 좌우하는 것은 교사의 전문성과 자율성이라고 한다. 실제로 좌우를 막론하고 어떤 학교개혁운동도 교사의 전문성과 자발성에 기대지 않고 성공한 사례는 없다. 이는 혁신학교 정책에서도 마찬가지로 나타나고 있다.

자율성autonomy은 한 개인이 타율에 기대지 않고 스스로 자기 목적을 설정하고 실현시키는 자기 지배자인 상태를 의미한다. 즉, 자율성을 지닌 교사는 남의 지배나 구속을 받지 아니하고 자신의 원칙에 따라 일들을 해 나가며 스스로 자신을 통제하기도 해야 한다. 이런 점에서 자율성은 이데올로기이다. 그러나 이데올로기로서 자율성은 인간으로 하여금 정말 자신이 주체적으로 주변 상황을 장악하고 있다고 착각하게 만들면서 실제로는 개인들을 생산 관계에 복종시킨다.

물론 혁신학교에서 헌신하고 있는 교사들의 노력을 폄하하려는 의도에서 이런 이야기를 하는 건 아니다. 내가 문제라고 여기는 부분은 혁신학교를 추진하는 이들이 별다른 성찰 없이 '평교사=자율적 주체'라는 담론으로 교사들에게 접근하고 있다는 것이다. 그래서인지 혁신학교뿐만 아니라 최근의 학교개혁운동들은 쉽게 자기계발 이데올로기에 포섭되는 모습을 보인다. '열정은 어떻게 노동이 되는가'라는 책 제목처럼 혁신학교는 승진을 생각하지 않던 평교사들의 열정을 헌신적인 노동으로 만들고 있는데, 그 본질을 잘 들여다보면 교사들에게 학급과 학교를 잘 경영하는 기업가가 되라는 것과 다름없다. 이는 개인 성과급, 학교 성과급, 교원평가, 근무평정 등 여전히 교사들을 포위하고 있는 각종 질 관리 기제와 결합해 혁신학교의 교사들마저도 성과를 향한 압박으로 내몬다.

혁신학교에서 교사들은 명령과 금지로 움직이는 관료적 정체성을 부정하고 자율적으로 혁신을 구현하는 주체로 변화하는데, 이는 교사들을 혁신학교 속에서 익사하게 만든다. 혁신학교에서 교사는 학교의 변화를 위해 모든 것을 할 수 있어야 하며, 그런 차원에서 '아니오'라고 말할 수 없다. 즉 '무능함을 가진 유능한 주체'가 된다. 교사들은 분노하고 갈등하며 잘못된 것들에 대항해 투쟁하는 것이 아니라 이제 혁신학교의 성공을 위해 고군분투한다.

그런데 혁신학교로 간 많은 교사들이 '저항'의 주체에서 '긍정'의 주체로 변화하면서, 각종 '거부'를 통해 아무것도 하지 않음으로써 역설적으로 새로운 가능성을 만들던 움직임이 약해지게 되었다. 다시 말해 현재의 교육과정, 현재의 학교 제도 안에서도 충분히 변화가 가능하다는 논리를 교사들이 스스로 받아들이게 되는 것이다.

깨어 있는 시민의 조직된 힘이 세상을 바꾸는 것처럼 혁신학교의 성공 역시 평교사의 깨어 있는 역량을 어떻게 조직하느냐에 있는 것은 맞다. 혁신학교가 교사들로 하여금 자신이 공문을 작성하는 사람이 아니라 가르치는 사람이라는 걸 일깨운 것 또한 굉장히 의미 있는 성과인 것도 맞다. 그러나 혁신학교는 교사들을 '우리는 할 수 있다'를 외치는 긍정의 주체가 아니라 교사들이 교육 활동을 제대로 할 수 없게 만드는 한국의 교육 현실을 보다 적극적으로 폭로하는 '문제적 인간'으로 만들어야 한다. 이런 점에서 교사들의 요구가 좀 더 급진화될 필요가 있다. 예컨대 가르친 사람이 평가할 권리를 가져야 한다고 주장하기에 앞서 교사 각자에게 가르칠 권리가 있음을 주장해야 하고, 국가가 어떠한 이유에서든 교사가 가르치는 내용에 개입하지 않아야 한다고 요구할 수 있어야 한다. 교사에게 주어진 자율성이 현재의 학교 제도를 튼튼히 하기 위해 교사들의 열정을 착취하는 수단이 되지 않게 만들기 위해서는 좋은 학교, 좋은 교육에 대한 상을 국가로부터 벗어나 교사들 스스로가 만들어 가야 한다.

수업과 교육과정 혁신 : 수업은 정말 변화하고 있는가

　수업과 교육과정의 혁신은 혁신학교에서도 가장 핵심이 되는 부분이며 혁신학교의 성공을 좌우하는 영역이다. 우선 혁신학교의 교육과정을 살펴보면, 혁신학교의 교육과정도 기본적으로 교육법과 교육부가 고시한 교육과정 및 각 시·도 학교 교육과정 편성·운영 지침에 근거하여 짜인다. 이러한 제한 속에서 혁신학교들은 배움, 나눔, 협력이라는 키워드를 가지고 국가 수준의 교육과정을 주제 중심 교과 통합 학습, 특색 있고 창의적인 체험 활동 등으로 재구성하고 있다. 이러한 흐름은 경기 광주의 남한산초나 양평의 조현초와 같은 작은 학교들이 법적으로 보장된 교육과정의 자율성을 최대한 적극적으로 해석하면서 지역 사회와 유기적인 교육과정 운영을 모색했던 것의 연장선상에 있다.

　수업과 관련해서도 많은 혁신학교들은 작은 학교의 실험들을 그대로 적용하려는 노력을 보였다. 예를 들어 많은 혁신학교들이 4학기제를 운영하였고, 묶음 수업(블록 학습)이나 자유 놀이 시간을 운영하였다. 특히 모둠 활동, 토의 활동 등 다양한 학생 활동이 설계되었다. 수업과 관련하여 또 하나 예를 들자면, 혁신학교 초기에는 '배움의 공동체' 운동이 곧 혁신학교의 운영 철학과 동일시되는 모습을 보이기도 했다. 이렇게 '혁신학교=배움의 공동체'가 되면서 혁신학교에서 배움의 공동체가 잘못 이해되어 적용되기도 했다. 예컨대, 학생의 자리 배치를 표시한 지도안, ㄷ 자 모양의 자리 배치, 학습지와 점프 과제의 설정 등이 프로그램화되어 이 중 하나가 빠지면 배움의 공동체가 아니라는 식의 말들도 나왔다. 다행히 시간이 지나면서 혁신학교의 수업 담론 역시 점차 다양해지고 있다. 초기에 모두가 작은 학교 모델을 모방하며 지나치게 동형화되었던 데서 나아가 혁신학교들이 저마다 자신들의 혁신학교를 구축해 가고 있는 것은 진일보한 면이 있다.

배움의 공동체를 비롯해 혁신학교의 수업 담론은 분명 학습자의 발견이라는 점에서 의미 있는 접근이다. 이는 혁신학교 교사들뿐만 아니라 수업을 고민하는 일반 학교의 다른 교사들에게도 큰 울림이 되었다. 우리 모두가 알고 있듯이 근대적 교육학에서 전제하는 교수-학습의 기본 가정은 교사는 권위를 지닌 유능한 스승으로서 각 학생에게 학습 내용에 대해 질문하고 대답을 요구하며, 학생은 교사가 원하는 방식으로 성과를 내는 것이었다. 그러나 혁신학교는 이러한 근대적 교육학을 진보적으로 재구성하려고 하였다. 혁신학교에서는 수업을 교사라는 권위적 인물과 학생 사이의 고립된 경험이 아니라 공동체적 경험으로 접근한다. 학생은 수동적인 지식 수령자가 아니라 자신의 교육에 적극적으로 참여하는 주체가 되며, 학생 모두가 다른 학생의 교육에 대해 서로 책임을 가지게 된다. 그러나 이러한 것들이 아직은 선언적 수준에 머무르고 있는 경우가 많다. 현재 시점에선 혁신학교가 일반 학교와 비교해 수업 부분에서 어떤 혁신을 이루고 있는지 분명하지 않은 면이 있다. 특히 혁신학교에서 주로 하는 주제 통합 학습이나 프로젝트 학습, 체험 활동의 확대가 저소득 계층 학생들에게 불리할 수 있다고 생각하는 나로서는 혁신학교의 수업 혁신이 어떤 계층적 효과를 가져올지에 대한 검토가 더 필요하다고 본다. 학교교육의 자율성과 다양성의 확대, 학생의 선택권 강화는 학생들로 하여금 자신의 능력과 자유로운 선택에 따라 학교가 개방되어 있다는 위장된 능력주의를 내면화하게 함으로써, 의도하진 않았지만 저소득층 학생들을 조기에 사회적으로 배제시키는 역효과를 낳을 가능성이 크기 때문이다.

일반 학교와 비교하여 오히려 혁신학교에서 수업과 관련해 큰 변화를 일으킨 부분은 수업 그 자체보다도 교사들의 수업 협의회 풍경이라고 본다. 이전까지는 공개 수업을 할 때 학생과 교사보다 참관자를 고려해 수업 설계가 이루어졌다. 학부모 대상 공개 수업에서는 학생들에게 기회를 많이 주는 방향으로 수업을 설계하고, 동료 교사 대상 공개 수업에서는 수업하는 교사의 역량을 보여 줄 수 있는 방향으로 수업을 설계한 것이다. 다시 말해 그때그때 손님이 좋아할 만한 음식으로 잔칫상을 차렸다. 수업 공개 자체가 자발적인 것이 아니다 보니 참관록 또한 의미 없는 말들로 채워지기 일쑤였다. 그러나 혁신학교에서는 공개 수업을 통해 교사를 성장시키고 학습자에 대한 이해를 높인다는 관점을 가지고 수업 협의회를 변화시켜 나갔다.

평가의 정상화 : 학생의 전면적 발달을 돕는 평가란 어떤 것인가?

혁신학교에서는 학생의 전면적 발달을 돕는 것을 평가의 기본 방향으로 설정하고 있다. 그러나 가시적으로 나타나는 변화는 일제고사를 보지 않고 중간 통지를 한다는 것 정도이다. 어떻게 수업과 평가를 통합시킬지, 어떻게 평가 방법을 보다 교육적으로 바꿀지에 대해서는 아직 논의가 추상적인 수준에 머물러 있다.

혁신학교에서 이야기하는 평가는 발달을 이끄는 평가, 교수-학습을 개선하는 평가, 소통하는 평가로 정리할 수 있는데, 학생 개개인의 발달을 도울 수 있도록 수시로 학생의 변화를 관찰하고 기술하는 데 특징이 있다. 그런데 이러한 평가관은 이미 수행 평가 체제가 들어선 이후 학생 평가의 기본 방향이 되었다. 일반 학교의 평가 방향과 비교했을 때 일제 고사가 없다는 정도를 빼고 혁신학교의 평가 방향이 별로 혁신적인 지점은 없다는 것이다. 다양한 평가 도구와 방법을 이용하는 것을 권장하는 것 역시 현재의 교육과정에서도 지필 평가를 비롯해 논술, 관찰법, 역할극, 토론, 포트폴리오, 자기 평가, 동료 평가, 협력 학습 등 다양한 방법을 활용하도록 하고 있다는 점에서 크게 차별성이 없다.

혁신학교에서는 평가와 함께 다양한 통지 방법에 대한 고민도 이루어지고 있다. 기본 방향은 학생의 성장과 발달 과정을 학부모와 공유하기 위해 정기적으로 중간 통지를 한다는 것이다. 보통 4학기 통지를 많이 하는데, 이러한 4학기 통지는 이미 보수 교육감 시절부터 학부모의 알 권리라는 측면에서 추진된 정책이다. 다만 보수 교육감 시절엔 중간 통지가 단계형, 점수형 통지식으로 추진되어 학생들을 서열화한다는 이유로 인해 거센 저항을 받았다.

혁신학교가 구체적으로 평가나 통지를 어떻게 바꾸었냐고 했을 때, 학부모의 이해를 돕는 통지 방법이 무엇인지, 기존의 일제식이 아닌 다양한 평가 방법들에 대한 학부모의 신뢰 문제를 어떻게 해결하고 있는지, 평가의 관점에서 어떻게 교육과정이 재구성되었는지 등에 대한 설명은 아직 미약하다. 혁신학교마다 나름대로 새로운 평가 방법을 개발하고 있지만, 학생의 자기 평가가 평가 방법에 들어간 것 이외에 어떤 새로운 평가가 이루어지고 있는지도 여전히 분명하지 않다.

학생이 행복한 학교 만들기 : 혁신학교는 학생 중심적인가?

혁신학교는 무엇보다 학생들이 행복한 학교가 되는 데 주안점을 둔다. 혁신학교들과 관련된 문헌이나 기사를 보면 혁신학교는 학생의 인권과 생활 지도의 조화를 이루려 노력하며, 학생 또한 학부모, 교사와 함께 학교라는 공동체를 구성하고 있는 동등한 주체로 존중되어 이전에 비해 확대된 의사 결정 권한을 부여받고 있다. 수업에서도 교사들은 블록 수업, 주기 집중 학습, 프로젝트 학습, 자기 주도 학습 등을 도입해 학습자 중심의 맞춤형 학습을 하고자 노력한다.

그러나 혁신학교 역시 여전히 학생을 미래의 사회적 자원으로 파악하며 공공성을 강조하는 모습을 자주 보인다. 다시 말해 혁신학교 또한 사람에 대한 투자가 중요하다는 관점에서 미래 사회의 역량을 강화하기 위한 통로로 공교육 혁신을 시도하고 있다는 것이다. 이렇게 되면 혁신학교에서도 결국 학생들의 필요와 요구보다도 학생들의 학력을 신장시키는 데 관심을 쏟을 수밖에 없다.

배움의 공동체의 경우도 교사가 '무엇을 가르쳤는가'가 아니라 학생에게 '어떤 배움이 일어났는지'로 수업의 패러다임을 이동시키긴 했지만, 사실 학생에게 어떠한 배움이 일어났는지는 수업이 끝난 후 수업을 참관한 교사들의 대화 속에서 구성되고 해석된다. 수업 공개와 수업 협의가 활성화됐지만 이 과정에서조차 학생은 배움의 주체가 아니며 소외된 존재인 것이다.

혁신학교에서 학생들에게 자기 주도적 학습 플래너 같은 것을 만들어 쓰게 하고, 서울시교육청이 학생과 교원을 대상으로 감정 코칭을 대대적으로 시행해 나가는 것 또한 요즘 사회가 강조하는 자기 주도적 인간을 만드는 기획의 연장선 위에 있다. 이는 일반 학교가 감시와 처벌이라는 훈육 기제로 작동되는 것과 비교하면 새로운 접근인 것처럼 보이지만, 정체불명의 '21세기 사회'가 요구하는 인재상에 맞춰 학생들을 기르려 한다는 의심을 지울 수 없다.

진정으로 학생들을 배움의 주체로 세우는 것은 학생들을 무지의 늪이 아니라 스스로 자신을 열등하다 여기는 '자기 무시의 늪'에서 빼내는 것이다. 그래서 교육이란 학생의 머릿속에 무언가를 집어넣는 일이 아니라 그들을 각성시키는 일이다. 배움에서 중요한 것은 어떤 지식을 아는 게 아니라 스스로 해방된 인간임을 아는 것이다. 그러나 여전히 혁신학교에서도 근대적 교육학의 관점에 따라 앎을 소유의 관점에서 접근하며 교사가 학생에게 무엇을 주었는지를 중심에 둔다.

많은 혁신학교 교사들이 좋은 수업을 학생들에게 제공해야 한다는 책임감과 의무감에 지나치게 경도되어 있는 모습을 종종 본다. 그래서 혁신학교는 프로그램이 핵심이 아니라고 말하면서도 좋은 교육 프로그램을 찾으러 이리저리 다니는 이들과 마주치기도 한다. 예전엔 위로부터 내려오는 각종 프로그램들에 저항하며 학생들이 원하는 교육이 뭔지 알고자 노력한 이들마저도 이제 학생들에게 어떤 좋은 교육을 '줄지' 고민한다. 이렇게 되면 학생들은 좋은 프로그램을 제공하는 유능한 지식인을 만날 뿐 스승은 만날 수 없다.

정상성에 대한 저항이 필요한 때

혁신학교를 통해 교단에 새로운 가능성이 열리고 있는 것은 매우 고무적인 현상이다. 그러나 우리가 혁신을 외치는 순간, 우리는 모두 아주 심각한 난관에 부딪힌다는 사실을 인식할 필요가 있다. 우리는 누구든 자유롭지 못하고, 누구든 안전하지 못하며, 누구든 교육적으로 사는 것 자체가 거의 불가능한 시대에 살고 있기 때문이다.

교육운동은 사회에 존재하는 새로운 문제들을 교육 개혁 의제로 설정하고 그러한 의제 해결을 국가 및 정당에 강제하는 집단적 힘을 조직화하려는 노력이다. 그래서 교육운동이 제기하는 이슈들은 언제나 정치적 주체들과 여타의 사회적 주체들에 의해 실현되기를 기다리고 있다고 할 수 있다. 이러한 의제들이 실현되어 가면서 교육운동은 새로운 의제를 찾아 전진할 것을 요구받게 된다.

전교조가 합법화된 이후 최대의 목표이자 화두는 제도권 교육 참여를 통한 학교 개혁이었다. 그리고 이제 교육운동 세력은 스스로를 적극적으로 정치 세력화함으로써 교육운동의 감시자에서 교육 개혁의 주체로 변화해야 한다는 것을 의제화했다. 이에 따라 교육운동 세력은 두 가지 과제에 직면했는데, 하나는 기존 학교교육에 대한 혁신이고 다른 하나는 새로운 진보적 의제의 발굴이다.

조희연은 그의 책 《비정상성에 대한 저항에서 정상성에 대한 저항으로》에서 우리의 역사를 1987년 이전의 개발 독재적 예외 국가 시기와, 이후의 자본주의적 정상 국가 시기로 나눈다. 여기서 그가 말하는 '비정상성'은 전자의 시기를 가리키며, '정상성'이란 전자의 상태에서 민주주의적 정치 형태가 성립되고 비정상적인 정치 구조가 합리화되는 시기를 가리킨다. 그런데 그는 이러한 정상화 뒤에 숨겨진, 곧 실현된 민주주의의 허구성과 모순을 드러내고 이를 급진적으로 확장시키기 위한 노력이 필요하다고 주장한다. 이것이 바로 '정상성에 대한 저항'이다.

조희연의 주장은 현재 혁신학교를 추진하는 교육운동 세력에게도 생각할 거리를 던져 준다. 앞서 도입부에서 말했듯 지금 혁신학교에서 없애는 것 혹은 만들어 가는 것들은 사실 당연히 그렇게 됐어야 하는 것들을 정상화하는 시도들이 대부분이다. 그런데 지금 혁신학교운동이 학교가 정상성을 획득한 이후를 고민하고 있는가. 정상화 뒤에 숨겨진 문제들을 적극적으로 발굴하고 성찰하려 하고 있는가.

오히려 요즘 혁신학교운동을 보면서 드는 생각은 교육운동이 정상성을 획득하는 과정, 즉 우리 세력을 제도 정치에 진출시키고 그를 통해서 모든 문제를 해결하려는 과정에 매몰되거나 포섭돼 정상성 자체가 가진 문제점과 모순에 주목하지 못하고 있다는 점이다. 이렇게 된다면 아무리 자발성과 전문성으로 무장한 교사들이 혁신학교에 가서 헌신을 하여도 새로운 학교를 만드는 길은 요원할지도 모른다. 우리에겐 당장 새로운 학교를 만드는 것보다도 학교 체제의 허구성과 모순성을 직시하면서 우리의 교육운동을 보다 급진적으로 확장시키는 노력이 더 필요하지 않을까. 그것이 무엇일지, 함께 성찰해 나가길 기대하며 글을 마친다.

집필 후기

혁신학교의 확산과
지속 가능성

2009년 경기도의 13개 학교에서 시작된 혁신학교는 전국으로 확산되었고, 문재인 정부에서는 국정 과제로 채택되었다. 무엇보다 혁신학교는 우리 교육이 안고 있는 고질적인 문제를 해결하는 데 상당한 기여를 했다. 특히 교사들이 자발성과 협력을 통해 학교를 총체적으로 혁신하는 모델은 세계적으로 찾아보기 어렵다.

그러나 혁신학교는 양적으로 빠르게 성장하면서 과거 열린교육처럼 다양한 도전에 직면하고 있다. 무엇보다 혁신학교를 확산하고 안착시키기 위해 만든 예외적 제도들 — 인사, 예산, 교육과정 운영의 자율성 등 — 로 인해 혁신학교가 일반 학교와 절연되는 상황을 만들었다. 또한 시간이 지나면서 혁신학교를 일반화해야 한다는 압력과 일반 학교로 돌아가려는 사회적 관성에 부딪히면서, 그리고 혁신학교 교사들의 열정이 소진되면서 혁신학교는 여러 어려움에 처해 있다. 가장 큰 문제는 혁신학교의 확산 속도와 실질적 성장 동력 확보 사이의 간극이다. 혁신학교가 일반 학교의 변화를 이끌며 모범을 창출해야 하는데 이런 간극으로 인해 오히려 혁신학교 간의 이질성을 키웠다. 물론 많은 혁신학교들은 이러한 도전에 대응하면서 혁신 교육을 진전시키고 있다.

이 글에서는 혁신학교의 확산과 지속 가능성 사이의 고민을 다루었다. 특히 준비 정도를 고려하지 않은 혁신학교의 팽창은 혁신학교 정책을 성과주의에 빠지게 하고 '무늬만 혁신학교'를 양산하여 지속 가능성을 위협한다는 문제의식을 담았다. 더 나아가 혁신학교가 기존의 교육 개혁 정책처럼 스스로 성과를 입증하기 위한 성과 측정 모델을 발명하면서 학력이 향상되고 있음을 입증하려 하고 이러한 과정에서 혁신 교육이 혁신하려고 했던 기존의 교육으로 수렴될 수 있음을 지적하였다.

이러한 맥락에서 교육부를 중심으로 이루어지는 혁신학교 일반화 논의는 진지한 검토가 필요하다. 공모의 방식으로 특정 주제의 학교를 확대하려는 정책은 세계적으로도 성공한 사례를 찾기 어렵다. 자유 학기제나 고교 학점제 등과 같이 국가 단위에서 일률적으로 실시하는 정책을 사전에 시행하여 문제점을 도출하고 나머지 학교를 선도하는 모델과는 다르다. 대부분의 경우 무리한 일반화 과정에서 본래 취지가 훼손되거나 교사들의 자율적 동력이 떨어지면서 실패하게 된다. 우리가 고민해야 할 것은 혁신학교의 일반화인가, 혁신학교의 지속 가능성인가.

읽을거리
|

- 경기도교육연구원(2014), 경기도 혁신학교 성과 분석.
- 경기도교육청(2013), 혁신교육 백서.
- 경태영(2010), 나는 혁신학교에 간다, 맘에드림.
- 김성천(2011), 혁신학교란 무엇인가, 맘에드림.
- 박일관(2014), 혁신학교 2.0, 에듀니티.
- 배은주(2014), 혁신학교 운영의 특징과 갈등 탐색, 교육사회학연구, 24(2), 한국교육사

회학회, 145~180쪽.
- 백병부·성열관·하봉운(2014), 경기도 혁신학교 중장기 발전 방안 연구, 경기도교육연구원.
- 백병부·송승훈·남미자·이경아(2013), 경기도 혁신고등학교 성과분석, 경기도교육연구원.
- 성열관·이순철(2010), 혁신학교 - 한국교육의 희망과 미래, 살림터.
- 성열관·이윤미(2015), 혁신학교의 성장과 현 단계에서의 과제, 교육정책네트워크 학술대회 자료집.
- 송순재·이정민 외(2011), 혁신학교 운영과정 질적 연구, 서울시교육청.
- 유경훈(2014), 학교혁신 과정의 양가성: 혁신학교 운영 과정에 관한 문화기술적 사례 연구, 경희대학교 박사학위 논문.
- 이윤미 외(2013), 서울교육발전을 위한 학교혁신 방안 연구: 혁신학교 운영 성과를 중심으로, 서울특별시의회.
- 조희연(2004), 비정상성에 대한 저항에서 정상성에 대한 저항으로, 아르케.
- 한국교육연구네트워크(2014), 혁신학교에 대한 교육학적 성찰, 살림터.
- 함께여는교육연구소(2012), 혁신학교 성과 분석 및 확산 방안 연구, 경기도교육청.
- 허봉규(2011), 혁신학교 운영 모델 탐색: 경기도 혁신학교를 중심으로, 성균관대학교 박사학위 논문.

진보 교육도
빠지기 쉬운 오류들

익숙해서 더 위험한 교육 통념 깨기

진보 교육이 곧 '좋은' 교육이라고 할 수 있는지에 대해선 논란의 여지가 있다. 왜냐하면 좋은 교육에 대한 고민은 진보의 전유물이 아니라 보수와 함께 만들어 가는 것이기 때문이다. 그러나 진보 교육이 좋은 교육을 '지향'한다고 할 때, 진보 교육의 관점에서 좋은 교육에 대한 상상력을 발휘해 보는 것은 괜찮은 일이라고 본다. 이 글은 좋은 교육을 본격적으로 고민하기에 앞서 우리가 그간 이야기해 온 담론들 중 진보 교육의 관점에서 검토가 필요한 부분들, 어쩌면 진보적 교육을 말하는 이들조차 쉽게 간과한 부분들을 한 번 짚어 보고자 한다.

공정한 경쟁이 정의로운 분배를 낳는다?
: 능력주의에 대한 재검토

좋은 교육에 대한 상상력은 '좋은 사회' 없이는 불가능하다는 점에서 난관에 봉착한다. 좋은 사회에 대한 전망 없이 좋은 교육에 대해 고민하는 것은 정치·사회적으로 풀어야 할 문제들까지 교육 내적인 문제로 둔갑시켜 오히려 좋은 교육에 대한 고민을 방해하고 불가능한 공약들을 남발하게 만든다. 임시방편적 처방들이 계속해서 정책으로 제시되는 것도 그래서다.

사실 한국의 과도한 교육열, 치열한 입시 전쟁과 경쟁 구조는 그만큼 우리 사회가 좋은 사회가 아니라는 방증에 지나지 않는다. 지금 우리가 교육 문제라며 고민하는 것들을 유심히 살펴보면, 많은 문제들이 개인이 고통과 불안을 모두 혼자 감수해야 하는 사회 구조에서 발생하는 것이다. 지금과 같이 좋은 일자리를 구하기가 어렵고, 주거가 불안정하고, 노후 대책을 세우기가 어렵고, 의료·보육·비정규직 문제가 상존하는 상태에서 좋은 교육에 대해 고민하는 것은 불가능해 보인다. 모든 것이 대학으로 귀결되는 사회, 학교가 학력을 인증하는 기관 이상의 기능을 하지 못하는 사회에서 교육은 오로지 계층 이동과 재생산을 위해서만 작동하기 때문이다.

그러므로 우리의 고민은 아이들이 살아갈 사회가 어떤 사회가 되어야 하는가에 대한 그림을 그리는 것으로부터 시작해야 한다. 현재는 좋은 사회에 대한 상상력이 복지 국가라는 담론으로 모아지고 있다. 개인이 모두 감내해야 했던 주거, 노후, 의료, 보육, 일자리 등에 대한 불안감을 공적으로 해결해야 한다는 공감대가 형성되고 있는 것이다. 만약 이렇게 되면 교육은 계층 이동의 통로가 되어야 한다는 사회적 압력으로부터 상대적으로 자유로워질 수 있고, 어떻게 하면 사람들이 행복하게 살면서 저마다 배우고 싶은 걸 마음껏 배울 수 있게 할 것인지가 교육 문제의 핵심으로 떠오르게 될 것이다.

좋은 사회를 이야기할 때 우리가 경계해야 할 것은 모든 사회 구성원이 자신의 능력을 동일하게 발휘할 수 있는 기회의 평등을 외치는 데서 상상력을 멈추게 되는 것이다. 일종의 '정의로운 능력주의'라고 할 수 있는데, 여기선 부모의 경제력이나 가정 환경, 교육 정도와 같은 사회적 배경의 차이가 시장적 경쟁 체제에 들어가는 출발선상에서 능력의 차이를 결정하지 못하도록 하는 것이 핵심이 된다. 이러한 원칙에 따라 보편적 무상 교육을 실현하는 것과 질 좋은 주거 조건을 마련하는 것, 빈부의 차이에 상관없이 누구나 쉽게 접근할 수 있도록 공공적 문화 향유 체계를 구축하는 것 등이 다차원적으로 검토된다. 그리고 우리는 이것을 복지 국가라는 체제로 구체화하고 있는 것이다.

이러한 복지 국가 체제는 기회 균등이라는 조건 위에서 이루어지는 공정한 경쟁이 정의로운 분배 결과를 낳으며, 공정한 경쟁에 따른 분배만이 정의롭다는 관점에 서 있다. 다시 말해 어떤 사람의 타고난 혈통이나 신분, 계급 같은 것이 아니라 오로지 '능력'에 따라 분배하는 사회가 되어야 한다는 것이다. 이런 점에서 능력주의 사회를 좋은 교육을 구현하기 위한 전제 조건이라고 생각하는 것도 무리는 아니다. 한 사회가 능력만을 기준으로 사회적 재화를 분배한다면 계급에 관계없이 뛰어난 재능을 보여 주는 사람이 성공하고 대우받을 수 있게 될 것이다.

그러나 능력주의 사회는 또 다른 계급 사회를 출현시킬 수도 있다. 《정치의 이동》에서 장은주 교수는 복지 국가에 기반한 능력주의 사회가 되면 능력이 없는 사람들은 더 이상 자신들의 열등한 처지가 사회의 어떤 불의한 구조의 산물이라고 여기거나 기회의 부재 혹은 부족 때문이라고 항변할 수 없게 될 것이라고 말한다. 다시 말해 능력 없는 자들에게 더 큰 낙인과 모욕을 안겨 줄 가능성이 커진다는 것이다. 더군다나 '능력'에 대한 사회적 기준이 지금과 같이 획일적인 한 이는 더 위험한 결과를 낳을 수 있다.

이 점을 교육과 관련지어 생각해 보면 문제의 심각성은 더 커진다. 복지 국가에 기반한 능력주의 사회는 결국 교육을 통해 실현될 수밖에 없기 때문이다. 능력주의 사회는 교육 제도를 통해 학력이 높은 사람과 그렇지 못한 사람, 성적이 좋은 사람과 그렇지 못한 사람을 구분해서 그에 걸맞은 분배 시스템을 마련하려 할 수밖에 없다. 복지 국가가 구현된다고 해도 능력주의가 사회를 지배하는 한 교육의 궁극적 목표는 가능한 한 높은 학력을 얻는 것이 될 것이며, 여전히 학생들을 줄 세울 수밖에 없다. 불평등한 평가 체계와 보상 체계 역시 능력의 차이를 근거로 여전히 정당화될 것이다. 무엇보다도 기회의 평등에 기반한 능력주의 사회에서는 사회적 생산 과정에 아무런 기여도 하지 않은 사람이 자신의 복지에 대한 권리를 주장하기가 더 어려워질지도 모른다. 일하지 않는 자, 일할 수 없는 자에 대한 혐오가 쉽게 확산될 수 있다.

　진보를 포함하여 많은 사람들이 '부진아 제로' 정책을 말하고, 학교를 학생들이 좋아할 만한 곳으로 바꾸기 위해 노력하고 있지만, 그런다고 하여 모든 사람이 다양한 영역에서 능력 있는 사람이 되는 것도 아니고, 모두가 공부를 하고 싶어 학교에 가는 학생들로 변하는 것도 아니다. 그러면 이러한 사회에서 능력 없는 자들은 여전히 시혜를 받는 대상으로 존재해야 하는가?

　결국 우리가 만들려고 하는 사회는 복지 국가나 능력주의 사회가 아니라, 민주공화국에 기반한 위대한 공동체이다. 민주공화국에서 공화국의 시민은 능력이 없다거나 경제적으로 기여하는 바가 없다는 이유로 비판받지 않아야 한다. 민주공화국은 능력에 따른 분배라는 지평을 넘어 '필요에 따른 분배'라는 정의 원칙을 따라야 한다. 그리고 능력이 없는 자들을 우리가 누려야 할 몫을 부당하게 빼앗아 가는 존재들로 보는 게 아니라, 우리의 삶이 서로 깊이 의존하고 있으며 어떤 식으로든 우리 각자가 타인에게 삶을 빚지고 있는 존재라는 것을 인식해야 한다. 정리하자면, 우리가 앞으로 살아갈 사회는 모든 시민이 인간으로서 기본적 잠재력을 발휘하고 그 존엄함을 유지하기 위해 사회에 대한 기여나 능력의 발휘와는 무관하게 무조건적이고 절대적으로 권리를 보장받고 존중받을 수 있는 사회여야 한다. 능력이 있는 이든 없는 이든 공화국 안에서 함께 살아갈 수 있어야 한다.

평가 방식만 바꾸면 된다?
: 성적으로 환산되지 않는 평가 체계에 대한 고민

우리는 성적이 곧 능력이라고 생각하는 데 익숙하다. 한 사람의 능력을 평가하기 위해 수능, 내신, 논술 고사 등을 배합해 다양하고 공정한 성적 산출 시스템을 만들려고 한다. 진보든 보수든 그 사람의 능력을 공정하고 세밀하게 평가하여 성적이라는 결과로 환산해야 한다는 생각을 갖고 있는 듯하다. 특히 최근에는 진보와 보수를 막론하고 획일적이고 계량화된 평가 방식을 비판하면서 다양한 질적 평가 방식들을 고민하고 있다. 더불어 평가의 영역도 과거처럼 단순히 암기한 지식이 아니라 잠재력, 탐구력, 문제 해결력과 같은 영역들로 확대되는 분위기다. 심지어 감성이나 정서 상태, 타인이나 다른 존재에 대한 교감 및 친화력도 평가하려고 한다. 학업성취도국제비교연구PISA는 2015년부터 협동적 문제 해결력 영역을 새로 도입했다.

한 사람의 잠재력이나 수행 능력을 평가하겠다는 것이 단순히 암기한 지식을 평가하던 기존의 방식에서 진일보한 것임은 분명하다. 그런데 이러한 평가 패러다임의 전환이 가져오는 문제는, 평가하는 사람의 전문성이나 주관성의 개입 여부를 논외로 하더라도 그 과정에서 낮은 평가를 받는 학습자에게 극단적인 낙인을 가할 위험을 안고 있다는 점이다. 단순 암기 시험과 달리 공감 능력, 잠재력, 협동 능력 등과 같은 영역의 평가는 한 사람의 미래를 규정짓는 데 더 강력한 힘을 발휘할 수 있기 때문이다.

무엇보다도 한 사람의 능력을 '성적'으로 산출하는 것의 문제점은 평가 방식을 세련되게 바꾼다고 해서 해결되는 것이 아니다. 능력 자체가 사회적이고 정치적인 방식으로 구성되고 규정되는 것이기 때문에 정치적으로 중립된, 순수하게 교육적인 능력 개념은 존재하지 않는다. 인간의 능력을 평가하는 일은 그가 놓여 있는 사회적 관계, 권력 구조 속에서 작동한다. 그래서 한 사람의 능력을 어떻게 측정할지는 정치적인 과제이다. 우리는 이런 점에서 한 인간을 제대로 평가하는 방법에 대한 고민과 함께 능력이라는 게 무엇인지를 다시 정의하고, 분배의 철학도 새롭게 세워야 한다.

나아가 우리는 평가를 반드시 '성적'으로 환산해야 한다는 생각을 의심해야 한다. 교육이 한 사람의 능력을 성적으로 산출하고, 성적 산출을 위한 다양한 평가 체계를 구축하는 방향으로 구조화되면 모든 교육은 생산성 향상을 목표로 할 수밖에 없다. 교육이 수치상으로 확인할 수 있는 성장에 집중하고 이를 위해 행정이라는 관료의 포로가 될 때, 개인의 개성을 발휘하거나 하고 싶은 것을 할 자유는 사실상 불가능해진다. 궁극적으로 개인은 교육이라는 이름으로 자기 착취를 계속해야 할 것이다. 그러므로 성장과 생산성으로부터 자유로운 교육, 능력이 성적으로 산출되지 않는 평가 체계에 대한 고민이 이루어져야 한다.

학교 개혁은 곧 교육 개혁?
: 배움의 다원화와 학교의 협동조합적 재구조화

학교가 어떤 제도로부터 발전해 왔는가에 대한 논의는 매우 논쟁적인 주제인데, 논의를 근대적 학교 체제로 한정시키면 근대적 학교는 통제적, 위계적, 권위주의적인 근대적 기구로 출발했다. 국가가 사회의 권위주의적 통제를 위해 국가 기구와 공무원을 위계적으로 조직하고 상명하복식의 통솔과 통합을 지향하여 온 것처럼 학교 역시 교사를 공무원 신분으로 두면서 이러한 요구를 관철해 왔다. 이런 제도적 틀 속에서 교사는 학생들의 행동뿐 아니라 생각까지 통제하며 사고를 전체주의적으로 기획하는 사상경찰思想警察, thought police의 역할을 해 왔다.

언제부터인가 우리의 인식 속에는 학교 개혁은 곧 교육 개혁이라는 등식이 성립하여 학교를 개혁하면 교육 개혁이 이루어질 수 있다는 생각을 갖게 되었다. 그러나 학교와 교육은 동일하지 않으며, 학교 개혁과 교육 개혁은 각기 다른 과제를 안고 있다. 교육 개혁을 온전히 추진하려면 학교교육만 중시할 것이 아니라 학교교육 그 자체를 배움의 제도화라는 관점에서 성찰하는 계기를 만들어야 한다. 이반 일리치가《학교 없는 사회》에서 지적한 대로 사람들이 스스로 신을 믿을 능력이 있는데도 그것이 타율화되어 성당이나 교회, 절에서 신부나 목사, 스님을 통해 신을 믿는 것처럼, 학교라는 제도는 학생들로 하여금 자기 자신을 학교가 아니면 스스로는 아무것도 배울 수 없는 존재로 인식하게 만들었다.

진보적 관점에서 '배움의 학교화'는 신앙의 타율화를 자율적 공생으로 전환하는 것처럼 학교라는 울타리를 넘어서 교육망, 공부망에 의해 배움이 자율적으로 조직되는 방향으로 나아가야 한다. 또 학교라는 근대적 배움의 공간을 '협동조합'적 관점으로 비국가화하면서 다양한 공부망으로 전환하는 전망이 동시에 고려되어야 한다. 다시 말해 정치, 경제, 사회, 문화 등 체제 전반의 학교화를 지양하고 그 중심에 놓여 있는 학교를 해체적으로 재구성deschooling하는 방향이 수립되어야 한다. 의무 교육 이후 역설적으로 전 사회의 학교화가 진행되는 것에 대해 성찰적 접근이 필요하다.

배움을 다원화하는 것과 학교를 비국가화하면서 연대적으로 재구성한다는 것은 누구나 자신이 배움을 이어 나갈 조직을 선택할 수 있는 사회, 다시 말하면 모두가 의무적으로 학교에 가지 않으면서 의무 교육의 헌법적 권리를 누릴 수 있는 사회를 만드는 것을 의미한다.

여기서 협동조합적으로 학교와 배움을 재구조화한다는 것을 좀 더 구체화해 보면, 각자가 독립성을 유지하면서 동시에 협동적인 학교 조직에 참여하는 것이다. 협동조합적 학교는 구성원들이 공동으로 소유하고 민주적으로 운영되는 자발적 결성에 터한 자율적 배움의 망이다. 이 속에서 학생, 교사, 학부모는 자기 책임, 민주주의, 평등, 공정, 연대를 기본 가치로 학교 운영에 참여한다. 학교는 자발적이고 개방된 제도를 통해 학생, 교사, 학부모에 의해 민주적으로 관리되고, 지역 사회와도 유기적으로 연결된다. 국가는 이러한 학교나 배움의 망이 성별, 사회적 신분, 인종, 정파, 종교에 따라 차별받지 않도록 한다. 교육과정에 대한 자율과 독립은 당연히 보장된다. 국가 수준의 교육과정은 최소한의 시수와 성취 기준 외에는 규정을 하지 않으며, 교과를 구성할 권리 및 교재 편성권의 자율성을 보장한다. 국가는 교육과정을 통해 통일된 인간상을 설정하고, 문화, 가치관, 정서 등의 수준에서 어떤 표준이나 정상성 같은 것을 강제하지 않아야 하며, 모든 개인은 타인의 자의적 권력으로부터 해방된 자율적 삶을 살아가는 주체로 배움의 과정에 참여해야 한다. 이렇게 해서 교육이 개인의 삶과 선순환하는 구조로 바뀌어야 한다.

역량을 그냥 받아들여도 되는가? : 역량 개념에 대한 재검토

국가 수준 교육과정에서 '핵심 역량'이라는 개념이 유행처럼 등장하고 있다. 특히 PISA에 대한 관심과 함께 핵심 역량은 매우 중요한 개념이 되었고, 진보 교육 진영도 핵심 역량이라는 개념을 사용하는 데 큰 반감을 가지고 있지 않은 것처럼 보인다.

역량이라는 것은 개인으로 하여금 어떤 과제의 수행을 가능하게 하는 심층적인 차원의 구조$^{deep\ structure}$로, 수행을 통해 수정되고 재구성되며 끊임없는 재조정 과정을 거친다. 또한 지능이 개인적 차원에서 측정되는 것이라면, 역량은 개인적 역량뿐만 아니라 관계적이며, 집합적인 영역이 동시에 존재한다. 개인의 역량은 선험적으로 규정된 능력을 바탕으로 고정되는 것이 아니라 협력적 관계를 통해 보완되고 발전한다.

교과의 분화는 지식을 파편화하고 교과 내적으로 과잉 전문화를 초래하면서 학습자들을 무능력하게 만들었다. 한편으로 교사들을 정해진 내용으로 진도만 나가는 존재로 만들어 버렸다. 이러한 과정을 통해 학생들은 시험 점수는 높지만 삶의 역량은 부족한 인간이 되고 있다. 진보적 관점에서 우리가 역량이라는 개념을 사용할 땐 역량을 부분의 합이 아닌 포괄적이며 전인적인 관점에서 접근해야 한다. 다시 말해 분절되고 파편화된 지식에서 벗어나 포괄적 이해력으로 지식을 재구조화하는 것으로 역량을 개념화해야 한다. 특정한 맥락에서 이루어지는 복잡한 요구를 성공적으로 충족시키기 위해서는 태도, 감정, 가치, 동기 등과 같은 요소뿐만 아니라 인지적, 실천적 기술을 가동시키는 능력이 중요하기 때문에 수행성, 맥락성, 학습 가능성 등과 같은 요소들까지 총체적으로 포괄하는 것으로서 역량의 개념을 구조화할 필요가 있다. 여기서 더 나아가 역량 개념이 구체적인 방향을 가지고 앎에 대한 관점을 실행력 중심으로 재구성하는 것을 넘어서서, 평가에 대한 관점 역시 과정 중심으로 변화시키고 있다는 것 또한 중요한 변화이다.

그런데 최근 사용되는 역량 개념은 자본주의의 생산 양식이 변화한 측면이 있다. 학교와 대학이 생산하는 학력이 직업 세계의 성공을 보장해 주지 못한다는 불안과 불신이 증대되면서 등장한 것이다. 이러한 불안과 불신이 인적 자본론과 결합해 구체화된 개념이 '핵심 역량'이다. 기존의 역량에 관한 연구들이나 OECD의 DeSeCo^{Definition and Selection of Key Competencies, 핵심 역량 정의 및 선정} 프로젝트에서 이야기하는 역량의 개념을 살펴봐도 이는 개인이 한 사회에서 성공적인 삶을 살기 위해 필요한 키워드들로부터 산출되는 능력주의에 바탕한 개념이다. 그러므로 엄밀한 의미에서 역량은 인간 능력에 대한 민주적이며 사회적인 성찰이라기보다, 성공적인 삶이란 과연 무엇인지에 대한 자본주의적인 답이다. 즉 변화된 자본주의 사회에서 잘 팔리는 상품이 되기 위해 인간이 가져야 할 능력들을 가리키는 것이다.

우리는 역량이라는 개념을 자기 자신에 대한 포괄적 이해력이라는 의미로 비판적이며 전복적으로 사고해야 한다. 역량이 인적 자원 개발 담론에 포섭돼 개인 차원에서는 노동 시장의 요구를 따라 지속적으로 지식과 기술을 개발하여 자신의 고용 가능성을 높이고, 국가 차원에서는 경제적 자본을 유지하고 강화하는 것으로 사고되는 것을 경계해야 한다.

또한 역량이라는 개념을 통해 실제적 세계와는 동떨어진 채 인지적 능력만 강조하던 수업과 평가를 구체적 삶의 요구를 다루고 해결하는 활동 중심으로 바꾸어야 한다. 특히 이를 지필 검사로 측정하는 것이 아니라 실제로 과제를 수행하는 과정을 통해 측정해야 한다. 수업과 수행 평가를 구체적인 활동을 수행하기 위해 필요한 인간 자질의 복합적 측면 — 즉 자동화된 능력이 아닌 매 순간 판단과 의사 결정을 요구하는 복합적인 자질의 총체 — 을 키우는 것을 중심으로 재구조화해야 한다.

"무언가를 혼자 힘으로, 설명해 주는 스승 없이 배워 보지 못한 사람은 지구상에 한 명도 없다"
: 자기 주도적 학습, 아동 중심 교육론에 대한 재검토

자기 주도적 학습이 유행처럼 번지고 있다. 학습자 스스로 자신의 목표를 결정하고 학습 속도를 조절하면서 학습 경험을 평가한다는 자기 주도적 학습은 이제 초등학생부터 성인까지 모든 학습자를 아우르는 핵심 개념이 되었다. 물론 자기 주도적 학습 그 자체가 문제인 것은 아니지만, 그것이 스승 없는 교육이 될 가능성과 학습이라는 과정 그 자체가 순수한 교육 활동인 것처럼 여겨지는 것은 경계해야 한다. 특히 학습자의 독립성, 자율성, 주도성이 자기 주도적 학습의 핵심 원리라고 할 때, 이것이 고립적인 상황에서 이루어지는 것이 아니라 학습자가 속해 있는 사회적 관계 속에서 이루어지고 있다는 것을 분명히 할 필요가 있다.

교육은 교사, 또래와 직접적 상호 작용을 통해서 학습자 자신의 배움을 심화시키고 도움을 얻는 사회적 활동이다. 그런데 교육이 사회적 활동이라는 점과 교사라는 존재가 과소평가되거나 간과되는 순간 학생의 자기 주도성을 탈맥락화시키게 된다. 이렇게 되면, 학습이나 지능에 영향을 미치는 사회적 관계가 제거되고, 오로지 순수한 개인의 노력에 의해서만 학습이 이루어지는 것으로 이해하게 되어 학생의 지능과 성취에서 교사, 부모, 사회가 만들어 내는 관계에 대해 인식하지 못하게 되고, 학생이 지능적으로 불평등한 관계에 놓일 가능성이 더 커진다.

교사는 학생들이 무지를 이유로 자신들을 무시하는 세상의 벽을 온몸으로 깨부수며 스스로 무지와 노예의 삶에서 벗어나도록 도와야 한다. 또한 교사는 학생과의 만남과 교육적 경험을 통해 학생들이 자신의 힘으로 동굴을 빠져나와 해방된 노동자들이 될 수 있도록 해야 한다. 그리하여 궁극적으로 설명해 주는 스승 없이도 학생 혼자 배울 수 있으며 이것이 바로 지적 해방의 길임을 스스로 인식할 수 있도록 도와야 한다. 이때 스승은 계몽과 지도를 위해 필요한 것이 아니라 인간은 누구나 스스로 해방될 수 있으며, 모든 인간은 평등한 지능을 갖고 있기에 의지만 있다면 누구나 무지에서 해방될 수 있는 존재라는 것을 알려 주고 돕기 위해 필요하다.

능력주의적 관점에서는 개인마다 성향과 소질이 모두 다르고 능력이 어느 정도 불평등하다고 말한다. 그래서 이러한 관점에서는 가능한 한 교육을 통해 불평등을 축소해 나가야 한다고 본다. 문제는 이러한 사고는 지적 해방의 장애물이 될 가능성이 크다는 점이다. 개인의 성향과 소질이 다르다는 것은 개인 간의 차이를 보여 줄 뿐 결코 지능이 불평등하다는 사실을 입증하는 것이 아니다. 우리 모두의 지적 능력은 평등하지만 그 평등한 지적 능력의 발현에 차이가 있을 뿐이다. 교사는 이러한 신념을 구체화하는 존재이며, 공동체의 구성원들이 자발적이고 적극적으로 공화적 가치를 공유하도록 돕는 사람이다. 이런 의미에서 교사는 학생을 자기 주도적 학습의 전쟁터로 내몰거나 모두가 어떤 직종에서 1등이 되도록 가르치는 게 아니라, 모두가 함께 자신의 능력을 나누는 사회를 만들어 가야 한다. 기회의 평등 아래에서 우월한 자와 열등한 자, 나

보다 성공한 녀석과 나보다 실패한 녀석으로 끊임없이 서열화하는 사회가 아니라 모두가 지적 평등을 인정하고 서로의 지적 해방을 자극하는 사회를 구상해야 한다.

앞에서도 말했지만 이러한 기획에서 가장 큰 핵심은 스스로 지능에서 열등하다고 믿는 자들을 일으켜 세우고, 그들을 그들이 빠져 있던 늪에서 빼내는 것이다. 그 늪은 무지의 늪이 아니라 '자기 무시'의 늪이다. 암암리에 우리는 유식한 자와 무지한 자로 구분된 세계를 그대로 받아들인다. 의사나 변호사가 청소부보다 지능이 높거나 능력이 우수하다는 생각 따위가 바로 그러한 세계에서 나온 것이다. 이것은 결국 자신이 지닌 평등한 지적 능력을 무시하는 것으로 귀결된다. 사회적 활동으로서 교육을 고려하지 않고 자기 주도적 학습을 지나치게 강조하는 것은 또 다른 엘리트주의 교육을 낳을 수 있다. 이러한 교육 체제에서는 가치 있는 자원에 대한 소수의 독점과 통제, 자본을 획득한 자들만의 자유로운 탐구를 바탕으로 그들만의 리그가 펼쳐질 것이다. 결국 남는 것은 능력 없는 자들의 무권력 상태와 주변화뿐이다.

문제는 스승이 필요하냐 아니냐가 아니라 스승이 학생의 배움의 과정에서 어디서 어떻게 개입할 것인가이다. 이 점에서 진보 교육은 아동 중심 교육론도 재검토해야 한다. 누군가가 중심이라는 사고는 필연적으로 누군가를 주변으로 사고하게 만든다. 아동 중심 교육론이 지배하는 공간에서 학생들은 스승 없는 교육을 경험하게 될 가능성이 높고, 이는 학생을 단지 자기의 능력을 스스로 관리하고 계발하는 주체로 만들 수 있다.

거듭 강조하지만, 스승의 임무는 식자를 만드는 것이 아니라 스스로 지능에서 열등하다고 믿는 사들을 일으켜 세우는 것이다. 그래서 교육이란 학생의 머릿속에 무언가를 집어넣는 일이 아니라 그들을 각성시키는 일이다. 내가 아는 것을 그도 알게 하는 게 중요한 것이 아니라 학생이 스스로 해방된 인간임을 알게 하는 것, 그 자신이 능력자라는 사실을 알게 하는 것이 중요하다. 이러한 관점에서 아동 중심 교육론과 자기 주도적 학습에 대한 성찰과 재검토가 필요하다.

오직 국민을 위한 좋은 교육?
: 디아스포라적 관점에서의 교육의 재구성

〈교육기본법〉에는 다음과 같은 조항이 있다.

> 제3조(학습권)
> 모든 국민은 평생에 걸쳐 학습하고, 능력과 적성에 따라 교육받을 권리를 가진다.

〈교육기본법〉에서 규정하고 있는 학습권은 헌법의 교육 조항을 구체화한 실정법상의 권리로서 모든 국민이 누려야 할 권리이다. 그러나 우리 사회에서 미등록 외국인의 자녀들은 국민이 아니기에 자신의 능력과 적성에 따라 교육받을 권리를 보장받지 못하고 있다. 교육부에서는 나름대로 개선안을 마련해 학교에 취학할 수 있는 기회를 만들려 하고 있지만, 부모의 국적 취득과는 별개로 보다 적극적으로 모든 아동/청소년들에게 교육받을 권리를 보장해야 한다. 이미 이주 노동자들의 비율이 상당수에 이르렀는데도 단일 민족, 국민 국가적 관점에서 복지가 이루어지는 것은 많은 문제를 낳을 것이다. 지금 논의되고 있는 보편적 복지의 범위를 국제적 상호주의의 관점에서 국민 이상으로 넓혀야 한다. 이런 관점에서 교육의 '디아스포라적 전환'을 이야기하고 싶다.

대부분 태어날 때부터 대한민국이라는 나라의 '국민'으로 살아온 우리에게 교육과 복지가 국민을 대상으로 한다는 것은 너무도 당연한 일일지도 모른다. 그러나 우리에게 익숙한 것이 누군가의 삶에는 고통으로 다가갈 수 있다. 한국 사회에선 민족의 강력한 동질성을 전제로 순혈주의, 단일 민족주의, 자민족 중심주의가 강조되는데, 이러한 경향은 식민지 이후 분단과 근대화 과정을 거치면서 국가를 최고의 가치로 두게 된 의식의 산물이다. 국가를 구성하기 위해서 구성원들을 묶을 강한 응집력이 필요했고, 이를 위해 동질적인 하나의 민족만이 국가의 구성원이라는 조건이 이상화됐다.

그러나 디아스포라는 여러 경계들을 넘나드는 삶의 형식이다. 디아스포라의 주체는 고정된 뿌리 혹은 기원에 도전하며, 초국가적인 결속과 연결을 선호한다. 디아스포라 주체에게 현실이란 항상 경계들의 등장이며, 이 경계들과의 관계 설정이 바로 삶 그 자체이기도 하다. 즉 디아스포라 공간은 '포함'과 '배제', '소속감'과 '타자성', '우리들'과 '그들'의 경계가 경합하는 지점이다. 우리는 이런 디아스포라적 관점에서 교육을 재구조화할 필요가 있다. 교육은 단일 민족적 역사교육과 동화 교육을 어떻게 극복해 나갈지 고민해야 하며, 국가 없는 사람들의 보편적 복지 문제에 대해서도 상상력을 넓혀 가야 한다.

마무리를 대신하여 : 교육의 인권적, 생태적 재구조화

이상에서 진보 교육의 방향을 논하면서 검토해야 할 몇 가지 것들을 살펴보았다. 이에 덧붙여 우리는 근대적 교육에 대한 성찰과 교육의 생태적, 인권적 전환에 대해서도 상상력을 발휘해야 한다. 예를 들어 학교의 시설을 관리와 통제가 아니라 배움과 협력, 인권이란 가치를 중심으로 재편해야 하고, 학교 자체가 에너지, 먹거리 등에서 자립적인 공간, 생태적 순환이 가능한 공간으로 변화해 가는 것도 중요한 지점이다. 자연이 제공하는 그대로에 스스로를 맞추는 법을 깨닫는 교육이 필요하다.

또한 진보 교육은 민주주의를 진전시켜야 한다. 아울러 퇴행적 민주주의에 대한 경계도 매우 중요한 과제이다. 대의제라는 이름으로 강화되는 전문가주의를 경계해야 한다. 우리는 정치적 의사 결정은 매우 복잡하기 때문에 전문가인 테크노크라트technocrat가 의사 결정을 해야 한다는 미명하에 시민들을 선거라는 치안 상태에 묶어 두거나 의사 결정권을 박탈하는 데 익숙하다. 우리는 시민의 능력을 위축시키는 이러한 경향들에 대한 저항성을 회복할 수 있도록 학생을 지적으로 해방시키는 과정을 교육을 통해 만들어 가야 한다.

두서없이 진보라는 이름으로 교육과 학교에 대해서 고민하고 있는데 트위터의 '대학거부 봇^{bot}'*에 다음과 같은 문장이 타임라인에 올라왔다.

오늘을 즐겁고 행복하게 살면서도 배울 수 있는 걸 마음껏 배우는 사회를 만드는 것이 중요한 일이다.

---

* 트위터에서 프로그램을 이용해 자동으로 글을 올리는 계정을 일컫는다. 예를 들어 '대학거부 봇(bot)'에는 대학거부와 관련된 말과 글들이 자동으로 올라온다.

집필 후기

포스트 민주화 시대로의 전환과 진보교육운동의 역할

2014년, 조희연은 교육감 당선 후 성공회대 고별 강연에서 독재를 대립물로 하여 고투하던 87년 민주화 시기와는 다른 지금의 시대를 포스트 민주화 시대로 정의하며 '포스트 민주화 시대 진보의 과제는 무엇인가?'라고 질문했다. 이 질문에 대한 답으로 조희연 교육감이 제시한 것은 독재에서 민주주의로의 '이행'과 정치적 민주주의의 정착 혹은 공고화를 넘어 민주주의의 원리를 사회적 영역으로 확장하는 사회적 민주화이다.

조희연 교육감뿐만 아니라 다른 지역의 진보 교육감들도 사회적 민주화를 구체화하기 위한 실천들을 계속하고 있다. 대표적인 공약이 유아교육 공교육화 / 친환경 무상 급식 확대 / 교육협동조합 육성 지원 / 지역사회 연계 교육 활성화와 같은 교육 복지 강화 정책, 혁신학교 활성화 / 수업과 평가 혁신 / 교원 업무 정상화 / 교사의 교육 전문성 신장 지원으로 대표되는 혁신학교 및 혁신교육지구 정책, 생태·인권·노동·평화·통일 교육 강화 / 학생 자치 활동 활성화와 같은 민주시민교육 강화 등의 정책이다. 이러한 진보 교육감의 공통적 교육 정책은 이제 새 정부의 국정 과제가 되어 제도화를 앞두고 있다.

그런데 우리는 교육을 교육의 논리로서만 바라보는 것을 경계해야 한다. 교육이 정치사회적 논리와 모순적으로 결부된 양상을 파악해야 한다는 입장으로부터 후퇴할 수 있기 때문이다. 조희연 교육감이 고별강연에서 말했듯이 민주주의가 정치적 차원을 넘어 경제 문제로까지 확장되었을 때 비로소 학교교육은 학생 개개인의 잠재력을 개발하고 온전하게 발달하도록 촉진할 수 있으며, 새로운 세대를 우리 사회의 질서 안으로 통합할 수 있다. 그런데 한국 사회는 여전히 전근대적인 직업의 위계가 해체되지 않았다. 다만 직업의 서열 관계에 편입하는 수단이 신분과 세습이 아니라 능력으로 대체되었을 뿐이다. 이러한 사회 체제의 영향으로 학교교육에서의 평가는 단순한 교육적 성취를 넘어서서 학교 밖 위계질서 속으로 편입하는 수단이 되었고, 보다 높은 곳에 올라간 사람이 자신보다 밑에 있는 사람을 능력이 부족하다는 이유로 임금 등에서 차별하는 것을 당연시하는 것이 구조화되었다. 결국 승자독식과 약육강식의 논리가 지배하는 사회에서 모든 사회 구성원은 더 높은 시험 점수를 받기 위해, 무시당하지 않기 위해 무한경쟁을 해야 한다. 이렇게 학교교육은 한편에서는 모든 것이 스스로의 선택과 결정에 의해서라는 자유주의적 흐름을, 다른 한편에서는 공정한 평가 제도를 통해 누구든 능력이 있으면 더 높은 자리에 올라갈 수 있다는 능력주의를 확산하고 있다.

그런데 이러한 현상은 교육만의 문제가 아니라 정치·경제적이며 사회적인 문제이다. 그래서 교육과정에서 교수-학습을 포함한 평가 패러다임이 변해도 사회적으로 시험 문화를 바꾸지는 못하고 점수 중심의 견고한 시험 문화 앞에서 교수-학습, 평가 패러다임이 좌절되고 마는 것이다.

결국 조희연 교육감이 제기한 포스트 민주주의 시대 진보의 과제는 교육의 민주화를 전면화하면서도 교육 문제를 정치·경제 그리고 사회적 논리와 모순적으로 결부된 양상을 파악하면서 해결책을 모색해야 한다는 것을 의미한다. 진보 교육의 미래를 놓고 고민이 깊어지는 지점이 바로 여기다.

읽을거리
|
- 이언 모리스, 최파일 옮김(2013), **왜 서양이 지배하는가**, 글항아리.
- 장은주(2012), **정치의 이동**, 상상너머.
- 조희연(2014), **병든 사회, 아픈 교육**, 한울.
- 조희연(2014), 한국 사회의 포스트 민주화, 시민사회, 그리고 지식인의 역할, 성공회대 고별 강연.

모순적 종합으로서 공동체운동

불평등의 심화와 통합의 균열

도시화 그리고 통치의 변화

자본주의 시대를 포함해 역사적으로 모든 도시는 동시대 권력의 망이 촘촘히 짜여 작동하는 시공간이었다. 사람과 물자는 권력이 집중된 도시를 향했고, 이 도시를 중심으로 도로, 통신, 경제의 망이 짜이게 되었다. 자본주의는 이러한 전前자본주의적 도시의 기능을 흡수하면서도 자본주의가 가진 핵심 기능인 자본의 재생산과 상품의 생산을 중심으로 도시를 재편했다. 특히 자본주의는 끊임없이 마을공동체를 파괴하며 농촌공동체 속의 개인을 신분으로부터 해방시켜 익명적인 개인, 아니 노동력을 팔아서 생존해야 하는 자유로운 임노동자로 만들며 이들을 도시로 호출했다.

그리고 개인은 끊임없이 도시로 몰려들어 자신의 노동력을 상품화했다.

그렇다고 임노동자로서 개인이 권력의 강압에 의해 도시로 향한 것만은 아니었다. 그들은 돈을 더 벌고 더 좋은 집에서 살며 자동차를 타는 꿈을 도시 생활을 통해 이루고자 했다. 그래서 도시는 개인들을 끊임없이 욕망하게 하며 다른 계급으로 가는 시간 이탈을 가능하게 하는 공간이기도 했다. 물론 이러한 임노동자로서 개인의 욕망은 실현되지 못했다. 그들을 기다리는 것은 전태일, 구로공단의 여공들과 같이 장시간의 노동과 저임금, 열악한 노동 조건이었다.

욕망과 착취가 교차하는 공간에서 익명의 임노동자들은 초기 도시에 정착하는 과정에서 공장 주변에 집단 거주촌을 만들어 생활하며 일종의 재난공동체를 형성했고, 저항과 해방의 정치를 통해 자본주의가 만들어 낸 물화reification*와 소외를 집단적으로 벗어나고자 했다. 그것은 익명의 노동력을 팔 자유밖에 없는 자들이 시민으로, 계급으로 성장해 가는 과정이었다. 그래서 도시는 물화와 소외를 벗어나기 위해 해방의 정치라는 새로운 시공간을 꿈꾸는 곳이기도 했다. 이처럼 도시는 한편으로는 자본주의의 심장이지만, 다른 한편으로는 다른 세상을 꿈꾸는 저항과 봉기의 장소였다. 그래서 자본은 늘 새로운 사람들이 도시로 몰려들어 만들어 낸 도

---

* 마르크스가 자본론에서 사용한 개념으로 사람과 사람 사이의 관계가 물건과 물건 사이의 관계로 나타나는 것을 말한다. 유사 개념으로는 대상화가 있다.

시를 경계해야 했다. 그들이 발명한, 자신의 노동력을 팔 자유밖에 없는 임노동자가 자본에 의한 사적 욕망을 다른 공화국 건설이라는 공적 열망으로 전환시키고 이를 통해 연대의 공간을 만들어 내기 위해 끊임없이 봉기를 했기 때문이다. 우리의 현대사 속에서도 도시는 저항의 기운을 만들었고, 저항의 공동체를 통해 해방 정치를 기획했다. 1960년 4.19 마산과 부산에서, 1980년 5.18 광주에서, 1987년 6.10 서울의 거리에서 시민들은 해방의 광장을 만들었고 이 시공간에서 다른 공동체의 상상력을 발휘했다.

자본주의가 발달함에 따라 도시도 점점 비대해져 갔고, 도시는 에너지, 주택, 식량 등 도시인과 직결된 문제를 스스로 해결할 자정 능력을 상실해 갔다. 그래서 도시의 익명적 개인들을 통합하여 공동체의 안전을 지속하는 것이 행정의 핵심이 되었다. 특히 도시 안에서의 소외 문제가 심각해지고 개발 정책이 한계에 봉착하면서 주목받는 주제 중 하나가 마을공동체 만들기 사업이다. 정부는 마을공동체 사업을 통해 사람이 살기 어려운 차갑고 삭막한 곳, 비인간적인 곳인 도시를 따뜻하고 인간적인 도시로 바꾸려고 하였다.

개발 중심의 도시 정책으로 외적 성장은 이루었으나, 급속한 도시화와 경쟁 심화로 다양한 갈등과 대립, 그리고 소외 문제를 겪어 왔습니다. 이러한 도시 문제와 사회 문제의 근본적인 치유를 위한 출발은 무엇보다 공동체의 회복에 있다는 점에 공감대가 형성되고 있으며 이제 이를 실천에 옮기기 위한 노력이 요구되고 있습니다. 급속한 도시화

와 개발로 사라진 사람의 가치와 신뢰의 관계망 회복이 필요합니다.[*]

마을 만들기 사업에서는 도시 문제와 사회 문제의 근본적인 치유를 위한 출발은 무엇보다 급속한 도시화와 개발로 사라진 사람의 가치와 신뢰의 관계망 회복에 있다고 말한다. 하지만 막상 마을 만들기 사업에서 마을이 무엇을 의미하는지에 대해서는 다소 모호한 입장을 보이기도 한다.

우리가 여기서 말하는 마을은 농사짓던 시절의 마을이 아니라, 근대화 과정에서 생긴 마을을 말합니다. 근대화의 물결을 타고 자유로운 도시를 찾아 고향을 떠나온 할아버지, 할머니들이 서울이라는 도시에 둥지를 틀면서 만들었던 마을 말입니다. (……) 근대 도시에서는 다양한 개인과 핵가족들이 모여 이웃이 되고 마을을 만들었습니다. 이웃사촌이라는 말은 이때 생긴 말입니다. 온기 있는 동네, 삶의 지혜가 있는 공동체적 삶의 그릇 같은 마을이 분명 최근까지 서울 안에 있었습니다.[**]

이러한 마을에 대한 인식은 마을이 전근대적 공동체를 복원하는 것이 아니라 근대적 의미에서의 개인에 바탕을 둔 유대의 개념, 다시 말해 도시적 삶 속에서 개인 간의 유대를 강화하자는 도시 담

---

[*] 서울시정개발연구원(2011), 서울시 마을공동체 기본 계획, 마을공동체 시민토론회 발표 자료.
[**] 서울시(2012), 서울, 마을을 품다.

론이라는 것을 의미한다. 오랜 시간에 걸쳐 형성된 신앙이나 농업이 기반이 되는 공동체로서 마을을 재건하려는 의도가 아니라는 것이다. 이러한 도시 담론으로서 마을공동체 만들기가 가지는 문제는 농사짓던 시절의 마을공동체를 복원하려는 흐름이 전근대적인 것으로 배척되고 산업화 초기 재난공동체와 같았던 시기의 빈곤 연대를 따뜻한 이웃사촌이라는 개념으로 이상화하고 있다는 점이다.

공동체 : 불평등의 심화와 통합의 균열에 대한 모순적 종합

초기 자본주의가 국가 안에서 자본과 물자 그리고 사람을 활발하게 유통시켰다면 세계화는 자본, 물자, 사람을 민족 국가의 틀로부터 이탈시켜 초국적으로 운동하도록 했다. 특히 사회 문제를 시장이 자기 조정적으로 해결한다는 신자유주의는 국내적으로나 국제적으로 불평등의 심화와 사회 통합의 균열로 인한 일상의 위기를 증폭시켰다. 지구적 수준에서 발생한 여러 가지 위기의 징후들은 단순히 물질적 삶에만 영향을 끼친 것이 아니라 정치, 경제, 사회, 문화를 아우르는 다차원적 문제로 확산되었다. 특히 1990년대 말의 동아시아 외환 위기 그리고 2008년의 미국발 금융 위기는 신자유주의적 자본주의에서 경제적 위기와 그에 따른 사회적 삶의 위기를 전면화시켰다. 자본주의 세계화가 만들어 낸 위기는 경제 영역을 넘어 내전, 난민, 환경, 성차별, 인종 문제 등 포괄적이고 복합적으로 진행되고 있다.

 이러한 총체적 위기 상황에서 대안적인 삶의 형식을 추구하는 운동도 활성화되었다. 이런 흐름은 다양하지만 사회를 보호하는 운동, 아니 사회적인 것 the social을 발명하는 운동이라는 점에서 공통점을 가질 수 있다. 사회라는 것은 없다고 선언했던 영국 보수당에서조차 큰 사회 Big Society라는 선거 모토를 들고 나온 것이 대표적 사례이다. 이제 이념을 넘어 경제 민주화와 공정 경제를 이야기하며 사회적인 것에 주목하기 시작했다.

 다양한 사회 분야에서도 협동과 상호 부조라는 사회적 원리를 접합시키는 흐름이 일어나고 있다. 우선 경제 영역에서는 사회적 경제, 사회적 기업, 기업의 사회적 책임, 공정 무역, 윤리적 소비 등이 시장을 보완하는 원리로 도입되고 있다. 정치적인 영역에서는 협동조합 활성화 정책, 마을공동체 만들기 정책 등 지속 가능성을 화두로 한 다양한 정책이 만들어지고 법률이 제정되면서 공동체를 지향하는 운동들이 탄력을 받고 있다. 그 외 영역에서도 사회적 자본, 소셜 네트워크, 공공 예술, 재능 기부, 소셜 미디어를 활용한 공동체 만들기 현상이 일어나고 있다. 이러한 흐름들은 모두 시장의 독주가 아니라 국가와 시민 사회 그리고 시장의 협조 체계를 명시화하고 추동하는 흐름들이다.

 한국에서도 이런 흐름은 오랜 역사를 가지고 있다. 1961년 협동조합 관련 법이 만들어지고, 1963년에 〈의료보험법〉이 제정된 것이 대표적이다. 하지만 국가 중심적인 관점에서 관 주도로 진행되면서 개인 없는 공동체로 귀착되었다. 그러다 민주주의가 진전되면서 공동체 담론이 관 주도에서 민간 주도로 바뀌었고, 개인들의 자발적인 사회적 정치적 유대를 강조하는 흐름으로 전환되었다. 대표적인 것이 바로 마을공동체 담론이다.

마을공동체 담론은 개인들에게는 개별화된 삶의 방식에서 벗어나 공동의 삶을 모색한다는 의미를 갖지만, 저성장 국면에 진입한 국가에도 새로운 돌파구를 마련할 전략으로 적극 수용되었다. 막대한 재정이 소모되는 정치적, 사회적 갈등을 야기하는 도시 재개발 사업에 비해 마을공동체 사업은 효율적인 예산 집행이 가능하고 구성원들의 갈등도 최소화할 수 있는 정책이었다. 이러한 맥락에서 국가는 마을공동체 사업을 통해 사람, 참여, 풀뿌리, 자발성, 네트워크, 공감, 돌봄 등의 개념을 주로 사용한다. 특히 공동체성을 회복하고 주체적 역량을 강화한다는 목표로 거버넌스, 위탁, 인큐베이팅, 공모, 참여 예산, 성장 평가라는 개념을 행정 혁신이라는 개념과 함께 사용하고 있다는 것에 주목해야 한다. 자율성을 증진하는 방향에서 행정을 혁신하여 통치 비용을 절감하려 한다는 전략과 일맥상통하기 때문이다.

마을공동체 담론에서 또 하나 우리가 주목해야 할 것은 공동체 담론이 늘 현존하는 희생과 갈등을 은폐하는 이데올로기 형식을 내포하고 있다는 것이다. 통합의 밀도와 수준이 높다는 것은 그 질서에서 누락된 인적·물적·정신적 대상에 대한 배제가 항상적으로 진행 중이라는 것을 염두에 두어야 한다. 따라서 진보가 하는 마을공동체 사업은 보수가 하는 마을공동체 사업과 다르다는 식으로 접근해서는 안 된다. 공동체 담론이 경제적 착취 관계나 정치적 지배 관계를 은폐하고 전위^{displacement}시키는 효과를 동반하며 내적 외적 대립물들과의 모순적 종합을 추구하는 담론이라는 한계가 있다는 것을 인정하는 것으로부터 출발해야 한다. 특히 노동 의제를 억압하는 대신 일상 세계의 자조적 협동을 추동하는 구조로 변질되는 것을 극복해야 한다. 그렇지 않으면 마을공동체 담론은 자족적 생활공동체 담론으로 변이되기 쉽다. 집값 떨어질까 봐 쓰레기 소각장 등의 혐오 시설을 거부하거나 취약 계층을 대상으로 하는 복지 부문을 '비용'으로 여기는 흐름과 같이 공동체가 책임과 방임의 새로운 꼬임을 만들어 내고 사적인 복리 추구가 공적으로도 아름답다는 논리를 강화하는 마을공동체 담론이 될 수 있다.

마을공동체 만들기 : '사업'과 '운동' 사이

우리나라는 농촌 경제 시대에서 산업화 시대를 거치면서 세계에서 유래를 찾아보기 어려울 정도로 지역과 농촌이 빠르게 해체되었다. 지역과 농촌의 해체는 급속한 도시화를 의미했고 장소와 삶이 분절화되면서 인간적 유대 관계로서 공동체가 사라지게 되었다. 이제 공동체는 중층적이고 복잡한 관계망을 의미하는 도시 안에서의 공동체로 재편되었다. 이러한 환경의 변화 속에서 국가는 무엇보다 도시를 관리하는 것이 중요한 문제가 되었다. 산업화 초기에 도시의 안전을 관리하는 통치의 형태는 우리가 예상할 수 있는 것처럼 주민 등록 제도, 통행 금지 등과 같은 주민에 대한 직접적 통제였다. 이러한 방법은 강력한 행정력이 뒷받침되면서 어느 정도 성공을 거두었다.

그러나 점차 인구가 늘어나고 사회가 자유주의로 변하면서 더 이상 초월적 힘을 통해 직접적이며 강압적 방식으로 주민을 통치하는 것이 불가능해졌다. 사회가 복잡하고 유연해졌고 통치 대상인 국민들 또한 단순히 명령에 반응하는 대상이 아니라 나름의 질서와 규칙을 가진 실체이며, 침해할 수 없는 욕망과 동기를 가지고 있기 때문이다. 이제 사람들의 자율성을 증진하고 사람들이 가진 나름의 욕망과 동기를 존중하고 보장하면서 그것이 국가에 유리하게 발현되도록 관리하는 것이 통치의 합리성을 증진시킬 것이라는 사고의 전환이 이루어졌다. 국가는 이제 경찰을 동원하고 통제하는 대신 폭넓은 자치를 보장하는 유연한 전략을 구사한다.

여기서 분명히 해야 할 것은 자치가 확대되었다는 것이 국가 권력의 행사가 사라졌다는 것을 의미하는 것이 아니라는 점이다. 권력 행사의 양태가 강압적 규제에서 주민에 대한 관리management*로 변화했을 뿐이다. 각 개인들이 어떤 규칙과 동기를 가지고 있는지 파악해야 그들의 사회적 과정을 자극하고 촉진할 수 있고 이를 활용할 수 있기 때문이다. 이러한 방향에서 등장한 것이 바로 앎의 체계, 즉 지식과 통계이다. 국가는 공식 통계를 비롯해 여러 정보를 관리하고 집적하면서 마을공동체에 대한 지식을 축적하고 활동가

---

* 여기서 관리는 고유한 동기나 욕망에 근거한다는 것을 의미하는데, 내적 규제라는 표현을 쓰기도 한다.

를 양성하기 위한 지식 체계를 만들어 낸다. 이를 위해 국가는 더 많은 정보를 집적해야 하고 똑똑해져야 한다. 결론적으로 통치를 위해 앎이 핵심이 되었다는 것을 의미한다.* 국가는 통치의 내적 정당성을 확보하기 위해 지식의 체계를 만들고, 정보를 집적한다.

지식을 생산하고 축적하면서 국가는 내적 규칙과 욕망에 근거해 그것을 이용하여 국민을 통치한다. 이를 위해 국민들이 자유로운 상태라고 느끼게 하면서 욕망하도록 하는 것이 중요한데 이러한 방향에서 유효한 통치술이 바로 자치이다. 국가는 이제 직접적으로 주민들을 관리하기보다 주민들이 자발성을 가지고 지역을 재구성하면서 마을을 공동체로 만들어 가려는 의식 개혁 운동을 장려한다. 이에 필요한 지식을 생성하고 전문가를 지원하여 전문성을 향상하려 한다. 이러한 과정에서 지식의 양이 늘어나고, 체계화되면서, 자연스레 지식의 독점이 뒤따른다.** 또한 행정의 전문성도 강화된다. 지식의 독점과 행정의 전문성은 곧 자유는 설계된 자유이고 자치는 의존성을 심화시킨다는 것을 의미한다.

도시 담론으로서 마을공동체 만들기

국가가 주도하는 마을 만들기 사업이나 주민들이 자발적인 운동

---

* 에릭 홉스봄, 정도영·차명수 옮김(1998), 혁명의 시대, 한길사, 509~538쪽.
** 최정운(1992), 지식국가론, 삼성출판사, 32~34쪽.

으로 발전시킨 마을 만들기 운동 모두 일본의 마을 만들기 사례가 중요한 참조점이 되었다. 일본에서는 1960년대부터 좌파들이 지역으로 내려가 주민들과 삶 속에서 세상을 바꿔야 한다는 의미에서 하방 운동이 일어났다. 이러한 좌파의 하방 운동을 견제하기 위해 지역의 우파 유지들이 재산을 투자하여 정부와 연계해 마을 만들기 사업을 추진하였다. 그래서 마을 만들기 사업은 공무원들이 파견되었지만 권한은 마을 사람들이 갖는 형식을 취했다.

농촌공동체 모델로 일본의 마을 만들기 사례를 먼저 받아들인 것은 충남 홍성의 풀무학교를 중심으로 한 농촌 만들기 운동이다. 이때는 생태, 교육, 자립이라는 방향에서 긴 호흡으로 진행된 마을 만들기 운동이었다.

똑같이 일본의 마을 만들기 사례를 모델로 했지만 긴 호흡으로 만들어 가기보다는 단기간에 성과를 내려 한 것이 국가 주도로 진행된 새마을운동이었다. 새마을운동도 형식적으로는 주민의 자발성을 강조했지만 국가가 주도한 농촌 진흥 운동이며 농촌의 생활 수준을 끌어올리기 위해 전국적으로 전개된 생활 개혁 운동이라는 한계를 가지고 있었다.

새마을운동의 주체는 어디까지나 마을 주민들이며 행정 기관이나 공무원은 이 운동의 지원자요, 협조자에 불과하다. (……) 새마을운동은 그와 같이 누가 시키기 때문에 하는 것이 아니고 전 주민이 새마을 지도자를 중심으로 자율적으로 사업을 결정하고 스스로의 힘으로 추진하는 것이다. 피동적이고 타율적으로 움직이는 마을이 되어서는 결코 성공할 수가 없는 것이다.*

위에서 보는 것처럼 새마을운동도 주민들이 자율적으로 사업을 정하고 스스로의 힘으로 마을공동체 만들기 사업을 추진해야 한다고 강조했다. 하지만 새마을운동은 처음부터 농촌 재건을 목적으로 국가가 주도한 사업이었다. 이후에는 전 국민을 대상으로 한 의식 개혁 운동으로 발전했다는 점에서 자율성을 강조하면서 긴 호흡으로 마을 만들기를 추진했던 것과 결이 달랐다.

마을 만들기는 긴 시간이 필요하다. 마을이라는 공간에서 공동체적 경험을 하면서 어떤 가치와 사회를 지향하고, 어떻게 그 가치를 구현할 것인가를 고민해야 하기 때문이다. 하지만 중앙 정부나 지방 정부가 추진하는 마을 만들기 사업은 주민들이 스스로 공동체를 만들어 가도록 하기보다 행정을 통해 단기간에 마을공동체를 구축하려 했다. 이렇게 예산이 결합하고, 1년 단위로 사업의 계획과 실행, 평가가 이루어지면서 마을공동체는 위로부터의 행정적, 계획적 산물이라는 성질만 남게 되었다. 이는 마을공동체가 만들어지는 속도, 경향성, 방향에서 자연 발생성과 자율성이 제거되고 의도적이며 계획적인 행정의 시간에 마을공동체의 시간이 포섭된다는 것을 의미한다.

행정의 시간에 마을공동체의 시간이 포섭되면서 정해진 계획에 따라 빠른 성과를 낸 모델이 우수 모델이 되었고 이 모델을 분석하

* 내무부(1975), 새마을운동 길잡이, 37~38쪽.

여 마을공동체의 성공 요인을 결정짓는 여러 요소들이 프로그램으로 만들어졌다. 이제 마을공동체운동은 이러한 우수 모델을 토대로 예산 계획을 수립하고 인적 자원을 양성해 가는 하나의 비즈니스 대상이 되었다. 마을 만들기 사업은 사회적 경제, 사회적 기업, 사회적 투자, 사회적 네트워크라는 사회적 담론과 연결되어 마을 안에서 사회적인 것들을 계획하고 실현할 수 있는 희망의 공간을 만듦과 동시에 마을 안에 숨겨진 자원과 인력들을 적극적으로 발굴하여 최대한 활용하는 시장 담론과 연결되었다.

마을교육공동체와 새마을 교육

마을공동체 만들기 운동처럼 교육에서도 마을교육공동체 만들기 사업이 광범위하게 일어났다. 마을교육공동체 만들기는 혁신학교 정책의 성과를 의미 있게 계승하고 발전시키기 위해 학교와 지역 사회의 연계가 필요하다는 이유에서 시도되었다. 명칭은 '혁신교육지구' 사업이다.

혁신학교의 확장이 필요한 이유는 교육이 자신이 살고 있는 삶의 공간인 마을에 뿌리내려야 하기 때문이다. 학교와 마을이 만나고, 교육이 마을공동체와 유기적으로 연계되는 것은 필수 불가결한 교육의 조건이다. 따라서 혁신학교를 통해 교육을 변화시키고 새로운 학교를 꿈꿀 수 있었다면, 마을교육공동체는 이러한 노력이 학교 밖으로까지 외연을 확대하여 지역 사회로 확산되는 것을 의미한다.

특히 마을교육공동체가 강조되는 이유는 학교가 공동체성의 상실과 마을과의 단절이라는 이중의 고통 속에 놓여 있기 때문이다. 다시 말해 학교는 내적으로 학생과 교사, 학생과 학생, 교사와 교사 간에 견고하게 연결되어야 할 관계의 끈이 끊어져 있고, 밖으로는 마을과 단절된 채 무관하게 존재한다. 그래서 학교는 학생들의 삶의 터전인 마을에 누가 살고 있고, 무슨 일들이 일어나는지 관심을 가질 틈이 없고, 마을 역시 학교에서 무엇을 가르치고 배우는지 전혀 궁금해하지 않게 되었다. 여기에 더해 학교교육과 평생교육이라는 분리된 접근은 서로에 대한 무관심을 제도화시켰다.

이러한 문제를 해결하기 위해 학교의 울타리를 넘어 마을과 학교의 협력 관계를 강조하는 혁신교육지구 사업이 추진되었다. 특히 생태계라는 관점에서 학교와 마을의 연계와 협력은 중요하다. 모든 생물이 특정한 생태계 내에서 살아가는 것처럼 학교도 마을의 일부이며 마을 생태계와 협력하면서 존재하고 있다. 따라서 학교는 마을과 사회문화적 영향을 주고받으며 존재한다. 그래서 좋은 교육이 이루어지기 위해서는 학교를 둘러싼 건강한 교육 생태계의 복원이 필수적이다.

여기서 주의해야 할 것은 교육 생태계의 복원은 학교가 있는 마을의 다양한 물적 인적 자원들과 유기적 관계를 형성할 때 가능하다는 점이다. 이런 의미에서 혁신교육지구 사업은 학교와 마을이 교육을 중심으로 전면적으로 재구조화되는 것을 목표로 한다. 이는 교육청과 지자체가 중심이 되고 학교와 마을의 교육 관계자들이 협력적 관계를 통해 마을 특성에 맞는 마을 교육 시스템을 만들어 가는 과정이다. 단지 교육청이나 지자체가 학교나 마을 청소년을 대상으로 교육 프로그램들을 일방적으로 제공하는 것이 아니라 마을 내 교육 관계자들이 함께 계획하고 실천하는 과정을 통해 마을 교육을 새롭게 창조하는 것이기 때문에 교육을 중심으로 지역의 공동체성이 회복되는 과정이라는 적극적인 의미가 부여된다.

그런데 혁신교육지구와 비슷한 맥락의 마을교육공동체 만들기 사례는 이전에도 있었다. 대표적인 것이 새마을 교육이다. 1972년 10월 유신 체제가 구축된 이후 정치적, 교육적 이념을 범국민적으로 홍보하기 위해 새마을 교육이 대대적으로 추진되었다. 10월 유신 교육이 '한국적 민주주의'를 토착화하고 민족 주체성을 확립하는 것을 기본 목적으로 삼았다면 새마을 교육은 새마을운동을 지원하기 위한 교육운동이었다. 구체적으로 새마을 교육은 학교교육을 통하여 학생과 향토민에게 근면, 자조, 협동 정신을 길러 주고, 증산 기술 지도로 소득 증대를 꾀하여 향토 발전을 촉진하고, 이웃과 나라에 대해 건전한 윤리와 합리적인 태도를 확립하는 것을 목표로 하였다. 문교부는 새마을 교육을 책임 있게 추진하기 위해 새마을 교육 담당 장학관을, 시·도 교육위원회와 시·도교육청에는 새마을 교육 담당 장학사를 배치했고 각급 학교에 새마을 교육 담당 교사도 두도록 하였다. 이러한 새마을 교육의 기본 정신은 농업에 기반한 마을공동체운동이지만 일본의 마을 만들기 사례처럼 정부 투자보다 농민들 스스로 잘살아 보겠다는 정신이 중요하다는 논리를 내면화하면서 지역 개발 실무를 담당할 인간을 육성하고자 했다. 구체적으로 새마을 교육의 방침은 다음과 같다.

첫째, 교육과정 운영은 향토 사회 조사를 기초로 하고, 향토 사회의 기본적인 문제 해결을 중심으로 한다. (교육과정)

둘째, 학습 지도는 향토 사회의 모든 인적, 물적, 문화적 자원을 활용하여 다양화한다. (학습 지도)

셋째, 근면 자조하고 협동하는 새마을 정신의 함양과 합리적 능률적 생산적 생활 기풍을 조성하기 위하여 교내외 생활을 계획적 조직적으로 지도한다. (생활 지도)

넷째, 학교는 향토 사회의 학교에 다니지 않는 아동 및 미진학 청소년과 성인 전체의 교육을 위한 각종 기회를 제공한다. (성인 교육)

다섯째, 학교는 교육적으로 계획된 봉사 활동을 전개하여 향토 사회 개발에 적극 참여한다. (봉사 활동)

여섯째, 학교는 향토 사회, 과학적 생산 기술의 진흥을 통하여 소득 증대를 위한 지도와 시범적인 역할을 한다. (생산 교육)

일곱째, 학교는 모든 시설을 향토 사회 개발을 위한 재활 등의 센터로 개방한다. (학교 개방)

여덟째, 학교는 향토 사회의 교육 문화 활동을 조장하고, 그 추진의 주도적 역할을 담당한다. (문화 활동 주도)

위의 새마을 교육 방침에서 향토 사회 조사와 개발, 근면 자조 등의 단어를 마을 교육과정 운영, 마을과 인적, 물적, 문화적 자원 교류, 지역에 기반을 둔 체험 활동, 진로 컨설팅, 학교의 지역 사회

개방을 통한 교류 증대로 바꾸면 마을교육공동체 만들기에서 이야기하는 것과 구조적으로 큰 차이가 없음을 알 수 있다. 마을공동체 사업과 마찬가지로 교육 행정의 시간에 마을교육공동체의 시간이 포섭된다는 점에서 마을교육공동체 만들기가 새마을 교육이 될 가능성이 공존하고 있다는 것 또한 분명한 사실이다. 교육청이 주도하는 모델을 유지하면서 주제와 내용만 바꾸는 것은 한계가 있다.

우수 모델을 토대로 예산을 지원하고 인적 자원을 양성해 가는 연구·시범학교는 해방 이후 지속되어 온 정책이다. 교육 당국은 계획적 교육 행정의 구현과 예산의 투입과 결산, 정해진 시간표라는 조건 속에서 정책을 실행하게 되기 때문에 조급증과 차별화에 대한 강박에 지배당한다. 빠르게 확산시키며 성과를 내야 하고 해마다 진전되고 차별화된 성과가 있어야 하기 때문이다. 마을교육공동체 사업 역시 조기에 대단위 학교로 확산시키기 위해 마을 교육 과정 운영 학교, 학부모 동아리 운영 학교, 학생 동아리 운영 학교 등과 같이 사업을 분절화하고 예산을 쪼개 사업을 집행한다. 여기에 더해 분명한 목표와 풍부한 지원, 비전을 갖춘 지도자와 열정적인 교사들이 결합하여 의미 있는 성과를 거두고 변화의 가능성을 보여 줄 이상화된 체제로서 모델 학교pilot school를 만든다. 이러한 모델 학교에서는 일반 학교와 달리 예산, 정책, 인사 등에서 전폭적인 지원을 받는 동시에 성공에 대한 압박을 받으며 초창기 매우 빠른 속도로 개혁을 추진하는 황금 시기를 맞는다. 성과가 축적되는 것 같지만 지속 가능성과 일반 학교로의 확산성에 한계가 생긴다. 왜냐하면 일반 학교는 모델 학교와 이질적인 공간이기 때문이다. 대부분의 연구·시범학교가 다시 입시 교육을 중심으로 '일상화'되고 열린교육과 같이 다양한 논란의 중심에 섰던 학교가 결국은 평범한 학교로 돌아가게 된 사례를 교훈 삼아 마을교육공동체의 속도와 방향을 재점검해야 한다.

시민공동체로서 마을

우리에게 《나 홀로 볼링》과 《우리 아이들》이라는 저서로 친숙한 로버트 퍼트넘은 오래전 왜 이탈리아 북부 지역과 남부 지역에서 민주주의가 다른 결말에 이르렀는지에 대해 설명하기 위해 사회적 신뢰에 기반한 '시민공동체'라는 개념을 사용하였다.

퍼트넘은 민주주의라는 동일한 제도가 이탈리아 남부에서는 실패하고, 북부에서는 성공한 이유를 다양한 양적 자료와 질적 자료를 분석하여 북부의 공화정, 남부의 전제정이라는 서로 다른 문화에서 찾았다. 그는 북부에서는 공화정에 따라 시민 참여, 정치적 평등, 연대성과 신뢰, 관용 등을 특징으로 하는 다양한 시민공동체가 형성되었고, 남부에서는 시민공동체가 취약해 민주주의의 제도화에 차이가 발생했다고 분석하였다.

이러한 맥락에서 퍼트넘은 지리적으로 한 공간 속에서 살고 있는 사람들이 시민으로서 자각하고 조밀한 네트워크를 만들면서, 공동체의 문제에 대해 적극적으로 참여하고, 평등주의적 정치가 이루어지는 시민공동체를 장기간에 걸쳐 형성하는 것이 도시에서 중요한 문제라고 말했다. 즉 우리가 시민공동체에서 주목해야 하는 것은 협동조합 만들기나 혁신교육지구 사업이 지역의 정치적, 사회적, 경제적 구조를 그대로 방치한 채 오로지 교육을 매개로 해서만 공동체에 접근하고 있다는 점이다. 그래서 퍼트넘은 공간이 우선되는 마을공동체 개념과 대비하여 사람이 우선되는 시민공동체를 강조한다.

그럼 시민공동체란 무엇인가? 퍼트넘의 대답을 따라가 보면 우선 시민공동체의 시민은 적극적인 참여를 특징으로 한다. 여기서 중요한 것은 모든 참여가 고결한 것도 아니고 반드시 공공복리에 공헌하는 것도 아니지만 개인적이고 사적인 목적을 위해 참여하는 과정에서 이러한 개인의 이익이 조정되면서 공공선을 인지하고 추구하게 된다는 것이다.

다음으로 정치적 평등이다. 시민공동체에서 시민권은 모든 사람에게 평등한 권리와 의무를 수반한다. 즉, 시민공동체에서는 호혜주의와 협동의 수평적 관계가 잘 발달하여 있고, 권위와 수직적 관계는 흔치 않다. 이러한 환경에서는 동료 시민들과 함께 책임지는 의식이 강하다.

마지막으로 연대성과 신뢰 및 관용이다. 시민공동체의 시민들은 적극적 참여와 공익 정신 및 정치적 평등 이외의 다른 덕목도 가지고 있다. 덕목 있는 시민들은 구체적 문제에 의견이 다를 경우에도 서로에 대해 도움이 되려고 하며 서로 존경하고 신뢰한다. 시민공동체의 시민들은 공공 이슈에 대한 소신이 상당히 강하기 때문에 갈등은 필수적이지만 그런 경우에도 서로의 의견을 존중하고 소통하는 우정과 연대가 발달되어 있다는 것이다.

  이러한 시민공동체가 발달한 곳에서는 연대성, 협동, 공공 정신을 함양하는 고밀도의 2차적 결사체와 결사체 네트워크들이 발달한다. 그러한 결사체들의 예로는 시민단체, 협동조합, 정당, 다양한 상조회 등이 있다. 이러한 시민 결사체가 촘촘하게 발달하여 시민공동체를 이루게 되면 평등하고 참여가 보장된 공동체 문화가 조성된다. 시민공동체는 공동체를 단일하게 접근하는 것이 아니라 계급적, 경제적, 정치적 경계를 가로질러 다양한 계급들이 공존하는 계급 연합적 성격을 갖는 공동체를 지향한다. 따라서 이질적이고 균열된 삶의 공간을 교육공동체로 축소시켜 도시 전체를 교육하는 기관으로 접근하는 게 아니라 지속적인 관계 유지, 책임의 공유, 친근감, 다양한 참여에 기반을 두고 마을을 안정적이고 편안한 공간으로 만들기 위해 노력한다.

  특히 시민공동체 만들기에서 배워야 할 것은 자치를 하면 무조건 결과가 좋고, 모든 사람들이 서로 협력하면 보다 나은 결과를 가져올 것이라고 기대하는 게 아니다. 사회 전체의 신뢰가 부족한 상황에서 특정한 부분에서의 상호 부조, 예를 들면 교육을 통한 상호 부조의 마을공동체 만들기는 합리적인 개인들에게 합리적이지 않은 행동을 하게 하는 집합적 딜레마와 같은 결과를 가져올 수 있다는 현실을 분명히 인식하는 것이다.

집필 후기

무거운 신발과
피곤한 공동체

    지금 유행하는 마을공동체와 마을교육공동체 담론이 자본주의 세계화가 만들어 낸 빈곤과 불평등 그리고 사회적 소외와 균열 문제를 공동체적으로 종합하려는 의미 있는 접근인 것은 분명하다. 그런데 동시에 마을공동체 담론이 '○○ 가족 여러분!', '우리는 한민족', '우리는 하나다'와 같이 말하면서 현존하는 젠더, 교육, 노동의 문제와 갈등을 은폐하는 이데올로기 형식을 내포하고 있다는 것도 분명히 해야 한다. 이 글에서는 공동체를 통한 통합의 밀도와 수준이 높은 것과 반대로 그 질서에서 누락된 인적·물적·정신적 대상에 대한 공동체로부터의 배제가 항상적으로 진행 중이라는 것을 강조하고 싶었다. 무엇보다 마을공동체와 마을교육공동체 담론이 경제적 착취 관계나 정치적 지배 관계 그리고 대학 서열 체계와 이중 노동 시장 구조에 따른 지위 경쟁에 침묵하면서 공동체 만들기를 추구하는 것은 일상 세계의 자조적 협동만을 추동하는 구조로 공동체 담론을 변질시킬 수 있음을 이야기하고 싶었다. 이런 의미에서 지금 공동체 담론은 사회가 없는, 그리고 개인을 더 피곤하게 만드는 공동체 담론이다.

고립되고 소외된 개인들을 연결함으로써 잃어버린 공동체적 감각을 회복하고, 사회적 결속을 통해 자본주의가 만들어 낸 복합적인 문제들을 해결하여 자본주의 질서에 대한 이념적·실천적 대안을 모색하려는 마을공동체운동은 그 자체로는 의미 있는 운동이다. 그러나 마을공동체를 통해 지금의 위기를 극복할 수 있다는 전망에는 다양하면서도 불균등한 층위의 문제들이 존재한다. 무엇보다 자본주의에서 공간은 하나의 상품이라는 문제가 있다. 자본주의 사회에서 살고 있는 개인은 상품화된 공간에 살며 공간을 합리적 의지에 따라 선택하여 자산을 증식하는 수단으로 활용한다. 좀 더 역사적 시간으로 넓혀 보면 우리가 지금의 개인적 삶, 소외, 불평등을 비판하면서 자연스레 언젠가 있었다고 가정하는 모두에게 평등한 시공간이라는 낙원은 단 한 번도 인류사에 존재하지 않았다.

결국, 묻지 않을 수 없다. 박정희의 새마을운동과 새마을 교육을 비판했던 우리들이 왜 '공동체'라는 개념을 적극 수용하고 무장 해제가 되는 것인지. 공동체가 만들어지면 현실의 복합적인 여러 문제들이 자연스레 해결될 것이라는 식으로 마을공동체가 지나치게 과장되어 있는 것은 아닌지. 더 나아가 지금의 문제들을 풀기 위해 반反공동체적이면 안 되는지.

읽을거리

|

- 김덕영(2004), **짐멜이냐 베버냐?**, 한울.
- 김보현(2011), 박정희 시대 지배 체제의 통치 전략과 기술: 1970년대 농촌 새마을운동을 중심으로, **사회와 역사**, 90호, 한국사회사학회, 49~77쪽.
- 김선욱(2001), 한나 아렌트의 정치 개념: 정치적인 것과 사회적인 것의 관계를 중심으로, **철학**, 67호, 한국철학회, 221~239쪽.

- 김영미(2009), 그들의 새마을운동, 푸른역사.
- 김재호(2009), 마을 만들기 정책 사업 비판: 철학 없는 그린 투어리즘, 민속연구, 18호, 안동대학교 민속학연구소, 179~199쪽.
- 김찬호(2000), 일본의 도시화 과정에서 마을 만들기의 전개와 주민 참여, 도시행정학보, 13(1), 한국도시행정학회, 95~115쪽.
- 김형용(2012), 지역 사회 서비스와 마을공동체, 월간 복지동향, 12월호.
- 로버트 D. 퍼트넘, 정승현 옮김(2009), 나 홀로 볼링, 페이퍼로드.
- 로버트 D. 퍼트넘, 정태식 옮김(2016), 우리 아이들, 페이퍼로드.
- 박원순(2010), 마을이 학교다, 검둥소.
- 박주형(2013), 도구화되는 '공동체': 서울시 '마을공동체 만들기 사업'에 대한 비판적 고찰, 공간과 사회, 43호, 한국공간환경학회, 4~43쪽.
- 서용선 외(2016), 마을교육공동체란 무엇인가?, 살림터.
- 성미산학교(2016), 마을 학교 - 성미산학교의 마을 만들기, 교육공동체벗.
- 유창복(2009), 도시 속 마을공동체운동의 형성과 전개에 대한 사례 연구: 성미산 사람들의 '마을하기', 성공회대학교 석사학위 논문.
- 임동근·김종배(2015), 메트로폴리스 서울의 탄생, 반비.
- 조르조 아감벤, 이경진 옮김(2014), 도래하는 공동체, 꾸리에.
- 조한혜정(2007), 다시 마을이다 - 위험 사회에서 살아남기, 또하나의문화.
- 조한혜정(2008), 가족에서 학교로, 학교에서 마을로, 또하나의문화.
- 칼 폴라니, 홍기빈 옮김(2009), 거대한 전환, 길.
- 하승우(2013), 박원순 시장의 마을공동체, 사회적 경제 정책: 정말 혁신적인가, 서울풀뿌리시민사회단체네트워크 토론회 발표문.

4.16이
'교육 체제'여야 하는가?

일란성 쌍생아, 5.31 교육 개혁과 4.16 교육 체제

'4.16 교육 체제'의 의미

국가 차원에서 교육 개혁을 추진하는 주된 이유는 정치, 경제, 사회, 문화 등 급변하는 제반 환경에 교육이 부응하고 교육 경쟁력을 높이기 위함이다. 1980년대 접어들어 미국을 비롯한 영국, 프랑스, 일본 등 선진국들은 빠르게 변화하는 시대 상황에 선제적으로 대응하기 위해 교육의 내용과 방법, 시스템 등을 바꾸는 교육 개혁을 추진했다. 새천년, 지식 기반 사회의 도래, 세계화, 4차 산업 혁명을 내세워 교육 개혁을 주장하는 것도 이러한 흐름을 반영한다. 우리나라의 경우는 1980년대 중반부터 새로운 정부가 출범할 때마다 대통령 자문 교육 개혁 기구를 설치하여, 최고의 교육학자들을 중심으로 미래의 교육 담론을 만들어 내도록 했다.

우리나라 교육 개혁 역사에서 전환기적 사건은 김영삼 정권에서 마련된 5.31 교육 개혁안이다. 5.31 교육 개혁안은 비록 위로부터의 교육 개혁이라는 평가를 받고 있지만, 동시에 해방 이후의 교육 체제를 전환시키려는 총체적인 노력이며, 1987년 체제와 현실 사회주의권의 몰락이라는 국내외의 정치·경제적 변화를 반영한 교육 개혁안이라는 평가도 받고 있다. 구체적으로 5.31 교육 개혁안은 보고서의 형태로 발표된 것에 그치지 않고, 국무총리실 산하에 교육 개혁안 추진단이 꾸려지는 등 실제 정책화를 위해 노력했고, 이념적으로도, 정책과 제도 차원에서도 현재 우리의 교육 활동을 지배하고 있다.

2015년, 경기도교육청에서는 5.31 교육 체제를 넘어서는 4.16 교육 체제를 수립하기 위해 《4.16 교육 체제 수립 기초 연구》와 《4.16 교육 체제 비전과 전략 연구》 두 권의 연구 보고서를 출간했다. 우선 경기도교육청은 '4.16 세월호 참사를 계기로 교육 문제의 근원을 되짚고 이를 통해 미래 지향적 교육 체제를 고민해야 함에도, 작금에 논의되는 교육 의제는 지엽적이고 고답적이며, 기술·기능 차원의 주제에 집착하는 느낌이 강하게 든다'고 말한다. 이러한 진단은 4.16 교육 체제에 대한 연구가 총체적이며 교육의 본원적 의미를 파악하는 방향으로 진행될 것임을 암시한다. 4.16 교육 체제 수립에 대한 보고서에서는 이제라도 교육의 원형原形을 복원하려는 의지와 신념을 바로 세워 가야 하며, '인간 존엄의 가

4.16 교육 체제의 지향점*

	전통적 교육 체제	4.16 교육 체제
교육 체제	경직된 교육 체제 - 학교 외 학습 불인정 (관료와 교원이 교육 정책 주도)	유연한 교육 체제 - 다양한 학습 결과 인정(시민이 교육 정책 주도 - 학습자 중심)
체제 특성	요소 투입형 경쟁 체제	네트워크형 다중 돌봄 체제
핵심 쟁점	경쟁력 강화 문제	자기 고유성 신장 문제
기대하는 인간상	자기 계발의 주체 (신자유주의적 품성)	상생 협력의 주체 (생태적 감성, 공동체적 품성)
관심사	성공하는 삶(처세 기술)	함께하는 행복한 삶(존재 기술)
정책적 의제	평등한 기회 구조	탁월한 성장을 위한 돌봄 구조
정책 방향	요소 투입 및 기술·기능적 조정	자원 연계 및 거버넌스 구축
교육 패러다임	교수 중심, 경쟁 교육, 결과 중심, 입시 중심 지식 교육, 학교 중심	학습 중심, 협력 교육, 과정 중심, 역량 함양 교육, 교육 생태계 중심

치가 우선되고 모두가 주체가 되는 교육 체제'를 만들 수 있다는 신념을 고양하고, 이 신념을 현실화하기 위한 개혁안을 구체화할 시점이라고 말한다.

앞의 표처럼 4.16 교육 체제는 전통 교육 체제와 구별되는 교육의 방향을 제시하고 있는데, 특히 우리 교육의 잃어버린 차원으

* 이수광 외(2015), 4.16 교육 체제 비전과 전략 연구, 경기도교육연구원, 132쪽.

로서 '인간'을 강조한다. 우리는 인간을 교육하면서 국가의 보존과 발전, 문화의 전수와 창달을 꾀하는 것이지, 국가 발전을 위해 인간을 대상으로 한 교육이 진행되는 것이 아니라는 것이다. 그러면서 지금의 교육은 국가 발전을 위한 인간 자원 개발, 취직과 출세를 위한 전공 선택과 대학 입학, 시험과 석차 중심, 자발성이 아니라 수용성의 강조 등으로 만들어진 공고한 구조물이 되어 있다고 진단한다. 교육의 절대적 대상으로서 인간은 없고, 경제적 가치로 단일화된 사다리만 있을 뿐이라는 것이다. 결론적으로 인간을 중심으로 교육의 틀을 새롭게 구성하지 않는 한 우리는 일차원적 시민과 국가를 양성하고 보존하는 한계를 극복하지 못할 것이라고 말하며, 이러한 문제를 극복할 수 있는 새로운 교육 질서를 구성하자는 것이 바로 4.16 교육 체제 연구의 목표라고 분명히 밝히고 있다. 이러한 방향에서 4.16 교육 체제를 "인간 존엄 교육을 실현하기 위해 미래적 관점에서 재구조화한 교육 제도와 교육 문화의 통합 체제"로 정의한다. 보고서의 전체적인 구성은 다음과 같다.

미래 사회 변화 전망과 교육 개혁 동향	미래 사회 변화 전망과 교육적 시사점	1. 미래 사회의 변화 전망 2. 미래 사회 변화에 따른 교육적 시사점
	국내외 교육 개혁 동향	1. 해외 교육 개혁의 동향 2. 우리나라 교육 개혁의 공과와 시사점
	한국 교육 체제의 특성과 변화 방향	1. 이념적 특성 2. 교육 체제 운영의 특성 3. 한국 교육 체제의 변화 방향

4.16 교육 체제 비전과 정책 목표	4.16 교육 체제의 비전	1. 비전 및 의미 2. 추구하는 인간상 3. 추구하는 가치와 정책 방향
	정책 목표와 추진 전략	1. 4.16 교육 체제의 정책 목표 2. 추진 전략
	4.16 교육 체제 미래 전망	
4.16 교육 체제 구현을 위한 정책 과제	학생이 행복한 학교교육	1. 교육과정 체제 개편 2. 학교 민주주의 심화 3. 미래형 학습 환경 조성
	미래 인재 육성을 위한 제도 혁신	1. 역량 중심 인사 제도 개편 2. 학교 제도의 개선 3. 대학 입시 제도 개선
	지원 행정의 효율성 제고	1. 행정 권한의 분권화 2. 교육 재정 구조 혁신
	교육을 통한 통합 기능 강화	1. 교육 형평성 제고 2. 문화적 다양성 포용 교육 강화

《4.16 교육 체제 비전과 전략 연구》 보고서의 전체 구성

4.16 교육 체제에 대한 질문

절차적으로 경기도교육청은 4.16 교육 체제에 대한 비전을 수립하기 위해, 2015년 4.16 교육 체제 수립을 위한 기초 연구를 수행한 후 이를 토대로 4.16 교육 체제의 비전과 전략 연구를 하여 보고서를 제출하였다. 5.31 교육 개혁안을 만들었던 과정과 같이, 기초 연구에서는 다양한 방법으로 교원 간담회, 학생·학부모 간담회, 전문

가 간담회, 정책 집행 부서와의 협의회를 진행하면서, 밑으로부터 수렴되는 교육 개혁안을 마련하려고 노력하였다. 여기에 더해 《4.16 교육 체제 비전과 전략 연구》에서는 4.16 교육 체제가 완결된 체제도 아니고 정책 아이디어 연구도 아니며, 정책 포지셔닝 연구라고 말하고 있다. 이것은 보고서가 학부모, 교사, 학생, 정책 결정자들이 해야 하는 '요리의 절차와 방법'을 소개하는 것이 아니라, 하나의 열린 체계라는 것을 의미한다. 따라서 중요한 것은 이 보고서가 제시하는, 모든 학생이 주체가 되고 자기 자신을 특별한 존재로 가꾸어 갈 수 있는 교육 체제를 구축하기 위한 지향에 공감하며, 보고서에서 제안하는 정책 의제 하나하나를 토론하는 것이다. 열린 체계라는 방식에는 동의하면서도 이러한 4.16 교육 체제에 대한 몇 가지 의문이 든다.

보고서가 던지는 두 가지 질문에 대해

보고서에서는 세월호 참사를 통해 교육에 대해 다음과 같은 두 가지 질문을 던진다.

첫째, 우리의 교육 체제는 어떤 성격인가? 이대로 지속해도 좋은 교육 체제인가?

둘째, 교육을 통해 어떤 삶을 안내할 것인가?

첫째 질문과 관련하여 보고서에서는 우리의 교육 체제가 '승자 지배 체제'의 성격이 짙다고 말한다. 특히 부와 권력과 명예 등과 같은 사회적 재화를 어떤 사람의 타고난 혈통, 신분, 계급이 아니라 오로지 능력에 따라 사람들에게 할당하자는 이념이 작동하는 교육 체제를 성찰의 대상으로 삼아야 한다고 말한다. 한마디로 사회 전체에서 능력이 뛰어난 사람들이 그렇지 못한 사람들보다 더 많은 부와 권력과 명예를 가지고 또 그런 식의 분배가 정의롭다고 정당화되는 사회 체제가 문제라는 것이다.

메리토크라시 meritocracy(능력주의) 패러다임이 작동하는 교육계에서의 핵심 가치는 당연히 성적이나 학력이 된다. 그렇기에 학생들은 교육을 받는 궁극적인 목표를 가능한 한 높은 학력을 얻는 것으로 여기게 되고 학교교육의 목표도 이에 맞춰져 성적에 따라 학생들을 줄 세우게 된다. 대학 서열화, 자사고 및 특목고의 입시 학원화, 사교육 광풍 등 표출되는 현상은 다르지만 그 맥락은 동일하다. 이러한 진단은 두 가지 이어지는 질문을 우리에게 던진다. 우선 '메리토크라시 패러다임이 작동하는 교육계와 세월호 사건이 어떤 관계로 묶일 수 있는가?' 하는 점이다. 세월호 사건과 메리토크라시 패러다임은 하나의 장에서 강한 상관관계를 가질 수는 있어도 인과관계로 분석하는 것은 무리인 것처럼 보인다. 실제로 메리토크라시 패러다임이 작동하면서도 전문 관료에 대한 민주적 통제와 책임 윤리를 강화하는 사회 체제를 구축한 많은 다른 나라의 사례가 있기 때문이다.

여기에 더해 승자 지배 교육 체제에 대한 문제의식은 어제오늘의 일이 아니다. 해방 이후부터 교육학 전반에서 제기된 문제였음에도 불구하고, 어느 정부에서나 교육 개혁의 방향은 승자 지배 교육 체제에 대한 문제의식으로부터 출발해 승자 지배 교육 체제를 강화하는 것으로 끝을 맺었다. 그것이 의도된 결과인지, 개혁의 실패로 인한 결과인지에 대한 분석이 필요하다고 본다.

물론 4.16 교육 체제는 메리토크라시 자체를 성찰의 대상으로 삼고 있다는 점에서 근본적 접근이라고 본다. 빈곤의 문제를 경제학이 다루지 않고 교육학이 불평등의 문제를 다루길 주저하듯이, 이제까지의 교육 개혁에서는 교육 문제를 메리토크라시 자체로부터 파생한 문제라기보다 의도하거나 계획하지 않았지만 결과적으로 초래된 부수적 피해collateral damage로 다루었다. 이 점에서 세월호 참사를 기회로 교육의 대전환을 고민해야 하며, 이념이나 교육 방식, 시스템 등 모든 분야에 걸친 혁신을 모색해야 한다는 주장은 타당하다.

그러면 이러한 질문이 자연스레 뒤따르게 된다. 승자만이 존재 의미를 찾는 체제가 아니라 모두가 교육의 주체가 되는 교육, 배제와 차별이 없는 교육, 제도적 폭력이 없는 교육, 모든 학생이 자긍심을 갖는 교육, 학생과 교사 간에 인격적 관계가 가능한 교육, 물질만능주의의 왜곡을 조장하지 않는 교육, 학생들의 자율적 성장이 가능한 교육, 학생들이 행복감을 충만하게 느끼는 교육 등의 소망을 담은 교육 체제로의 전환은 어떻게 가능한가? 물론 교육의 문제를 해결하기 위해 부분적 개혁이 아니라 총체적 접근을 하고 있다는 점에는 의미가 있다. 그런데 총체적 접근을 하고 있음에도 불구하고 이런 접근은 교육의 문제를 교육 담론의 체계 속에 가두는 역할을 한다. 교육 안에서 완결적인 체제를 구상하고 사회 변화를 제안하는 방향으로 교육의 문제는 해결될 수 없다는 것이 역사적 교훈이기에 성장의 문제를 교육의 문제를 넘어 해결하려는 사회 전체적 접근이 필요하다고 본다. 참여정부의 《비전 2030 : 함께하는 희망 한국》이 한 예가 될 수 있을 것 같다. 《비전 2030》에서는 대한민국이 어떤 사회로 가야 하는지에 대한 비전을 수립하고 이러한 비전에 따라 전 사회적인 방향을 수립하면서 교육의 문제에 접근한다. 따라서 교육 문제를 노동 문제, 복지 문제와 함께 접근하면서 해결책을 접근하는 청사진을 제시한다.

이러한 맥락에서 우리에게 필요한 것은 교육의 원형이 아니라 다른 형태의 국가 혹은 공동체에 대한 상상이라고 생각한다. 개인의 실패가 국가나 공동체에 의해 완화되지 않는 한 교육의 자유, 존엄한 인간의 자기실현이라는 것이 불가능하다는 질문을 던져야 한다고 본다. 여기서 자연스럽게 두 번째 질문, '교육을 통해 어떤 삶을 안내할 것인가?'가 이어진다.

보고서에서는 대형 사회적 재난이 어디에서 오는지 뿌리를 캐 보면, 결국 물질과 권력의 탐욕을 부추기는 거대한 체제가 나온다고 말한다. 많이 생산하고, 많이 소비하고, 많이 소유하고자 하는 욕망으로 유지되는 체제, 수단과 방법을 가리지 않고 경제를 성장시켜야 유지되는 체제. 이 체제 안에 머무르는 한 재난은 반복될 수밖에 없다는 것이다. 체제가 강제하는 삶이 그 체제를 지지하고, 그 속에서 재난이 싹트기 때문이다. 이러한 맥락에서 세월호 참사를 '신자유주의의 파국적 예외가 아닌 파멸적 상례에 불과하다'[*]고 진

---

[*] 전규찬(2014), 영원한 재난상태: 세월호 이후의 시간은 없다, 눈먼 자들의 국가, 문학동네, 163쪽.

단하는 인식과 4.16 교육 체제는 맞닿아 있다. 재난에 대한 이런 인식은 결국 우리 삶과 우리 교육의 근본적인 전환에 대한 요청으로 이어진다.

4.16 교육 체제와 오래된 미래

4.16 교육 체제는 4.16 세월호 참사를 계기로 교육 문제의 근원을 되짚고 이를 통해 미래 지향적 교육 체제를 고민하자는 의견을 제시한다. 4.16 교육 체제에서는 세월호 참사는 교육적 각성의 기회가 되었고, 새로운 교육 열망의 기폭제가 되었으니 새로운 교육 체제를 상상해 보자고 한다. '인간 존엄의 가치가 우선시되고 모두가 주체가 되는 교육을 실현하기 위해 미래적 관점에서 재구조화한 교육 제도와 교육 문화의 통합 체제'를 구상해 보자는 것이다.

미래란 인간 행위자와 그의 현실 사이에 탄력적인 매개 공간을 만들어, 주어진 현실의 모순을 날카롭게 직시하면서 그것을 넘어서려는 의지와 욕망에서 솟아난 것이다. 따라서 미래 교육을 구성하기 위해서는 '우리는 미래에 어떤 교육을 희망하는가?' 하는 예언적 그림들을 통해 미래를 상상하고 이에 따른 사고 정향, 이념, 철학, 사상 등 교육 정책의 기초적·전제적 논리로서의 기본적 가치를 드러내는 과정이 중요하다. 이를테면, 평화와 통일, 세계화와 빈곤 심화, 기술의 진보와 노동의 위기, 생태 위기, 세계화와 난민 및 이주 노동자의 문제 등의 문제를 어떠한 방향에서 풀어 나가면서 어떤 미래를 만들어 나갈지에 대한 그림을 구체화해야 한다. 이 점에서 경기도교육청이 세월호를 통해 지금과 다른 미래 교육을 함께 꿈꾸려는 것은 좋은 방향이다. 무엇보다 교육을 통해 존엄한 존재가 되는 것이 아니라, 존엄한 학생이 자신의 존재 가치를 확인하고 이를 더욱 고양하여 '좋은 삶'과 '행복한 삶'을 영위할 수 있도록 국가가 책무를 져야 한다는 맥락에서, 4.16 교육 체제를 교육 주체가 함께 토론하고 비판하고 소통하면서 '모두가 주인이 되는 교육 체제', '교육 정의가 존중되는 교육 체제'를 지향하는 것이라고 한 것은 전적으로 옳다.

그러나 이를 위해서는 미래가 아닌 현재 시제가 중심이 되어야 한다. 교육의 공간에서 사라진 시제는 현재다. 진로, 꿈, 미래가 강조될수록 달아나는 것은 학생들의 현재 삶이다. 내일을 염려하고 준비할수록 미래 시제는 시험, 평가와 결탁해 학생들의 현재적 삶을 잠식한다. 미래가 아닌 현재 시제가 중심이 된다는 것은, 보편적이고 필연적인 형태와 목적, 추구하는 인간상에 맞추어진 교육이 아니라 각자가 행하고 사유하며 말하는 주체로서 스스로를 구성하도록 하는 것이다. 또한 미래를 위해 현실로부터 떠나는 것이 아니라 모든 가능한 바를 현재화함으로써 미래를 소거하는 행위가 필요하다. 4.16은 무엇보다 인간은 현재의 자기를 위해 살아야 하며, 공동체는 이렇게 살아가려는 개인들의 자유가 침해되지 않도록 돕는 역할을 해야 한다는 것, 미래 시제 대신 현재 시제와 조우해야 한다는 것을 처절하게 말해 주고 있다.

기존 담론의 연속적·이질적 복합체로서 4.16 교육 체제

보고서에서는 4.16 교육 체제는 인간이 가지고 있는 무한한 능력에 대한 절대적인 믿음을 기초로 하며, 이 믿음 위에 통합과 탁월성의 이념을 세우고 '학생 자체로'라는 방법적 원리로 이를 실현한다고 밝히고 있다. 그리고 능력과 배경이 다른 학생들을 한 학교에 함께 수용하는 것을 사회 통합을 위한 구체적인 교육적 방안으로 제안한다. 이는 고등학교 체제의 전환을 함의하는 것이다. 마지막으로 학생들은 각자 다양한 재능을 최대한으로 발휘할 수 있는 존재이기에 실제로 교육 현장에서 그렇게 대우하는 것이 중요하며, 이러한 것들이 새로운 교육 체제 수립에 많은 시사점을 준다고 말한다.

그런데 보고서에서 인용하는 여러 학자들의 주장들은 서로 다른 시기에 형성된 이질적인 내용들이 병존하고 있다. 이러한 이질적인 주장들은 시간적 비동시성, 여러 담론의 병렬적 구성이라는 특징을 갖는다. 예를 들어, 학교 자율성 담론을 주장한 학자의 주장은 국가의 정당한 공적 작용에 대한 반대를 합리화하는 논리로 개발되기도 했으며, 공동체를 강조하는 주장은 국가주의로부터 개인의 자유를 확장하는 담론에 대한 비판을 합리화하는 이론이 되기도 했다. 또한 핵심 역량과 성취 수준, 교육과정-교수·학습-평가의 일체화, 컨설팅 장학과 같은 담론들은, 교육과정 개발 체제, 교육 자치와 일반 자치의 관계, 중앙 정부와 교육 자치의 관계 설정 등이 고려되지 않고 4.16 교육 체제에 결합되면서, 4.16 교육 체제 전체의 이질성을 증대시켰다. 이러한 이질적인 담론이 '미래', '체제 전환'이라는 이름으로 결합되어 하나의 거대한 청사진 master-plan을 형성한다. 또한 기존의 교육 개혁을 보면, 교사를 양성하고 임용하는 전 과정을 통해 교사의 질을 어떻게 담보할 것인지에 대한 종합적 고려가 없이 임용 방법과 같은 일부의 장치를 변화시킴으로써 양성 체제가 왜곡되는 현상이 일어나면서 이질적인 제도들이 동시에 존재하는 모습을 보여 왔다. 이러한 이질적인 비동시성은 정책들 간의 완전한 정합성을 갖추는 것을 매우 어렵게 만들었다.

보다 근본적인 문제는 복합적이며 이질적인 담론들이 결합하면서, 4.16 교육 체제가 어떤 교육 이상을 지향할 것인지, 어떤 인간상을 상정할 것인지, 그리고 어떤 전략적 선택을 통해 이를 현실화할 것인지에 대한 설계도가 불투명해졌다는 것이다. 보고서에서는 한국 교육의 문제를 다각도로 분석해야 하며, 미래 사회의 변화 트렌드도 세밀하게 살펴야 한다고 말한다. 여기에 더해 교육이 미래 사회의 변화 흐름을 추종만 해서는 곤란하고 우리가 살고 싶은 미래는 어떤 사회인지, 지속 가능한 사회를 만들기 위해서는 어떤 교육적 접근을 해야 하는지 등에 대한 고민을 계속해야 하며, 이런 고민의 연장선에서 교육의 향방이 결정되어야 한다고 말한다.

이러한 방향은 타당하다. 그러나 이는 4.16 교육 체제뿐 아니라 모든 교육 개혁이 접근하는 방향이며, 고민이다. 보다 큰 문제는 4.16 교육 체제를 만드는 과정, 기간, 주체, 그리고 만든 이후의 선언과 확산, 정책화 과정에서 교사·학부모·학생들은 4.16 교육 체제의 주체가 아니라 의견 수렴의 대상에 지나지 않았다는 점이다. 이 점은 4.16 교육 체제가 교육청의 사업으로 추진되어 전문가 그룹에 의해 만들어진 기존의 교육 개혁 모델을 그대로 따랐다는 것을 증명한다. 학교 현장에서 싹트는 변화의 흐름을 이어 갈 수 있도록 방향을 잡아 주는 데 4.16 교육 체제가 역할을 하지 못하고 있는 데서도 이런 문제가 드러난다.

5.31보다 더 공동체적인, 더 신자유주의적인

5.31 교육 개혁안은 1987년 체제, 현실 사회주의권의 몰락과 자본의 세계화 등이 복합적 배경이 되어 만들어진 교육 개혁안이었다. 그래서 5.31 교육 개혁안은 민주화와 신자유주의화라는 두 가지 프로젝트의 이질적 결합이었다. 교육 관료들은 민주화와 신자유주의화의 프로젝트 모두를 가동해 교육적 구체제를 개혁 대상으로 규정하고, 교육 민주화 세력의 요구를 신자유주의적 프로젝트로 제어하며, 마찬가지로 보수파의 신자유주의적 욕구 또한 일정한 범위 안에 가둘 수 있었다. 그래서 사회 세력들은 절차적 방식으로 문제를 제기할 수는 있어도 교육 개혁안의 전체적인 방향과 내용에 반대하지는 않았고, 이후 정권들은 5.31 교육 개혁안을 나름의 방식으로 변형시키며 존속시켰다. 그런 점에서 4.16 교육 체제를 5.31 교육 체제를 전환하는 패러다임으로 설정한 것은 의미 있는 접근이라고 본다.

그러나 정작 4.16 교육 체제에서 인용되는 학자나 담론의 내용들은 대부분 5.31과 깊은 관련이 있다. 이것은 4.16 교육 체제가 5.31의 담론장 속에 있음을 의미하는 것이다. 실제로 세부적인 교육 정책의 내용들은 대부분 교육학과 분과 학문에서 논의되던 주류 학술적 담론을 그대로 받아들이고 있다. 이는 우리나라 교육학계가 치열한 패러다임 논쟁을 진행한 경험이 부재하고, 정권의 변동에도 불구하고 교육학의 지배 담론은 거의 변하지 않은 이유에서 비롯되는 것이기도 하다. 4.16 교육 체제가 신자유주의를 비판하고, 공동체를 옹호하는 것만으로 5.31 교육 개혁안으로부터 자유로울 수는 없다. 이러다 보니 어떤 면에서 4.16 교육 체제는 공화적 접근을 해야 할 곳에서 신자유주의적 접근을 하고, 자유주의적 접근을 해야 할 곳에서 국가주의적 접근을 하며, 교육학 담론을 벗어나 정치적 장에서 해결해야 할 문제를 모두 교육의 문제로 가져와 해결하고자 한다.

무엇보다 4.16 교육 체제는 교직 전문성에 대한 접근에서는 5.31의 문법을 그대로 따르고 있다. 4.16 교육 체제에서도 전통적 패러다임으로 비판하는 5.31과 마찬가지로 교사의 전문성을 강조하고 있지만, 국가 수준에서 교사의 전문성을 정의하고 이에 따라 교사를 평가하고 통제하는 모델을 반복하는 경향이 있다. 또한 교직이 감당해야 할 시민 및 사회에 대한 책임을 조각하고 교육의 자주성을 교육자의 자주성으로 오역하여 교사의 교육 행위에 대한 독점적 통제권을 강화하려는 노력, 교육 서비스의 희소성을 높이고 서비스 비용을 높이기 위한 접근 등에 대한 비판적 논의는 거의 찾아볼 수 없다. 또한 교육의 자주성과 전문성, 정치적 중립성 등과 관련하여 애매모호한 태도를 취하게 되는 문제도 있다.

교육학자와 교육 정책가들은 교원의 전문성 개발을 명분으로 교직 전문화를 추구해 왔다. 이것은 교사 개인 혹은 교직 사회 내부의 진지한 자기 반성적 접근이 아니라 정부, 교육 행정가, 교육학자들이 주도하고 강요한 교직 전문화이다. 이는 필연적으로 교직의 탈전문화 혹은 탈기술화의 위험을 내포하고 있다. 이것이 교직의 전문화 담론이 지닌 역설이자 모순이기도 하다. 4.16 교육 체제 역시 이러한 5.31 교육 개혁안의 흐름을 따르고 있다. 이 같은 환경에서 교사들은 전문직, 전문화, 전문성에 대해 실제로 경험적 연구를 하기보다 더 정교한 자격 기준 및 엄격한 평가에 적응하는데, 이러한 흐름이 교직의 전문성을 향상시켰다는 경험적 증거는 없다.

그동안 한국의 교육 개혁에 사용되는 전문성 혹은 전문화라는 용어는 교직을 통제하려는 관료 집단에 의해 의도적으로 사용되었던 것 이상의 의미를 찾기 어려웠다. 그래서 전두환 정권부터 박근혜 정권까지 교사 교육 기관의 약점을 지적하면서 교사 교육 기관의 교육과정에 전문성이 부족하다는 비판을 되풀이하였다. 1년제 수습 교사제, 대학원 교사 교육 프로그램 그리고 교사 및 행정가를 위한 교육학 박사$^{Ed.D}$ 과정의 설립, 수석 교사제 등이 이런 맥락에서 제시된 정책이다. 한국의 교육 개혁안에서 확인되는 분명한 특징은 교사 양성 및 선발 프로그램과 교사 연수 프로그램에 대한 통제의 집중화가 더 강해지는 경향을 보였다는 점이다.

교사 선발을 위한 표준화 시험 체제와 교사 교육 기관에 대한 인증 체제는 이 모든 과정을 통제할 수 있는 시·도교육청의 권위를 필요로 한다. 그리고 이런 과정은 교직 및 교사 교육 개혁에 대해 시·도교육청의 권한을 정당화함과 동시에 감시 체제를 구축할 수 있게끔 교육 자치 완성과 지방 정부로의 초·중·고 교육 완전 이양을 제도적으로 요청하게 된다. 이런 식으로 표준화를 통한 시·도교육청의 권한이 커질수록 교사가 교육과정과 수업, 평가의 주체가 되기는 어려워진다.

'뜨거운 얼음'과 잘 만들어진 요리 책으로서 4.16 교육 체제

교육 개혁이 국가 수준의 대단위 개혁이라는 하향식 개혁으로 흐르면서, 교사의 전문적 자율성은 존중받지 못하였고, 교사는 개혁의 대상이 되었다. 중앙 정부에 의해 주도되고 행정 체제에 의해 착수되는 교육 개혁과 교사 전문성 담론의 강조는 5.31 교육 개혁안에 의해 극대화되었던 바 있다.

4.16 교육 체제 또한 표준화의 흐름이 지속되면서 '국가 수준'이 '경기도 수준'으로 바뀐 것뿐이다. 하지만 정책이 국가 수준, 시·도 수준, 학교 수준 등 어느 수준에서 추진되든지, 의도적이며 일정한 방향성을 가진 계획의 산물이라는 성질은 변하지 않는다. 계획의 단위가 분산되어 있고, 추진 과정에서 다양한 컨설팅과 모니터링의

기법을 활용하며, 공모·지원 사업의 형태를 띠고 수요자의 요구라는 방식으로 추진되기 때문에 착시 효과를 내지만, 이러한 자발성은 고안된 자발성일 수밖에 없다. 마을교육공동체, 전문적 학습 공동체, 교육 거버넌스와 같은 것들은 교육적으로는 옳지만, 교육청의 지시를 모든 학교가 따라야 한다는 측면에서는 하향식 교육 개혁 모델의 전형이기도 하다. 그런데 이러한 교육 개혁 모델에 따른 교육 개혁이 성과를 내지 못할수록, 교사들은 변화에 대해 보수적으로 저항하고 변화를 거부하는 행위자로 그려졌다.

무엇보다 발전 국가 모델에서 교육 목표, 교육 경험, 교육 평가의 분리는 필연적인 현상이었다. 본래 교육과정 담론 속에서 교육 목표, 교육 경험, 교육 평가는 통합되어 선순환하는 구조를 가지는데, 압축적 성장 과정에서 한국은 교육과정의 세 축으로서 교육 목표, 교육 경험, 교육 평가의 분리와 전문가 통제를 강화했다. 교육의 책무성을 교사가 아니라 '계획된 교육과정'에 맡기면서, 표준화된 교육과정과 평가에 따른 전체적인 질 관리를 중요시했기 때문이다. 교사는 '잘 만들어진 한 권의 요리 책'을 다루는 탈숙련화되고 탈전문화된 기술자가 되어 교육 개혁을 추진하고 학교 혹은 교사 책무성을 도모하게 된다.

교육이 미래를 향하고 현재의 삶의 맥락이 제거되면, 추구하는 인간상과 미래 역량이 중요하게 부각되고, 현장 교사의 의사는 거의 반영되지 않는다. 단지, 교육과정에 담긴 개발자의 의도와 가치관을 토대로 제작된 교과서를 이용하여 학생에게 교과서의 내용을 그대로 전할 뿐이다. 최근 교육과정 재구성, 과정 중심 평가, 교육과정-교수·학습-평가의 일체화라는 담론이 형해화되는 것은 이러한 교사 배제(보호) 담론에서 교사는 공식적 교육과정에 동조하여 지지하는 역할을 할 뿐 교육과정 문서 및 교과서에 담긴 다양한 가치와 내용을 수정하거나 비판할 수 없기 때문이다. '교사 배제 교육과정'에서 교사가 수행하는 역할은 국가 교육과정에 제시된 내용을 수업을 통해 효율적으로 전달하는 것이다. 즉 교사는 학생에게 국가 교육과정을 연결해 주는 수도관conduit의 역할을 담당한다. 교사는 교육과정에서 제시한 목적과 내용을 있는 그대로 학생에게 전달하기 위해 수업에서 교수-학습 방법을 선택하는 의사 결정만 한다. 결국 표준화된 교육과정은 교사, 학생에게서 현재적 삶의 맥락과 자유를 제거하게 된다. 4.16 교육 체제 역시 표준화와 미래 역량을 말하면서도 동시에 학생 각자의 개성과 교사의 자율성을 이야기하는 모순을 안고 있다.

  4.16 교육 체제는 비전, 방향성과 관련된 담론, 그 담론을 구체화시키기 위한 교육 정책, 그리고 구성원들의 인식 전환이라는 측면이 복합적으로 고려되어야 한다. 그런데 이러한 복합적 측면을 고려할 때 체제 전환은 '체제'와 '전환'이 분리되어 기존의 체제가 존속되고 전환이 체제 내의 몇몇 요소들에 대한 개혁으로 축소되는 경향을 보이기도 한다. 4.16 교육 체제 보고서에서는, 체제 전환을 위한 정책들은 불가피하게 일부 주체들에게 불안감을 자극하거나 경우에 따라서는 불쾌하게 비칠 수도 있다며 그러면 그 결과가 정책 불순응으로 이어질 개연성이 높기 때문에 체제 전환을 위한 논리 경쟁은 합리성을 기반으로 하면서 심리적인 면도 고려해야 한다고

말한다. 보고서는 결국 교육 주체 다수의 심리적인 면을 살피면서도 체제 전환의 당위와 현실적 필요를 실감하게 만드는 정책 조합 policy mix을 만들어 내는 것을 제안하면서, 이를 '뜨거운 얼음'에 비유한다. 그런 '뜨거운 얼음'을 만들기 위해서는 핵심 관문을 적확하게 설정하고 구체적인 로드맵 작성이 필요하다고 말한다. 그런데 이러한 접근 과정에서 4.16 교육 체제는 이전의 교육 개혁안처럼, 아니 그보다 매우 디테일한, 위로부터의 청사진이 제시된 교육 개혁안이 된다.

인권 테제로서 4.16

4.16 교육 체제에서는 전환은 현실의 절박함을 반영해야 한다고 말한다. 즉 모든 학생들이 자신의 존재감을 확인하고 그곳에서 '좋은 삶'의 토대를 잘 갖출 수 있는 교육, 창조적인 삶의 가능성을 경험할 수 있는 교육, 자유롭되 공적 시민의 책무를 함께 익히는 교육, 그리고 자신과 세상을 향해 개인의 감수성을 열어 놓을 수 있는 교육 등이 가능한 새로운 교육 질서를 보여 주어야 한다는 이야기이다. 이러한 시도는 '우리도 행복할 수 있을까?'를 조심스레 묻는 것이 아니라, 적극적으로 '우리도 행복할 수 있다'는 희망을 갖게 하는 것이라는 보고서의 내용에 전적으로 동의한다. 그럼에도 "4.16이 '교육 체제'여야 하는가?" 하는 질문은 계속될 수밖에 없다.

'기억하기'란 단순히 기억된 대상을 복원하는 작업을 뜻하는 것이 아니라 기억하는 주체의 깨달음과 깨어남이 침투해 있는 어떤 과정이다. 이 점에서 4.16 세월호 참사를 기억하는 주체로서 교사, 학부모, 교육청, 그리고 학생은 어떤 깨달음의 과정을 겪어야 할까? 모두가 같은 것을 기억하고 깨달을 수는 없지만, 4.16 이후 교육은 이러한 교육 주체의 깨달음이 반영된 교육이어야 한다.

먼저 우리에겐 인적 자원 모델에서의 깨어남, 미래에 대한 환상과 행복한 낙관주의로부터 깨어남, 진보에 대한 완고한 믿음으로부터 깨어남의 과정이 필요하다. 왜냐하면, 교육의 원형을 찾기 위해 이를 정의하고 비전을 수립하는 것이 아니라 우리 교육을 규정하는 것들로부터 깨어날 때, 관계, 소통, 참여의 장으로서 삶 속에서 이루어지는 교육의 구체적 양태를 고민할 수 있기 때문이다.

그럼 무엇을 깨달을 것인가? 이제까지 산업화와 민주화를 위해 어떻게 인간 행동을 계획적으로 변화시켜야 할 것인지가 교육학의 주요 문제였다면, 4.16은 교육학이 미래에 일말의 환상도 품지 않으면서 현재에 온몸으로 몰입하는 것이어야 한다. 특히 체제적 관점에서 이상을 종합하는 미래가 아니라, 4.16이 모든 것을 매개하면서 종합하고, 이를 통해 새로운 긴장을 유발하는 것이어야 한다. 종합과 긴장의 관계의 지속, 진보 개념에 대한 부정이나 긍정이 아니라 진보 개념에 대한 내재적 비판을 통해 꿈꾸기, 인간 만들기가 아니라 인간으로서 살아가기, 완전한 현재성과 만나기가 주된 방향이 되어야 한다. 이런 점에서 4.16은 교육 체제가 아니라 인권 테제여야 한다.

보통 테제란 철학적으로는 논리를 전개하기 위한 최초의 명제이며, 정치적·사회적 운동의 기본 방침이 되는 강령綱領이다. 4.16이 인권 테제가 되어야 한다는 것은, 교육을 계획하고, 시행하고, 평가하는 전 과정이 학생과 교사의 인권에 미치는 영향을 점검하는 과정이어야 한다는 것이다. 예를 들어 침해될 수 없는 절대적 인권을 확인하는 것, 인권이 침해되는 구체적 목적(질서 유지, 안전 보장, 공공복리를 위한 것)의 타당성을 점검하는 것, 그리고 인권을 인지한 교육 예산을 편성한다거나 공공시설물·정책·법규 등이 학생과 교사의 인권에 미치는 영향을 검토하는 것 등이 있을 것이다. 4.16이 교육 체제가 아니라 인권 테제가 될 때 5.31의 문제점을 반복하지 않고 교사와 학생이 주체가 되는 전환을 꾀할 수 있을 것이다.

집필 후기

교육 개혁과
권위주의적 자율화

모든 이론과 학문은 개인의 구체적 경험과 삶 속에서, 그리고 그 사회의 맥락 속에서 작동한다. 그래서 우리는 늘 상황에 따라, 사람들의 개입과 실천 여부에 따라 다른 실천 경로를 갖게 된다. 이런 면에서 보면 교육학은 특정한 입장을 가진 이데올로기가 혼합된 사유의 체계이다. 따라서 우리는 교육학을 가치가 배제된 물리학으로 만들어서는 안 된다. 교육학이 물리학이 되는 순간, 모든 현실의 맥락은 사라지고 인간의 구체적 경험과 삶이 제거된 채 법칙으로 세상을 설명하게 된다.

교육학이 사회의 맥락 속에 있듯이 교육 개혁도 사회적 맥락 속에서 주어진 조건을 활용하면서 진행된다. 이런 의미에서 5.31 교육 개혁을 올바로 보는 것은 교육 개혁의 성공을 위해 필수적이다. 우선 5.31 교육 개혁을 정확하게 자리매김하는 것이 필요하다. 5.31 교육 개혁은 과거 정책에 대한 포괄적인 평가 위에서 새로운 정책 방안을 설계했고 정권 교체가 진행되는 상황에서도 정책의 기본 방향과 내용이 큰 변화 없이 계승되었다. 이는 한국의 교육사에서 매우 이례적인 사례이다.

5.31 교육 개혁이 겨냥했던 주요 방향은 기존의 천편일률적이고 획일적

인 교육을 특성화·다양화하고 학생들을 다양한 특성과 자질에 따라 여러 줄로 세우고, 이들이 지니고 있는 모든 잠재적 가능성을 고르게 발전시키자는 것이었다. 또한 평생 학습 사회와 정보화 교육을 주장했다는 면에서 한국의 교육이 가진 문제를 해결하면서 미래로 가기 위한 패러다임 전환을 제안했다고 볼 수 있다.

이런 긍정적인 측면에도 불구하고 5.31 교육 개혁이 가진 문제는 명확했다. 5.31 교육 개혁은 유교주의, 연공서열 문화, 정의로운 능력주의, 집단주의가 결합된 독특한 동아시아적 교육 모델을 형성했다. 이렇게 교육 개혁의 프로그램은 자율화를 지향하지만 자율화의 집행은 권위주의적으로 진행되는 '권위주의적 자율화'는 교육부, 교육청을 통한 교육 개혁이 흔히 빠지게 되는 오류이다.

5.31 교육 개혁을 통해 확인하는 것처럼 교육 개혁의 성패는 정책의 이념이 얼마나 타당하며 진보적인가 하는 문제와 함께 정책을 디자인하고 설계하는 과정에서 조정적·소통적 담론이 얼마나 활성화되는가에 달려 있다. 특히 개혁을 추진하는 과정에서 위계적 조직 구조가 개혁되지 않으면 교사와 학교는 자율화의 주체가 아니라 자율화라는 정책의 대상이 된다. 이렇게 될 때 제도적 역량이 키워지는 것이 아니라 제도적 저항과 왜곡(한 척하기, 시간이 지나가길 기다리기 등) 현상이 나타난다. 이 글에서는 4.16 교육 체제가 선언으로 끝나지 않고 5.31 교육 개혁을 넘어서는 새로운 담론이 되려면 이 점을 제대로 인식해야 한다는 점을 말하고 싶었다.

읽을거리

• 교육개혁평가연구회(1997), 21세기의 새 지평 교육개혁, 교육부 교육개혁평가연구회.

- 국정브리핑 특별기획팀(2007), 대한민국 교육 40년, 한스미디어.
- 김종엽(1999), 국민의 정부 고등교육개혁 비판, 경제와 사회, 43호, 한국산업사회학회, 10~42쪽.
- 앤디 하그리브스·데니스 셜리, 이찬승·김은영 옮김(2015), 학교교육 제4의 길 1, 21세기교육연구소.
- 앤디 하그리브스·데니스 셜리(2015), 이찬승·홍완기 옮김, 학교교육 제4의 길 2, 21세기교육연구소.
- 하연섭(2011), 제도분석: 이론과 쟁점, 다산출판사.
- 하연섭 외(2015), 5.31 교육개혁 그리고 20년 - 한국교육의 패러다임 전환, 다산출판사.

'저항적' 교사운동과
전교조

포스트 민주주의 시대, 전교조 운동의 미래

'저항'의 복합적 양상

교사는 사회와 동떨어져 고정되고 완성된 정체성의 형태로 존재하지 않는다. 때문에 교사의 '저항적'이라는 표현은 다소 복합적인 의미를 갖는다. 특히 교사의 저항은 교육 활동에서의 전문성과 자율성이라는 측면에 국한되는 것이 아니라, 정치, 경제, 사회, 문화와 연결된다는 점에서 국가의 성격에 영향을 받는다.

국가를 어떻게 개념화할 것인지에 대해서는 여러 가지 논쟁이 있었지만 근대 이전의 국가와 달리 근대 국가는 국민의 역량을 키우고 복지를 향상시켜 국부의 축적과 성장을 위한 토대로 삼고 이러한 활동이 지속되기 위해 국토를 개발하고 보존하는 것을 핵심 기능으로 한다는 것에는 이견을 보이지 않는다. 교육은 근대 국가의 세 핵심 기능(국가 안보 - 경제 성장 - 사회 통합)을 구현하는 핵심 장치가 된다. 베스트팔렌 조약 이후 영토가 가장 먼저 강조된 다음, 17세기 말부터 국가의 부로, 18세기 말부터 국민으로 그 중심이 이동하면서 국가 건설, 산업화, 국민 형성을 순차적으로 이행한 선진국과 달리 우리나라는 1948년 대한민국 정부가 수립된 이후 국가 주도의 압축적 산업화가 이루어졌다. 국가 기능의 우선순위는 국가 안보와 경제 성장이 되었고 국가는 안보와 경제 성장을 위한 도구로 교육을 전락시켰다. 다양한 교육 활동과 학생의 선택 기회, 그리고 교사의 자율성은 국가 안보와 경제 성장이라는 논리로 제한되었고 동원이 일상화되었다. 이러한 국가의 기능은 다양한 영역에서 개인적이며 집단적인 교사들의 저항을 불러일으켰다.

교사는 국가에 의해 통치당하기만 하는 것이 아니라 국가에 의해 학생들의 학교생활 전반에 대한 지도 권한을 보장받는다. 때문에 학생들의 생활 전반을 규율하며 평가권을 가진 존재로서 학생들에게는 저항의 대상이 된다. 여기에 더해 교육 활동에 대한 학생과 학부모의 평가, 교육과정 구성에 대한 다양한 주체의 참여가 활성화되면서 교사의 교육 활동은 국가와의 관계뿐만 아니라 다양한 주체와 점진적이고 부단한 구성 절차 속에 있게 된다. 이런 맥락에서 '저항적' 교사운동은 가르치는 것을 직업으로 하는 교사의 전문성과 자율성이 관계하는 매우 복합적 양상을 지칭하는 개념이다.

'저항적' 교사운동

교사는 국가가 공교육을 통해 사회를 통합하고 국민을 만들어 가는 데서 핵심적인 장치이다. 국가는 교육의 권리를 보장하는 동시에 의무로까지 만듦으로써 공교육을 통해 국민 국가의 영속성을 확보하려 하였다. 문제는 국가와 사회가 필요로 하는 국민을 길러 내는 것이 매우 장기적이며 능동적 행위를 수반하게 된다는 것이다. 국가는 이러한 장기적이며 능동적인 과정을 통제하기 위해 국가의 특성과 사회적 필요성을 교육과정에 반영하고 전국적으로 단일한 교과서를 통해 예측 가능성을 높이려고 한다. 각종 법률과 규칙을 만들어 학교생활 전반을 지배하려는 것도 병행한다.

이렇게 국가 수준의 교육과정을 만들고 단일한 교과서를 가르치게 하여 국민 만들기의 전 과정을 국가가 관장한다. 그런데 교육 활동이 학교, 교실이라는 시공간으로 분산되어 진행됨으로써 교육 활동 전체를 국가가 통제하는 것이 기술적으로 불가능해진다. 이러한 문제를 해결하기 위해 절대적일 만큼 중요한 것이 교사의 역할과 권한이다. 이렇게 자발적이고 능동적으로 국가에 충성할 수 있는 순종적인 국민을 양성하는 데 핵심적인 역할을 해야 하는 주체로서 교사가 발명된다. 교사는 나라의 융성이 나의 발전의 근본임을 깨달아 국가와 국민의 거리를 최대한 좁힐 줄 아는 국민을 양성하기 위해 근대의 민족주의는 물론이고 충효와 같은 전근대적 가치와 윤리도 동원해야 한다. 이러한 역할을 수행하기 위해서는 국가는 단순히 국가 수준의 교육과정과 교과서의 내용을 체화하고,

일방적 의무 수행과 복종만을 하는 교사의 역할만 기대해서는 안 된다. 국가는 일차적으로 개인의 수업에 대한 열정과 자기 계발을 장려하면서도 개인적 정체성 형성의 그물망을 뛰어넘어 반공적 주체로서 통합하는 통치술을 발휘한다.

특히 국가는 국가가 설정한 교육적 기능과 방향에 교사들이 자율적으로 복종하도록 하기 위해 승진, 연수와 보상, 보수와 성과와 같은 다양한 욕망들을 생산한다. 이러한 욕망들은 어떤 교사들에게는 야성적 충동animal spirits*을 자극시켜 헌법 체제 속에서 교육의 자주성, 전문성, 정치적 중립성을 선언하고 〈교육기본법〉에서 교원에 대한 규정을 만들고, 여러 가지 교원 관련 법령을 제정하여, 교사로서 소속감과 정당성을 수립하는 것 이상의 의미를 갖기도 한다.

이렇게 교사는 국가가 만들어 내는 복잡한 정체성의 그물망 속으로 포섭되면서 저항 역시 복잡한 양상을 갖게 된다. 교사들이 저항하는 이유는 단순히 참교육을 위한 열정과 의지, 좋은 교사로서의 철학, 자율성을 요구하는 것에 그치지 않고, 승진에 대한 욕망, 더 많은 여가에 대한 요구와 같은 방향으로 진행되기도 한다. 그리고 교육과정 재구성 권한을 확대해 보다 많은 자율성을 갖기를 요구하는 것, 교과서 자유 발행제와 같은 제도를 통해 교육 내용 조직·운영에서 자율성을 보장받기 위한 저항의 반대 방향에서 표준화된 교육과정과 동일한 교과서에 대한 요구도 존재한다. 이것은 저

---

* 로버트 쉴러·조지 애커로프, 김태훈 옮김(2009), 야성적 충동, 알에이치코리아.

항을 단순히 이성적인 제도들의 결합이나 합리주의적 접근으로 설명할 수 없다는 것을 의미한다. 여기에 더해 저항이 보다 전략적이 되는 것은 국가가 강압을 대신하여 '탁월함'이라는 통치술을 활용하여 다양한 지식과 기술을 동원하기 때문이다. 국가는 교사를 통치하는 과정에서 우수한 교사의 수업 사례를 공유하고, 100대 교육과정 우수 사례를 공모하는 등 다양한 형태의 전략과 기술들을 지원이라는 이름으로 동원한다. 교사는 국가에 대한 봉사 정신을 갖고 끊임없이 전문성을 계발하는 자기 계발의 주체가 되어야 하며, 학생들에게는 부모와 같은 사랑을 가지고 배려하고 학생들의 학교생활 전반을 관리해야만 하는 선한 권력자로서 위상을 갖는다. 이렇게 학생들의 안전을 보호하고, 미래의 삶을 위해 개인의 타고난 잠재력을 개발시킨다는 이중적 맥락이 교사의 저항성을 복합적으로 구성한다.

그래서 교사의 저항을 단순히 국가의 강압에 대한 자율성 운동으로 접근하는 데 한계가 있다. 교사의 저항은 권력의 매듭들이 집중되는 교육의 다양한 공간들을 확인하면서 국가가 일정한 방향으로 교사들의 교육 활동을 통치하는 것에 반하는 운동이다.

전교조 운동의 전사

한국은 전쟁 이후 서구의 근대화와 같이 긴 시간에 걸친 진화적, 연속적, 단계적, 자생적 과정을 거치지 않고, 압축적으로 서구를 따라잡는 근대화 전략을 취했다. 학생들이 배우고 교사들이 가르쳐야 할 교육과정을 비롯해, 교사 양성 과정, 연수(장학) 과정, 현직 교사 연수 등 교사와 관련이 있는 모든 영역에서 민주주의가 희생되고 '빨리빨리'와 같이 효율성을 강조하는 교육, '어서어서' 교육적 효과를 즉각적으로 내려는 현상, 성적과 같이 가시적인 교육적 목표를 산출하려는 행동주의 기반의 교육 논리, 투입 대비 산출물을 높이려는 사고가 교육 전체를 지배하였다.

이러한 흐름 속에서 저항적 교사운동을 이끈 교사들은 학교가 반공주의와 국가주의를 내면화하는 전초 기지 역할을 하는 것에 저항했고 국가는 이를 탄압했다. 대부분의 교사들은 이러한 국가의 부조리를 알고 있었지만 교육의 자주성과 중립성이 정치적 동원으로 대체되는 데 동참했고, 교사의 자율적인 교육 활동을 요구하기보다 명령과 지침에 따르는 교육 활동에 스스로를 종속시켰다.

많은 교사들이 정치적 동원에 무감각해진 더 큰 이유는 국가 권력이 교사들에게 임무를 강제하기보다 규정을 넘나들 수 있는 예외상태의 규칙화*와 학생에 대한 교육적 체벌을 포함해 교육 활동에 대한 전권을 교사들에게 부여했기 때문이다. 교육과정의 내용은 국가가 통제하면서도 교사를 통해 일종의 '위임 독재'를 가능하게 했고 이것은 교사들에게 착시 효과를 일으켰다.

* 예외상태의 규칙화는 사토 요시유키가 자신의 책에서 아감벤과 푸코 그리고 랑시에르에 대해 논하면서 사용한 개념이다. 자세한 내용은 [사토 요시유키, 김상운 옮김(2014), 신자유주의와 권력 : 자기-경영적 주체의 탄생과 소수자-되기, 후마니타스] 참고 바람.

위임 독재는 학생에게 있는 각종 헌법적, 법률적 기본권과 권리를 학생의 성장 발달이라는 이름으로 작동을 중지시키는 권한을 교사에게 부여하는 것이다. 한쪽에서는 민주 시민의 양성, 인간의 성장과 발달, 개성의 실현이 교육 활동의 최종적인 목적이 되어 민주주의를 강조하지만, 다른 한쪽에서는 민주주의의 남용으로 인한 사회의 분열, 개성의 무분별한 추구로 인한 공동체의 파괴를 우려하여 이러한 현상을 통제한다.

슈미트는 《정치신학》에서 주권자를 '예외상태에 해당하는지 여부를 결정하고, 이를 평정하기 위해서 무엇을 해야만 하는지를 결정하는 존재'라고 정의한다.* 여기서 예외상태란 현행 법질서에 규정되지 않은 사례, 공공질서와 안전의 위기 상태, 누구도 법질서에 의한 권한을 가지고 있지 않은 상태, 헌법이 완전히 효력 정지되는 상태 등을 말한다. 이러한 슈미트의 예외상태에 대한 논의는 법학과 민주주의, 그리고 정치와 관련한 논의지만, 이후 독재에 관한 정당화 논의로 왜곡되기도 하였다. 슈미트는 주권의 문제를 예외상태에 관한 결정의 문제로 이해하면서, 공공의 질서와 안전이 위기에 처했을 때 주권자는 공공의 질서와 안전을 근거로 예외상태를 결정해야 한다고 말한다. 그런데 이러한 슈미트의 논의는 예외상태를 결정할 수 있는 구체적인 조건을 제시하지 못했고, 예외상태를 결정할 수 있는 권한을 제한하지 않고 결정의 타당성에 대한 판단 기준을 그 결정의 결과에 둠으로써, 주권자의 권한을 한계가 없는 것

---

* 칼 슈미트, 김항 옮김(2010), 정치신학 - 주권론에 관한 네 개의 장, 그린비.

으로 파악하도록 하는 근거가 되었다.

이러한 과정은 한국 교육에서 그대로 답습되었다. 학교 안에서 학생의 인권이 유린되는 것은 학생의 미래를 위한 결정, 즉 결정의 타당성에 대한 판단 기준을 그 결정의 결과인 학생의 미래에 둠으로써 교사의 권한을 한계가 없는 것으로 파악하는 근거가 되었고, 체벌을 포함한 반인권적 행위는 정당화되었다. 예외상태를 선포할 수 있는 위임 독재, 다시 말해 학교 안의 박정희로서 위상을 부여받은 교사는 학교의 질서와 안전을 위해, '반항아', 교육 활동을 방해하는 '문제 학생'을 대상으로 교육 활동을 정상적으로 작동시키기 위해서 늘 예외상태를 규범화하였다. 위임 독재자로서 교사는 체벌을 포함한 폭력을 정당화시키면서 학생들을 훈육하였다. 인권은 늘 교육에서 멈춰 섰다. 그런데 교사의 교육 활동에서 예외상태를 항구적으로 보장하는 이러한 모델이 정치 권력의 예외상태와 근본적으로 구별되는 점은, 체벌과 훈육이 미성년자인 학생들에 대한 바른 인도와 평가라는 교육 장치와 연결되면서 비상사태를 결정하는 '독재'가 아니라 비상사태를 차단하는 '스승'으로 전환된다는 것이다.

물론 근대적 국가의 기능 중에서 국가 안보의 기능만으로 교육 활동의 획일화를 설명할 수는 없다. 또 다른 국가 기능이었던 국부와 관련된 경제 성장 기능 역시 교육 활동을 획일화하는 근거가 되었다. 노동 과정에서의 기능과 지식의 분리를 통하여 노동에 대한 통제와 관리를 효율화함으로써 노동의 생산성을 높이는 것이 산업 분야에서 주된 내용이었다면, 교육 부문에서는 교육에서의 생산성과 효율성을 높이기 위해 표준화된 학습 체제를 정립하는 것이 핵심이었다. 교사의 교육 활동도 이러한 과업에 따라 이루어졌다. 학교는 학생을 '원료'로 하여 사회의 필요에 부응하는 생산품을 만들어 내는 '공장'으로, 교사는 이 원료를 다루는 '근로자'로 비유되었다.

과학적 관리와 표준화된 노동 방식은 교사 간 차이를 제거하는 것과 함께 교육부, 교육청, 학교로 이어지는 수직 계열화를 가속시켰다. 또한 노동조합 결성을 국가 차원에서 탄압하면서 노동조합 결성 자체가 금지되었다. 이렇게 노동 기본권이 약화된 학교 공간에서 교육 활동을 해야 했던 교사들은 저임금을 비롯해 열악한 노동 조건에 노출되어 상당 부분의 교육 활동을 해야 했다. 학생과 국가를 위한 희생과 봉사라는 논리로 무급 노동을 강제하는 그림자 노동Shadow work*이 일반화되었다. 또한 다양한 복지 시설이 확보되지 않음으로써 직무 스트레스가 강화되는 결과를 가져왔다.

결론적으로 1960~1970년대 저항적 교사운동은 국가의 획일적 통제, 교사의 사회경제적 지위 문제, 교사 근무 여건과 관련한 문제, 애국 조회나 반성 조회, 주번 제도와 같이 낡은 관행을 타파하는 것과 같이 교육 부조리를 없애고 각 개인이 제한을 받지 않고 자유로운 선택을 할 수 있는 상태** 또는 물리적, 심리적 강제를 포

---

* 그림자 노동에 대한 자세한 내용은 [이반 일리치, 노승영 옮김(2015), 그림자 노동, 사월의책] 참조.
** Larry. M. Preston(1982), Individual and Political Freedom, *Polity*, 15(1), p. 73.

함하는 간섭의 부재 상태*를 의미하는 소극적 자유 Negative freedom(~으로부터의 자유)를 확보하는 저항에 맞춰졌다.

문제는 앞에서도 살펴보았듯이 국가가 저항적 교사운동을 과도하게 탄압하며 충돌하였고, 저항적 교사운동의 이념성을 확대 부각시키면서 촌지 거부를 포함한 아동 중심적 교육 활동, 교육과정 재구성, 의사 결정 과정의 민주화 등을 반공, 반북, 반정부라는 프레임을 씌워 통제하려 하였다는 점이다.

'87년 체제'의 형성과 전교조

1980년대에도 국가의 획일적 통제, 사회경제적 지위 하락, 교사 근무 여건 악화와 학교의 입시 기관화에 저항하며 교육 활동에서의 자율성 증대, 전문성 신장을 위한 지원과 사회경제적 지위 상승 운동이 지속되었고 그 조직적 결과물이 전교조였다. 여기에 더해 1970년대와 1980년대 초반 학생운동을 경험한 교사들이 교육 현장에 진출하여 다양한 교육운동의 흐름을 만들어 낸 것이 전교조 결성의 토대가 되었다.

무엇보다 6.29선언으로 노동자, 시민, 학생의 저항이 제도 정치권에 수용되면서, 직선제, 지방 자치와 같은 것을 대표로 하는 '87년

---

* Philip Pettit(1997), *Republicanism: A Theory of Freedom ad Government*, Oxford: Oxford University, p. 18.

체제'가 형성된 것은 전교조 수립의 직접적 계기가 되었다. 〈국가보안법〉이 여전히 현실 정치를 규율하는 강력한 장치였지만, 반공주의의 약화와 민주주의의 진전으로 민주 시민을 양성하고, 학생 인권을 신장하는 정체성을 가진 존재라는 교사로서의 본래 역할을 되찾기 시작했다.

이 시기 전교조 결성의 또 다른 원인을 제공한 것은 중등교육 팽창으로 나타난 입시 교육이다. 기존에도 입시 교육은 있었지만 일반적으로 고등학교 교육이 국민 교육의 종결 교육이었기 때문에 상대적으로 입시 경쟁이 덜했다. 그런데 이제 고등학교 교육은 대학 입학 준비 교육으로 바뀌었다. 모든 교육이 대학 입시를 위한 준비 교육으로 변했고, 모두가 입시에 '올인'하면서 학생들의 스트레스가 증가되었다. 고등학교에서 평가에 대한 압력이 커지면서 교사들의 근무 부담도 가중되었다.

전교조 결성의 보다 근본적인 이유는 교사가-교육과정 및 교육활동에서-제도적으로-배제되는 것에 대한 반발 때문이었다. 국가수준 교육과정은 초기에는 교사나 학생들이 교육 목적 혹은 학교 교육의 목표들을 가능한 한 성취할 수 있도록 설계된 활동 계획이라는 긍정적 의미를 가지고 있었지만, 그런 계획들이 학생들의 학습 경험에 선행해서 혹은 외부에 존재하게 되면서 점점 학생들은 무엇을 배워야 하고 어떻게 해야 할지를 사전 계획에 따라 지시받게 되었다. 학생들의 성공이나 실패는 교육과정에 제시된 변화들이 학생들의 행동에서 나타나는가에 근거해서 판단하게 되었다. 교육과정이 교실이나 학교 밖에서 전문가들에 의해 설계되면서 교사들을 교육과정에서 배제된 기술자로 만들었다. 교육과정은 어떤 교사가 사용하든 동일한 결과를 낳을 수 있는 '요리 책'이 되었고 교사들의 교육 활동도 이에 따라 해야 하는 요리가 되었다.

이렇게 되면 교사가 가지고 있어야 했던 기능, 즉 학생들과 더불어 배우는 데 필수적인 것이라고 여겨졌던 교육과정을 심사숙고하여 계획하는 일, 학생들에 관한 깊은 지식을 기초로 하여 개인에게 꼭 맞는 교육과정을 설계하는 일이 더 이상 중요하지 않게 되었다. 다시 말해 누구나 손쉽게 요리할 수 있도록 '통조림'처럼 포장된 교육과정이기 때문에, 어떤 교사든지 제공된 '매뉴얼'을 따라 차례대로 적용하기만 하면 애초 기대했던 동일한 결과를 도출할 수 있게 되었다. 이제 신규 교사나 경력 교사나 교육의 결과에서 별 차이를 보이지 않게 되는 탈전문화, 탈숙련화가 가속화되었다.

교육과정에서 교사의 배제는 평가권의 박탈로 이어졌다. 교육과정 편성권이 없기 때문에, 교사는 학생들의 개별적인 '학습 경험'에 대해서 밀착하기보다는 '결과'에 대해서 집착한다. 교사와 학생 간 상호 작용 과정에서 이루어지기 마련인 무수한 경험들과 그 필연적인 결과들은 애초 의도된 목표(성취 기준)와 무관하다는 이유로 무의미한 것으로 간주된다. 학생들이 수영을 배우고 수학 풀이를 하는 동안에 실제로 무엇을 경험하고 있는지에 '실제로' 관여하지 않고 있다면, 교사는 '실제로' 학습 경험의 선정과 조직으로부터 배제되고 있는 것이라고 말할 수 있다.

세 가지 차원의 구조적 위기와
포스트 민주주의 시대 전교조 운동의 미래

전교조는 결성 이후 합법화까지, 그리고 법외노조가 된 몇 년 동안 지난한 투쟁과 실천을 이어 가면서 저항적 교사운동의 역사를 만들어 갔다. 이것은 우리나라 노동조합 운동에서 유래를 찾아보기 어려울 만큼 우수한 사례이다.

그러나 지금 전교조는 세 가지 구조적 위기에 직면해 있다.

첫 번째 위기는 의사소통의 균열과 조직의 관료화이다. 의사소통의 균열은 정체성의 차이로부터 발생한다. 전교조 운동의 정체성을 형성하는 흐름은 교육운동, 교사운동, 교육노동운동이라는 세 가지로 구분할 수 있다. 우선 교육운동은 교육의 3주체인 교사, 학생, 학부모가 비민주적인 교육을 민주적인 교육으로 변화시켜 가는 운동에 의미를 두는 흐름이다. 교사운동은 교사의 주체성이 강조되는 운동으로 교사들의 집단적 이해와 요구를 쟁취해 가는 교사 대중 운동의 정체성을 형성한다. 마지막으로 교육노동운동은 노동운동으로서의 정체성을 가지고 전교조 운동에 접근하는 것이다. 이러한 이질성을 화학적으로 결합하지 못하면서 참교육 실천, 학교 민주화, 교원의 사회경제적 지위 향상 등 전교조 운동의 방향에 대한 합의는 어려워지며 정체성의 위기를 지속적으로 생산하게 된다.

다음으로 조직의 관료화는 전교조 확대가 준 선물이기도 하다. 전교조는 결성 이후 6년간의 지난한 싸움을 거쳐 합법화가 되면서 조합원이 비약적으로 확대되었다. 조합원의 비약적 확대는 이질성의 확대와 개별화와 다양화 그리고 무관심을 촉진한다는 것을 의미한다. 여기에 더해 IMF 외환 위기 이후 고용 불안이 확산되면서 교사의 사회적 지위가 상대적으로 상승하면서 교사들의 보수성도 강화되었다. 이러한 현상은 조직의 관료화를 확대하는 요인으로 작용했다. 어느 조직이나 표면적으로는 현장과 밑으로부터의 의사 표현을 강조한다. 이는 노동조합이 규율 있는 집단행동과 더불어 조합원의 행동하려는 의지에 의존하기 때문이다. 조합원의 조합 활동 참여는 노조 활동의 필수 불가결한 요소이고 의사 결정의 분권화를 통한 높은 수준의 조합원 참여, 강력한 현장 조직 만들기는 노동조합이 포기할 수 없는 것이다.

그러나 현장을 강조하는 것과 달리 실제로는 중앙 집중화 되고, 위로부터 아래로 행사되는 의사 결정을 한다. 다른 노동조합처럼 전교조 역시 견제와 균형의 원리를 위해 조직을 집행 체계와 대의 체계로 이원화하였고, 수직적으로는 의사 결정의 효율성을 위해 본부-지부-지회-분회 체계로 구분하였는데 이는 점차 현장 조직을 관료화시키면서 위계적이고 집중화된 현장 조직을 만들었다. 역할과 권한을 합리적으로 배분하여 임무를 효율적으로 수행하기 위한 행정적인 체계를 세우지만 점차 전문적 업무 수행 능력을 가진 상급 조직에 의한 지도가 비대해지면서 관료주의가 확대되고 민주주의는 축소된다.

두 번째 구조적 위기는 선거 때만 작동하는 정파 구조이다. 조직 내에서 정파와 분파가 존재하면서 서로 지도부를 획득하기 위해 경쟁하는 것은 조직이 건강하다는 신호이기도 하다. 정권 교체가 그렇듯이 현 지도부가 선거에서 패배할 수 있는 가능성이 존재한다는 것은 서로 다른 정파 간의 경쟁을 활성화시키고 이는 노조 민주주의에 기여한다. 그리고 이러한 과정을 통해 활동가들이 조직의 리더로 성장하게 된다. 그런데 전교조 안에서 정파 운동은 조직 민주주의를 재는 척도가 되지 못한다. 선거 기간에만 어느 계열에 속하느냐가 노골화되기 때문이다. 평소에 조합원들은 정파들의 정체성이 어떻게 다른지 거의 인식하지 못한다. 정파는 조직 민주주의를 활성화하고 활동가를 성장시키는 장이 되지 못하고, 집행부를 2년 구성하는 데에만 의미를 가질 뿐이다.

세 번째 구조적 위기는 언더 도그마^{Underdogma} 현상이다. 전교조는 개별적인 교사와 교육청의 관계, 국가와 교사와의 관계에서 여전히 을의 관계에 있는 약자^{Underdog}이지만 많은 시·도에서 교육감을 배출해 교육청을 통한 행정적 교육 개혁을 주도하고 있다는 면에서 보면 강자^{Overdog}이다. 따라서 전교조는 행정을 통한 교육 개혁에서 책임도 그만큼 무거워졌다.

87년 체제 이후 저항적 교사운동의 양상은 국가주의로부터 벗어나 소극적 자유를 쟁취하려는 저항 운동에서 국가에 의한 실질적 자유의 실현을 의미하는 적극적 자유를 강화시키는 운동으로 전환하였다. 적극적 자유를 강화하려는 운동은 교사들이 집단적으로 교육청과 국가 권력에 진출하여 교육의 공공성을 구현하는 방식으로 구체화되었다. 이러한 방향은 그동안 교사의 자율성을 침해하고 부당한 지침과 통제를 일삼던 교육청이라는 집합적 행위자의 적극적인 역할을 주문하게 되었다. 이는 교사들에게 보다 많은 자율성을 보장하고 교육 활동을 지원하기 위해 교육청을 활용하는 '행정을 통한 교육 개혁'이라는 경로를 활성화하게 되었다. 실제로 많은 시·도에서 전교조 간부 출신들이 교육감에 당선되었다. 이러한 흐름에 맞춰 교사의 리더십과 혁신적 사고가 강조되는 흐름이 형성되었다.

그런데 이러한 흐름이 저항적 교사운동을 약화시키고 유연적 축적flexible accumulation*을 진보적 교육운동으로 생각하도록 하는 결과를 가져오기도 하였다. 다시 말해 교사들은 이제 자율적인 존재이므로 누구에게도 억압받거나 통제당하지 않고 자기 책임을 인식하면서 자신의 자원을 희소화하고, 가르치는 방법들을 혁신하며 변화시키는 존재가 되어야 했다.

금지나 강제가 아닌 자유로움 속에서 가능한 관리 방식을 찾는 교사는 비용-편익적 메커니즘 속으로 자기 자신을 재생산한다. 이제 교사는 국가에 의해 포지티브화되거나 네거티브화되는 것이 아니라 스스로 포지티브화하는 주체가 된다. 다시 말해 교사는 잘 짜인 교육과정을 학생에게 잘 전달만 하던, 시키는 대로 하는 주체에서, 별다른 통제나 관리 없이도 스스로를 비용-편익적 관점으로 틀 지우면서 자기를 계발해 가는 주체가 되어야 한다. 이것은 관리되는 주체에서 스스로를 관리하는 주체로 전환된다는 것을 의미하는데, 가장 신자유주의적인 자기 계발 주체와 가

* 데이비드 하비, 구동회·박영민 옮김(2009), 포스트 모더니티의 조건, 한울.

장 저항적이며 자율성을 가진 교사운동의 화학적 결합이라고 할 수 있다.

여기서 비용-편익적 관점의 자기 계발 주체는 단순히 경제학적 인식 틀에 따라 교육을 사고하고 분석하며 해결 방안을 찾는다는 것을 넘어서서 자신을 자유 의지를 가진 주체로 인식한다는 것이 특징이다. 이렇게 모든 것을 유동화시키고, 스스로 관리하는 주체가 되면서 강조되는 것이, 권한 위임empowerment과 파트너십이다. 자기 계발의 주체에서 중요한 것은 어떤 일에든 도전하는 존재가 되는 것이며, 한편으로 숙련도를 높이는 것이다. 도전하지 않는 주체, 교육청 탓만 하는 주체는 비판의 대상이 될 수밖에 없다. 이제 교사들은 자본주의적 주체화 과정에 저항하기보다 기업가적 태도를 지닌 채 사회적 책임을 다하는 주체가 된다.

교사가 문제 해결 지향적이며, 변화 지향적인 주체가 된다는 것은 국가 수준의 교육과정을 잘 이행하면서, 보다 적극적으로 교육과정을 재구성해야 하고, 혁신적이고 전문적 경영인으로서 역할을 가지고 학교 운영에도 참여하면서, 학부모와의 문제도 합리적으로 해결하는 주체가 되어야 한다는 것을 의미한다. 이제 교육청의 교육 정책에 대해 저항하는 주체화의 흐름에서 스스로를 혁신하고, 참여하며, 학교를 경영하고, 헌신하는 주체화의 흐름으로 전환된다. 이렇게 시장의 효율성과 기업가적 혁신을 결합하여 공교육을 혁신하려는 흐름 속에서 교사는 창의적이어야 하고, 혁신적인 리더가 되어야 하고, 기존의 방식을 고수하기보다 새로운 것을 먼저 시도하는 기업가 정신을 내면화한다.

이러한 주체화 전략은 최종적으로 자기 안전적 주체*의 생산으로 귀결된다. 모든 것을 자기의 문제로 전유하면서, 가르치는 일에 몰입하는 자아가 되기 위해서는 자기 자신의 감정과 의식을 관리하고 통제하며 질서화하는 주체가 되어야 한다. 이렇게 자기 안의 감정을 질서 지우고 제어하는 자아가 된다는 것은 어떤 감정과 의식이 자신에게 어떤 의미를 가지고 있는지 스스로 판단하면서 관리하는 자기 안전적 주체가 된다는 것을 의미한다.

전교조 운동이 진보 교육감을 당선시켜 행정이라는 이름으로 교육 개혁을 추진한다는 것은 어느 면에서는 집권 능력을 키웠다는 것을 의미하지만 진보나 보수나 할 것 없이 교육청을 통해 현장을 통제하려 한다는 생각을 확산시키는 부작용을 낳을 수 있다. 여기서 더 나아가 많은 교육 개혁 사례가 그랬던 것처럼 학교가 '하는 척하기' 또는 '잘되고 있는 척 서류 꾸미기'라는 방식으로 시간에 쫓기고 조급한 교육청의 정책에 협조함으로써 진보적 교육 개혁을 좌절시키는 모습을 보이기도 한다. 어떻게 해야 이러한 문제와 현장의 저항을 극복하고 지속 가능한 교육 개혁을 이어 갈 수 있을까. 전교조 운동이 고민해야 할 미래이다.

* 사토 요시유키, 김상운 옮김(2014), 신자유주의와 권력 : 자기-경영적 주체의 탄생과 소수자-되기, 후마니타스.

집필 후기

전교조의 내부 정치
: 동반 성장적 관계와 상호 파괴적 관계 사이에서

  이 글에서는 전교조의 저항적 교사운동을 권력과 지식이 각각을 구성해 내는 과정을 중심으로 살폈다. 이러한 접근에서 중요한 것은 어떤 지식 영역을 상관적으로 구성하는 한에서만 권력관계는 존재할 수 있고, 동시에 권력관계를 전제하지 않거나 구성하지 않는 지식도 존재하지 않는다는 것이다. 국가는 교사 전문성 연구가 거둔 성과를 바탕으로 지식-권력 장치를 고안하면서 전략을 수립하고 집행한다. 따라서 권력 분석은 권력이 어디를 거치게 되는지, 누구 사이와 어느 지점 사이에서 발생하는지, 어떤 절차를 따르는지, 어떤 효과를 수반하는지를 문제화하고 분석하는 데 집중하였다. 전교조 운동 역시 네이스 반대 투쟁, 교원평가 반대 투쟁 등 권력의 매듭이 집중되는 다양한 공간들에 존재해 왔다. 그러므로 전교조의 운동을 하나의 통일체로 통합하는 것은 불가능하다. 대신에 다수의 저항 지점을 만들어 내는 것이 중요하다.
  문제는 전교조의 저항이 권력관계의 외부가 아니라 권력관계의 전략적 영역에서만 존재한다는 것이다. 다시 말해 권력관계를 벗어나는 저항은 불가능하다. 저항은 늘 자기가 어떤 존재이고 지금 자신이 지닌 역량이나 존재 방식이 어떤 문제가 있는지에 관한 지식을 산출하고, 이것을 바탕으로 상황을 진단해서 더 향상된 존재로 바꾸기 위해 어떤 전략을 활용해야 할지를 결정하는 것과 연결된다. 이 점에서 저항은 통치의 과잉성을 감시하고 이것을 넘어서려는 것과 기존의 질서 안에서 실천과 사유를 동시에 진행하는 것 사이에서 긴장관계를 유지할 수밖에 없다. 즉 정파의 분열을 통한 노선 투쟁이라는 내부 정치는 모든 저항운동의 상수이다.

내부 정치 문제를 좀 더 깊이 있게 다루기 위해 후발 산업 국가인 한국의 역사는 전근대와 근대 그리고 탈근대를 단계적으로 이행해 온 선진국과 달리, 전근대, 근대, 탈근대라는 비동시적 역사 시간이 동시적으로 공존하고 있는 비동시성의 동시성을 특징으로 한다는 점을 분명히 하였다. 높은 경제 성장, 억압적 기술 관료적 통치, 군부의 권위주의, 전근대적 가부장주의가 동시에 존재하는 속에서 민주화를 이루어 나가야 했던 전교조 또한 비동시성의 동시성이라는 조직의 특징을 공유하고 있다. 전교조 운동은 교육운동, 교사운동, 교육노동운동이라는 성격의 운동들이 결합하여 하나를 이루고 있다. 자연스레 교실 수업 실천 운동부터 노동운동까지 다양한 실천들이 일어나고 있고, 다양한 수준과 범위에서 논쟁이 일어나는 것은 자연스러운 현상이다.

그런데 전교조가 합법화된 이후 전교조 조합원의 이념적 지향, 가입 동기 등 여러 가지 측면에서 이질성이 높아졌다. 이것은 전교조 결성 세대 사이에서 나타나는 정파 사이의 구조적 균열의 심화와 함께 전교조 결성 세대와 후속 세대 간의 의사소통의 단절이 일어나고 있음을 의미한다. 여기에 더해 남성적인 우월성과 여성적인 열등성이라는 젠더 프레임이 전교조 안에서도 변형되고 왜곡되어 지속되고 있다는 것도 구조적 균열을 심화시키는 역할을 하고 있다. 이 글은 이러한 전교조의 문제를 내부 정치라는 관점에서 살펴본 것이다.

읽을거리

- 마이클 프렐, 박수민 옮김(2011), 언더도그마 - 강자가 말하는 '약자의 본심', 지식갤러리.
- 박준식(1997), 생산의 정치와 작업장 민주주의, 한울.
- 손석춘(2005), 한국 공론장의 구조 변동, 커뮤니케이션북스.
- 신진교·윤영삼(2001), 노조민주주의에 대한 개관과 과제, 산업경제연구, 14(2), 한국산업경제학회, 217~228쪽.
- 유범상(2001), 한국의 노동정치와 공론장, 서울대학교 박사학위 논문.
- 이금자(2006), 전교조 내 공론장 구조와 왜곡 요인에 관한 연구, 성공회대학교 석사학위 논문.
- 이주희(2002), 21세기 한국노동운동의 현실과 전망, 한울.
- 정진상(2006), 교사의 사회의식과 전교조, 한울.
- 조정열(1991), 전국교직원노동조합 연구, 이화여자대학교 석사학위 논문.
- 한국노동교육협회(1988), 노동조합이란 무엇인가, 돌베개.

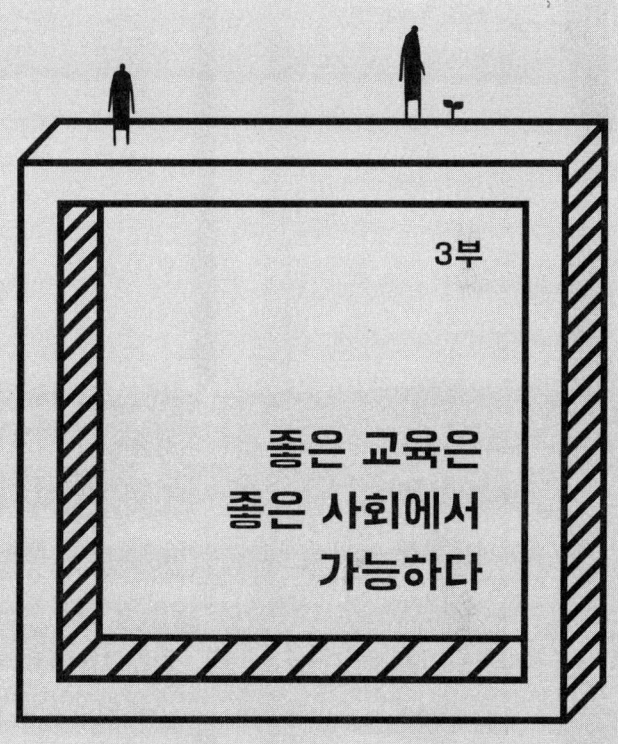

'생태적 탈근대'로서
교육의 생태적 전환

교육의 농적·동시대적·정치적 전환

교육의 생태적 전환은 우리가 더 성숙한 인간으로 진화하는 프로젝트이기도 하다. 그리고 그것은 어떤 점에서는 고통스럽지만 지금의 삶에서는 맛볼 수 없는 새로운 즐거움으로 우리 삶을 채우는 프로젝트다. 현재의 파국과 단절하려는 사람이 많아질수록 고통은 줄어들고 즐거움은 커질 것이다. 인간으로서 성장, 삶의 질의 성장. 이것이야말로 모든 교육의 보편적 목적 아닌가! 우리 시대 최고 비전으로서 생태적 전환을 목적으로 하는 교육은 사실 가장 보편적인 교육인 것이다.[*]

자본주의의 가속화에 따른 폐해가 전 지구적으로 나타나기 시

---

[*] 박복선, 교육의 생태적 전환을 위하여, 오늘의 교육, 4호, 2011년 9·10월호.

작하면서, 자연-환경의 문제는 인류가 반드시 풀어야 할 숙제로 등장하게 되었다. 이러한 흐름을 반영하여 서구에서는 1970년대부터, 우리나라의 경우 1990년대 초반부터 일종의 '대안 담론'으로 생태학이 떠오르기 시작했다. 초기에 형성된 생태학 담론의 핵심은 '자연'에 가한 인류의 폭력을 더 이상 방관할 수 없다는 것이었다. 인류는 자연과 '더불어' 살지 자연을 '예속'시키면서 사는 것이 아니라는 성찰을 하기 시작한 것이다. 생태학 담론은 자연이 인류의 손에 예속되어 있다는 것은 인류의 미래가 파국의 늪으로 급격하게 빨려 들어가고 있다는 것과 다름없다는 인식으로부터 출발한다. 지구가 과학 기술의 남용에 따른 위기에 빠져 있고, 이것을 치료하지 않으면 생명의 존속을 위협할 수 있는 파국과 생태학적 불균형 현상이 나타날 것이라고 보았다. 구체적으로 스리마일과 체르노빌, 그리고 후쿠시마의 핵발전소 사고는 위험이 늘 다른 방식으로 전개되어 이전의 위험으로부터 다음의 위험을 예측하거나 예방할 수 없음을, 그래서 그러한 방식에 의존하는 삶의 전환이 필요함을 우리에게 말해 주었다. 아울러 핵발전소 사고는 사소한 기술적 고장이나 자연 현상, 그리고 인간의 실수에 의해 인간의 생존 자체가 불투명해질 수 있음을 증명했다.

 생태학 담론은 인간과 자연과의 관계성을 중심으로 한 '환경 중심주의적 경향'을 넘어 대안적 운동으로 확장되기 시작했다. 환경 문제에 집중된 생태주의 운동으로는 현대 사회가 처한 총체적 위기를 극복할 수 없기 때문에 인간과 자연을 중심으로 한 생태학의 이념적 기반은 더욱 공고히 다지되, 생태학 담론을 사회관계, 인간 주체의 문제로 확장시킬 필요성이 제기되었던 것이다. 생태적 위기는 자연적인 것뿐만이 아니라 정치적이며 사회적이고 실존적인 것이 되었으며, 생태적 위기에 대한 대응도 다차원적 변혁의 문제로 인식되었다.

교육의 생태적 전환은 생태적 담론을 인간과 자연의 관계를 넘어 사회적이며 정치적인 문제로 바라보면서 제기되었다.

교육에서의 생태주의

2000년대가 시작되면서 교육계에서는 생태주의를 21세기의 새로운 교육 사상으로 바라보면서, 생태주의라는 렌즈를 통해 근대 교육학을 비판하고 생태적 교육학을 정립하고자 하는 흐름이 형성되었다. 이러한 흐름에 선 사람들은 생태주의가 근대 교육을 보는 새로운 시각을 제공하고 있다고 보았다. 특히 인간과 자연의 상생 관계의 회복, 생태계를 살리는 인간의 새로운 노력, 생태학적 문제를 일으키는 사회 구조의 개선, 그리고 새로운 사회를 위한 생태 윤리의 실천 등이 근대적 교육학을 성찰하는 지점들을 만들어 낸다고 인식했다.

이러한 방향에서 구체화된 생태적 교육학은 모든 사물과 현상을 무수히 분리된 요소로 구성된 체계로 보지 않고 분할할 수 없는 전체로 파악한다. 그러므로 생태적 교육학은 역동적인 관계의 그물이며, 모든 존재를 전체적 holistic 시스템으로 인식할 때 세계 내 모든 존재자는 상호 연관되어 있고 상호 의존한다고 보았다. 이러한 방향에서 근대적 교육학의 성찰은 한편으로는 동양 사상을 이어받으면서 다른 한편으로는 교육과학의 근본적 한계를 밝히는 작업으로 이어졌다. 근대 교육학의 교육 이념과 내용, 교육 방법뿐 아니라 학교 환경을 비판하면서 교육을 생태주의화하는 논의를 진행하였는데 이러한 흐름은 생태적 담론을 통한 근대의 지속이라고 볼 수 있다. 근대 자체를 생태적으로 재구축하는 생태적 근대화는 기존의 발전 모델에 환경 관리주의적 교육 정책을 덧칠하는 것을 넘어서지 못한다. 그래서 다소 이상적이라도 생태적 탈근대로서 교육의 생태적 전환을 고민해야 한다고 본다.

교육학은 근대의 발전적 축적 체제a developmental regime of accumulation에 기반한 산업적 근대화를 기본 축으로 인간의 발전 모델을 구축하여 왔다. 그리고 그 중심에는 국가가 있다. 그래서 교육 자체가 국민 만들기와 보편적 인간의 양성이라는 반생태적인 특징을 가지며, 발달 모델은 개발주의와 결합되어 인간을 인적 자본으로 전환시킨다. 생태적 탈근대의 관점에서 교육의 생태적 전환을 좀 더 구체화시켜 보면 인간과 자연의 본원적 연관성만을 강조하는 생명 중심주의는 인간과 자연의 이분법에 대한 성찰이 될 수는 있지만 인간과 사회의 관계, 그리고 사회 속에서의 교육의 관계를 제대로 설명하지 못한다. 머레이 북친의 말처럼 자연과 인간의 변증법적 관계를 무시하고 단지 생명체의 상호 연관성만을 강조한다면, 생명 중심주의는 일종의 신비주의로 흐를 수 있다.*

---

* 머레이 북친, 서유석 옮김(2012), 머레이 북친의 사회적 생태론과 코뮌주의, 메이데이.

그래서 교육의 생태적 전환의 문제는 분자적이면서도 전체적인 것을 동시에 인식하는 것이다. 다시 말해 소수 민족의 분열, 아동 노동 착취, 여성에 대한 억압, 성적 소수자에 대한 차별, 종교적 원리주의, 인종주의, 청년 문제 등이 접합하는 운동이 교육의 생태적 전환 운동이다.

교육의 생태적 전환은 다양한 규모의 인간 집단에 대한 감정적이고 실천적인 개입을 촉진하는 것과 관련되며, 사적이지도 않고 공적이지도 않은 사회적인 것을 발명해 가면서 노동에 대한 재고, 재특이화의 방향으로 가는 개인적이고 집단적인 기획의 윤곽을 그려야 한다. 여기서 재특이화는 기존의 교육학 전체를 부정하고 스스로 다른 것이 되어 가면서도 고립되는 것이 아니라 오히려 기존의 교육학과 서로 소통해 나가는 과정을 의미한다.

근대적 교육학의 핵심은 인간의 노동이 자연을 착취하고 파괴하는 것에 맞추어져 있다. 그런데 자연의 착취와 파괴는 권위주의적이고 위계적인 사회 구조들의 필연적인 결과이기에 인간의 또 다른 능력을 통해 해결할 수밖에 없다. 이 다른 능력이란 기술 문명을 통해 생태적 위기를 초래한 도구화된 이성이 아닌 변증법적 이성이다. 변증법적 이성이란 환경에 적응하는 것은 물론 개념화하고 일반화하고 아이디어를 연결시키고 상징적 의사소통에 참여하고 자신을 둘러싼 세계를 변화시키는 인간 능력을 말한다. 이것을 최근 환경운동의 맥락에서는 생태 시민성이라고 개념화하기도 한다. 즉 인간 중심적 사고를 넘어, 인간과 함께 자연의 주체성을 인식하고, 인간의 행위가 영향을 미치는 대상이 공시적으로 분리된 것을 넘어서서 통시적으로 분리되었다는 인식하에 자연과 공존하는 시민성을 갖도록 하는 교육이 필요하다는 것이다. 인간과 자연을 생태적 관계로 파악하면서 동시에 인간의 고유한 위치를 인정한다는 점이 교육의 생태적 전환에서 강조된다.

특히 교육의 생태적 전환은 사회의 각 운동들이 서로 조직하고 연대하면서 정치적 생태운동의 전체적 재구성을 주도하는 역할을 해야 한다. 이것은 지극히 당연한 접근이다. 왜냐하면, 오늘날 모든 활동들은 네트워크화되고 공통화되어 인류 및 생태의 삶을 생산하고 재생산하는 총화적 활동이 되고 있기 때문이다. 이러한 맥락에서 착취 또한 더욱 넓고 깊게 네트워크화된 전 지구적 수준의 사회적 노동의 착취가 되고 있고, 보다 지속 가능한 착취를 위해 자본은 생태를 상품화시키고 있다. 따라서 교육의 생태적 전환 운동은 이러한 자본의 논리에 대한 비판적 접근을 하면서 동시에 다원적이며 총체적인 방식으로 시민 사회에 깊이 뿌리내려야 한다. 이런 방향에서 지성, 연대, 협의, 책임 윤리의 동의어인 생태 민주주의가 교육의 생태적 전환의 주요 원리가 된다.

근대적 교육학과 관련한 고민의 지점들

우리는 학교, 교육 등에 대한 정의를 시도하면서 역사적 정의와 본원적 정의를 혼동하는 경우가 있다.

교육, 학교와 같은 것들을 본원적으로 정의할 경우 우리가 살고 있는 사회, 근대(또는 후기 근대), 자본주의 속에서 교육에 대해 명확히 인식을 하기가 어려워진다. 그래서 자본주의하에서 교육과 학교 등을 명확하게 정의하기 위해서는 본원적 정의가 아니라 역사적 정의를 시도해야 한다. 이러한 역사적 정의를 통해 구체적 실천의 평면을 갖는 것으로 문제들을 전환시킬 수 있으며, 배움의 시공간적 재구성, 지식 형성의 재구성 등에 대한 고민을 만들어 갈 수 있다고 본다.

교육의 생태적 전환은 초역사적 관점이 아니라 근대적 교육에 감추어져 있던 문제들을 드러내고 직접적으로 감각되는 주제와 쟁점들을 실현 가능한 방식으로 제기하도록 만드는, 긍정적 역할을 수행해야 한다. 특히 교육의 생태적 전환이 우리의 관심을 너무 거대한 틀로 확대시켜 실천 지점을 발견하기 어렵게 만들거나 혹은 지나치게 국지화, 영역화, 정책화하여 근본적 문제를 사유할 수 없도록 하는 것을 동시에 경계해야 한다. 이러한 관점에서 교육의 생태적 전환을 위해 검토해야 할 근대적 교육의 문제를 짚어 보자.

기술과 교육의 문제

우리가 학교에서 배우는 것은 교육과정의 맥락에서 보면 교과와 창의적 체험 활동이지만, 다른 맥락에서 보면 진리에 대한 탐구와 삶의 기술에 대해 배우는 것이라고 할 수 있다.

산업 혁명 후 교육은 자본주의적 근대화의 기반이었다. 진보주의조차도 기계화, 정보화 등이 궁극적으로 기술 발전의 성과를 사회 전체에 나누게 됨으로써 계급 적대나 성차별, 환경 파괴가 없는 사회를 가져올 수 있다는 전망을 가졌다. 따라서 근대적 교육은 기술에 따른 무한 발전의 가능성을 긍정하며, 자연의 섭리에 인간이 적응하고 순응하는 삶의 태도와 결별하면서 성립되었다.

이러한 맥락에서 인간이 기술 존재이기 이전에 자연 존재임을 상기시키는 것은 전근대적이며 동양적인 것으로 비판받았다. 오히려 기술주의는 생태 그 자체가 인간이 살기에 적합하게 구조화되어 있지 않다면서 인류가 발톱이나 독이나 보호색이나 빠른 개체 증식과 같은 방법 대신 기술적 생산 수단의 사용을 진화의 방법으로 선택해 왔다는 것을 부각시킨다. 따라서 근대적 교육학은 기술과 지성의 결합을 가장 이상적인 것으로 본다.

학교에서의 시간과 공간

학교는 근대적 교육의 핵심적 제도로서 공장과 쌍을 이루면서 탄생한 특정한 곳이다. 공장이 자연에서 분리된 부지와 시간을 독립적으로 구축한 것처럼 학교는 마을로부터 분리된 부지와 시간을 구축했다. 이렇게 특수한 공간인 공장과 학교에서 노동자와 학생은 변화를 생산하고 동시에 자신을 변화시켰다.

임노동에 의해 강제되는 공장의 노동 시간이 자신을 위한 시간이 아니라 자본가라는 타인을 위한 시간인 것처럼 학교에서의 활동과 시간 역시 강제되고 있다. 그런데도 자신의 미래를 위한 투자라는 이름으로, 또 다른 한편으로 아동을 노동으로부터 분리해야 한다는 이유로 학교의 박탈 구조와 강제성은 은폐되고 만다.

공장의 시간이 노동 시간인 것처럼 학교의 시간은 학습 시간이다. 공장이 출근에서 퇴근으로 이어지는 노동 시간과 그 밖의 무의미한 시간으로 시간을 양분하는 특수한 장소인 것처럼 학교는 등교에서 하교까지 이어지는 학습 시간과 그 밖의 무의미한 시간으로 시간을 양분하는 장소이다.

공장과 학교에서 중요한 역할을 하는 것이 국가이다. 국가는 사회에 흩어져 있는 분산된 시간들을 모으고 합성하여 조밀한 시간으로 노동자와 학생을 포섭한다. 이러한 시간의 밀도화와 고도화, 시간 압축은 공장과 학교에서도 동시에 이루어진다. 대부분의 학습에 대한 논의는 정해진 수업 시간(40분, 45분, 50분)에 수업의 효율을 높이기 위해 어떻게 시간을 압축하고 밀도화할 것인가의 문제로 집약된다.

여기에 더해 최근에는 정보화, 사회화, 세계화, 유연화, 금융화 등의 자본 재구조화 시도들로 인해 견고했던 물질적, 공간적 조직이 유동화되고 해체된다. 그래서 학교는 유연성, 창의성, 협력을 통한 파트너십 구축을 이유로 더욱더 강력한 시장 체제 속으로 통합된다. 이 과정에서 권력은 더 다양화, 분산화, 미시화되는 방식으로 개별적 주체를 지배한다.

학습과 노동

노동과 같이 학습은 다양한 사회적 자본을 통합하는 활동이다.

학습은 자본주의에서 노동과 같이 특수한 유형의 정보를 운반하여 화폐 형태를 취하는 신경 체계를 구축한다. 특히 자본주의에서 학습은 시장 경쟁에서 자본의 생존이 의존하는 화폐적 가치 흐름을 근대화하려는 가치 실천과 삶의 과정으로 이해되는 가치 실천이 혼재되어 있는데 삶의 가치들과 가치 실천들은 화폐적 가치 실천으로서 학습에 종속된다.* 다시 말해 학습은 자기실현과 자아 추구로서의 실천과 높은 교환 가치를 갖기 위한 학습이라는 가치 실천이 동시에 추구되는데, 궁극적으로 화폐적 교환 가치로서의 학습에 종속되어, 보다 높은 자리에 올라가고 보다 많은 임금을 받는 화폐적 교환 가치를 실현하기 위한 학습으로 수렴된다. 이렇게 시장의 신호, 노동의 형태와 밀접하게 연관된 학습은 어떻게 공부할 것인지, 무엇을 학습의 결과로 산출할 것인지를 사회적으로 정의된 시장의 구체적 규범에 종속시킨다.

안토니오 네그리와 마이클 하트는 《제국》이라는 저서에서 행위자들 자신에 의해 정의되고 관계적이고 소통적인 유형에 의해 구성된 사회적 협력의 형식이라는 판단에 기초해서 비물질적 노동이라는 개념을 사용하였다. 학습에서도 이러한 경향의 비물질적 학습이 강조되고 있다. 다시 말해 노동의 형식이 경제적 교환을 위한 물질적 노동에서 서비스, 문화 상품, 지식 혹은 소통과 같은 비물질적 재화를 생산하는 노동으로 변하면서 추상적이고 비물질적 성격을 획득해 가며 점차 복잡하고 협력적cooperative 성격으로 변모하고 있

---

* 조정환(2011), 인지자본주의, 갈무리.

는 것처럼, 학습의 영역에서도 비물질적 학습이 강화되고 있는 것이다. '개개인이 어떤 결과를 산출하는가?'와 관련된 물질적 학습과 구별하여 팀워크에 기초한 학습 과정, 협력과 관계의 학습, 지적인 것의 향유가 중요해진다. 학습 팀 내부에서 소통이 강조되고 학습자는 시험을 잘 보는 것 이외에도 여러 가지 상황에 유연하게 대처하여야 하며 또한 리더십을 발휘해야 한다.

그러나 소통의 형식, 기준은 학습자에 의해 결정되는 것이 아니라 시장/국가로부터 주어진 기준에 의해 결정되며, 평가 기준을 충족시키기 위해 스스로를 개발하고 혁신해야 한다. 오늘날의 노동이 공장 담 안에서 이루어지는 소규모로 분산된 개인들의 전 사회적이며 전 지구적인 공통의 인류적 활동으로 이루어지는 것처럼 학습은 더욱더 깊이 네트워크화된다. 자본 관계가 삶의 모든 관계를 노동화하는 것처럼, 오늘날의 학습은 네트워크화되고 공통화되어 인류 및 생태의 삶을 생산하고 재생산하는 총화적 활동으로 전화하고 있다.

교육의 생태적 전환에 대한 세 가지 방향

교육의 생태적 전환은 개인의 발달이 중앙 집권적 권력의 최정점인 국가의 인적 자원에 포섭되는 것이 아니라 다양한 주변자들, 소수자들이 직접 전개해 나가는 관계적 성장의 양태를 강조한다. 따라서 교육의 생태적 전환에서 인간 발달의 모델은 능력주의에 따른 수직적 계열이 아니라 다양한 층위의 횡단성을 핵심으로 한다.

이러한 발달 모델은 자연스럽게 생태주의운동과 직접적 연관성을 맺으며 생태 철학으로 발전한다. 이는 궁극적으로 자본주의 권력 구성체와 주체성 전체에 대해 문제를 제기하는 것이며, 개별적 주체화의 틀에서 집단적 존재 양식 전체를 재구축하는 작업이다.

따라서 새로운 교육의 생태적 담론은 내면에 갇히는 훈육이나 윤리가 아니고, 낡은 형태의 '활동주의'를 단순히 쇄신하는 것도 아니다. 오히려 교육의 생태적 전환은 교육 활동의 전 과정에서 인간만을 주체로 삼는 접근, 주체와 대상을 구분 짓는 방식을 넘어선다. 또한 자연과 환경의 상호 주체성을 넘어서서, 한 시대 내의 생태적 불평등과 미래 세대의 문제를 동시에 고려하면서 실천하는 다면적인 운동이다. 그래서 우리는 생태적 전환에 대해 환경주의로 통용되는 것을 넘어서서 종합적으로 접근해야 한다.

이러한 방향에서 교육의 생태적 전환을 농적 전환, 동시대적 전환, 정치적 전환으로 범주화하며 논의를 진행해 보려고 한다.

교육의 농적 전환 - 몸 교육학

교육은 총제적인 인지 활동이라고 정의할 수 있다. 여기서 인지란 지각하고 느끼고 이해하고 판단하고 의지하는 등의 활동에 포함되는 정신적 과정을 총칭하는 용어이며, 감각, 지각, 추리, 정서, 기억, 결정, 소통 등의 개체적 및 간개체적 수준의 정신적 작용을 포괄한다. 그런데 인간의 정신 활동으로서 인지는 신체를 통해 체화된 인지embodied cognition라는 인식의 전환이 필요하다.*

　바렐라와 마뚜라나에 의해 정교화된 체화된 인지라는 개념은 두 가지 사실을 강조한다. 하나는 우리의 인지가 여러 가지 감각 운동 능력을 지닌 신체의 경험에 의존한다는 것이고 다른 하나는 개별적 감각 운동 능력들 그 자체가 보다 포괄적인 생물학적, 심리학적, 문화적 맥락에 속한다는 것이다.

　이 관점에 따르면 인지와 활동, 즉 신체와 정신은 근본적으로 분리 불가능한 것이며 인지 체계에서 지각과 활동은 함께 진화하는 것들이다. 이것은 인지를 이미 세계에 존재하는 속성들에 대한 재현으로 이해하는 것을 거부하는 것이며, 배움 활동에 참여하는 각자가 국지적 상황들 속에서 어떻게 자신의 행위들을 이끌어 가는가 하는 점을 연구하는 데서 출발한다는 것이다. 그런데 국지적 상황들은 가만히 머물러 있지 않고 배움 활동에 참여하는 사람들에 의해 부단히 변화한다. 듀이식으로 말하면 대상과 주체 사이의 경험이 아니라 경험을 통해 주체와 대상이 총체적으로 만나는 장을 연다. 경험은 주체 전체가 대상과 총체적으로 만나는 체화된 인지의 과정이다. 체화된 인지는 근대 교육이 분리했던 신체와 정신이 사실은 긴밀한 관계 속에 있기 때문에 서로 분리시키거나 어느 하나의 우월성을 이야기하는 것은 무모하다고 말한다.

　교육이 지식과 관련을 맺는 것은 근대적 산물이다. 본래 교육은 교정, 자유의 축이었다. 신체와 정신이 분리되었지만 동시에 함께

---

* 프란시스코 바렐라 외, 석봉래 옮김(1997), 인지과학의 철학적 이해, 옥토.

엮여 있다는 것을 자각하면서 주체가 되는 것이었다. 신체와 정신의 돌봄을 분리하지 않는 과정은 삶의 기술로서 관리법의 실천인데 실천의 성격은 일상생활을 총괄하는 배려이다. 삶의 일상적인 대다수 활동들을 건강과 도덕의 관건으로 삼으며, 육체와 그것을 둘러싼 요소 사이에 상황적 전략을 규정하려는 배려이다. 따라서 교정하고 제안하는 교육은 강요가 아니라 제안이며 엄격함이 아니고 자신을 주체로 세우는 끊임없는 연습과 훈련에 신체와 정신이 묶여 있음을 인식하는 것이다.*

교육의 생태적 전환의 체화된 인지 개념을 구체화시키는 것은 교육의 농적 전환이다. 근대는 농적 경험을 전근대적인 것이라며 추방했다. 하지만 농적 경험은 몸 교육을 통해 인지적인 것과 신체적인 것을 통합하며 순환과 자급적 삶을 경험하게 하는 핵심이다. 그래서 생태적 전환에서 농적 전환은 중요하게 부각된다.

생태적 위기는 단순히 국토 환경의 파괴가 아니라 사람의 생명을 포함한 사회 전반의 지속 가능성에 관한 문제를 포괄하는 근본 위기가 되었다. 개발 욕구가 확산하면서 사회적 건강성은 약화되었고 국토 자원의 비효율적 활용이 많아졌다. 환경 가치는 불공평하게 배분되었고 삶의 쾌적성은 약화되었다.

이러한 생태 위기는 자본주의의 경쟁적이고 불평등한 삶의 추구가 생태 환경적으로 외화된 것이라고 볼 수 있다. 농적 전환은 사람이 더불어 살아가는 공동체적이며 정치적인 삶을 복원하고, 사람

---

* 미셸 푸코, 이혜숙·이영목 옮김(2004), 성의 역사 3 - 자기 배려, 나남출판.

과 사람 사이의 평등만이 아니라 사람과 자연의 공존과 번영이라는 생태적 형평성을 지향하는 운동이다.

특히 교육의 농적 전환에서 중요한 것은 신체와 정신의 분리에 저항하는 몸 교육이다. 교육학은 신체를 통과하는 또 다른 의학이다. 신체는 근대 권력의 작용점이며 저항의 분출점이라고 볼 수 있는데 교육학 담론에서 신체는 늘 정신의 자아실현을 위한 수단으로 사고되었으며 미래를 위해 통제되고 포박당해 왔다. 이러한 포박된 신체와 정신의 해방은 교육의 농적 전환을 통해 이루어질 수 있다.

교육의 동시대적 전환 - 지금의 삶

푸코가 《주체의 해석학》에서 했던 논의를 교육으로 확장하면, 교육의 문제는 '나는 누구인가' 하는 인식의 문제가 아니라 '나는 나를 무엇으로 만들어야 하는가'의 문제, 즉 행동과 실천의 문제여야 한다. 그런데 현재의 교육은 미래의 좋은 삶, 성장과 발전을 위한 수단으로 이해되었으며, 시련의 긴 여정에서 앎이 쟁취되는 것이라고 생각했다. 데카르트에 의해 앎의 실천이 교육의 문제가 되었고 경험이 아닌 이해의 성장이 주요한 문제가 되었다. 그러나 교육의 문제는 오늘의 삶의 문제이며 실천의 문제이다. 따라서 배우는 주체의 문제는 '나는 누구인가' 하는 정체성의 문제가 아니라 실천을 통해 자기를 만들어 가는 것, 즉 자기를 교육함의 문제인 것이다.[*]

---

[*] 미셸 푸코, 심세광 옮김(2007), 주체의 해석학, 동문선.

근대적 교육학은 주체가 실천을 통해 자기를 변형시키는 과정인 실천과 경험의 문제를 지워 없애며 교육을 이해의 성장이라는 인식론의 문제로 바꿔 놓았으며 학교 밖을 담장으로 나누고 맥락을 제거한 지식 탐구를 해 왔다. 그래서 인식하여 추상화하고 일반화하며 법칙을 만들고 이러한 과학적 법칙을 통해 현상을 설명하는 교육학 담론이 형성되었다. 지식은 더 이상 시련으로 자기를 구성해 가는 주체가 도달해야 할 완결점이 아닌 게 되었다.

본래 교육은 삶을 위한 것이었으며 오늘을 수양하는 것이었다. 위협과 시련으로부터 자기를 만들어 가는 것이었다. 사람들에게 문제는 살아야 한다는 사실, 살기 위해 어떤 기술을 사용하는가였다. 그러나 근대는 현재의 거부를 통해 미래를 산다. 우리가 행하고 사유하며 말하는 주체로서 우리 자신을 자유로운 존재로 실현하는 데 다가갈 수 없게 만들었다. 교육의 동시대적 전환은 현행적인 사유의 체험을 통해 모든 가능한 바를 현재화함으로써 미래를 소거하는 전환을 의미한다.

교육에서 현재가 제거되면서 남은 것은 시험을 통한 성적 획득뿐이다. 그것을 발전이라는 말로 포장한다. 그렇다면 '발전이란 무엇의 발전인가?', '그리고 발전의 요구 뒤에 숨어 있는 요구는 무엇인가?', '발전은 어떻게 일어날 수 있는가?' 이런 질문을 해야 한다고 본다.

발전이란 말에는 두 가지가 함축되어 있다. 하나는 생물학적 유기체의 과정들과 관련된다. 작은 도토리에서 아름드리 참나무가 자란다. 개인의 성장은 일생, 또는 개인사라는 통일성을 확보한다. 개인은 사회 속에서 태어나고 성장하기 때문에 순수한 자기 성장은 불가능하다. 발전의 또 다른 의미는 산술적인 의미이다. 성장은 무지, 미개와 비교되며 더 유식해짐, 더 나아짐이라는 의미를 뜻한다. 이 경우 인간은 죽는 날까지 성장하는 존재이다. 이렇게 태어나서 죽는 날까지 성장한다는 관점은 성장을 개인의 능력을 쌓아 가는 것으로 이해하게 되고 이는 일정한 위계 서열에 위치하는 개인을 필요로 하게 된다.

이렇게 발전이라는 위계화된 구조는 낮은 수준의 성취를 보이는 사람은 낮은 수준의 물질적 보수를 받아도 된다는 인식을 확산시킨다. 교육을 통한 더 많은 성취와 성장은 프로메테우스의 신화이다. 자본의 욕망과 결합하여 인간은 성취하는 인간, 노동하는 인간으로 자기를 형성하게 되고 '축적, 또 축적하라'는 자본의 핵심 표어를 자기화하게 된다. 끝없는 축적이라는 꿈의 실현은 교육을 통해 구현된다. 그러므로 교육학에서 평가는 매우 차별적 보상 체계이다.

가시적 수준에서 보면 태어나서 언어를 배우고 말을 하게 되고 사회적 기술을 배우고 학교에 입학하여 교과서 지식을 배우면서 한 인간은 의심할 바 없이 과거보다 더 성장했으며 발전했다고 할 수 있다. 그러나 인간이 사회 속에서 태어나 성장한다고 할 때 명목적으로는 성장했으나 실질적으로는 성장하지 못할 수 있다. 물질적으로는 좋아졌다고 해도 정치적으로 민주주의의 각종 권리들이 쇠퇴하고 나빠졌다고 볼 수도 있기 때문이다. 따라서 '누가 어떻게 발전했는가?', '어떠한 조건에서 발전했다고 말할 수 있는가?' 하는 질문을 던질 수밖에 없다.

이러한 질문을 통해 학교를 들여다보면 학교에서 모든 학생들은 대열 어디에선가 앞에 선 사람을 따라잡아야 한다. 따라서 성장은 기본적으로 위계 서열에서 자신의 위치를 변형시키는 것이며, 불평등하게 잉여가 배분되는 것에 대한 동의이다. 그러므로 교육은 배당액을 끌어올리기 위해 자기의 가치를 올리는 데 복무하도록 하는 것이다.

교육의 동시대적 전환은 이러한 관점에 반대한다. 우리 교육을 지배하는 경제 우선주의에 반대한다. 비민주적이며 반생명적인 교육에 반대한다. 동시대적 전환은 동시대적 참여를 통해 행동하면서 지금의 삶을 행복하게 하는 것이다. 또한 교육의 동시대적 전환은 공유와 연대, 상생의 삶을 촉진하는 앎의 세계를 재구성하고 인간과 자연 간의 창조적인 신진대사를 활성화한다. 마지막으로 교육과 관련한 각 부문 간에 네트워크를 구성하고 구성원 간의 상호작용을 촉진하는 역할을 한다.

교육의 정치적 전환 - 불일치와 자유

교육의 정치적 전환은 애초에 분리 불가능한 교육과 정치의 관계를 복원하는 의미도 함께 갖는다. 교육과 정치의 관계를 이해하기 위해서는 교육적인 활동의 공간·시간·형식의 분할 체계를 좀 더 섬세하게 이해할 필요가 있다. 즉 언어는 지배자와 피지배자가 모두 이해하는 공유물이지만 지배자만이 말할 수 있고, 피지배자는 단지 듣는 존재가 될 때 전자만이 정치적 존재가 된다. 이처럼 교육은 탁월함에 따른 분할 체계를 수립한다.

또한 학생들은 공동체의 어떤 공적 사무도 담당하지 못한다. 학생들이 학교라는 틀 속에서 공부하는 일 이외에 어떤 것에도 종사할 시간을 갖고 있지 못하기 때문이다. 이와 달리 정치는 무엇이 보여지고, 무엇이 말해지고, 누가 볼 수 있고, 누가 말할 수 있는지를 결정하는 문제와 관계한다.

이러한 맥락에서 교육의 정치적 전환은 '불일치'라는 정치적 관점으로 전환함을 의미한다. 교육은 학생이 교사의 의도에 따라 창안된 일련의 기호를 해석함으로써 현실 세계를 인식하고 상황에 개입하게 된다는 점에서 재현적 패러다임인데 이러한 재현적 패러다임은 학생들이 교사에 의해 설정된 공간과 시간 속에서 수동적 적극성을 발휘하는 것에 한정된다. 모든 것이 사실은 결정되어 있다고 볼 수 있는 것이다. 그러나 정치는 모든 것을 비결정적^{undecidable}인 것으로 전환하는 것이다.

따라서 교육의 정치적 전환은 학생을 능동적 존재로 만들고, 수업과 교실을 정치적 행동의 장소로 전환하고, 학생들이 지능의 평등을 전제로 교사들과 자유로운 질문과 탐구 속에서 새로운 사회 관계의 모델을 창안하는 것이다. 이를 위해서는 모든 참여자가 평등에 대한 공동의 감각을 가지고 이를 구현하도록 해야 한다. 또한 교사와 학생 사이의 규정적 관계를 의문시하면서 정치화하고, 탁월함과 미숙함의 분리에 저항하는 것이 교육의 정치적 전환의 핵심이다.

모든 규정적 관계가 정치화하면 정치적 주체를 통해 기존의 동일화와 분류화의 체계에 도전함으로써 정치적 논쟁을 산출하게 되고, 정치적 주체(교사, 학생, 학부모)는 익명의 다수, 즉 데모스로서 비행을 통해 학교교육을 포함한 기존의 교육 체계를 확립하고 유지하려는 교육의 경찰 체계에 맞서 정치적 평등을 실현해 가게 된다.

근대적 교육, 특히 학교교육은 태동 과정에서 혁명적 성과였지만 점차 국가에 의해 양성되는 보편적 인간 교육으로 성질이 변하면서 윤리적 판단에 종속되었고 정치적 공간으로서의 성격은 위축되었다. 이렇게 되면 교육은 환경, 존재 방식, 행동 원리 사이의 동일성을 수립하는 사유 체계로 작동하며 동일성, 일치의 산출에 중점을 두게 된다. 이러한 일치는 정치의 핵심인 불일치를 제거하는 공동체의 구조를 규정하는데, 이것이 바로 윤리적 공동체, 즉 정치 없는 공동체이다. 윤리적 공동체는 불일치가 없는 탈정치화된 공동체로서 인도주의의 형식이 된다. 이렇게 교육이 비정치가 되면서 학습자들의 해방의 모든 과정을 가로막는 윤리적 경험으로 전환된 것이 지금의 학교교육과 교육 체계이다. 학교 제도 안에서 학생들은 가만히 있어야 하는 수동적 존재가 되었다.

문제는 일치가 공동체의 공익에 관한 정치적 당사자들의 합의를 의미하는 것이 아니라 기존의 어떤 공동적 상황들이 더 이상 논쟁을 허용하지 않는 방식으로 객관화되었다는 것을 의미한다는 점이다. 즉 정치적 공간의 말살을 통해 일치의 공간을 창출하는 것이다. 정치적 성격을 잃은 학교는 학교 외부, 사회의 문제에 무관심해지면서 사회적 연대를 상실한다.

교육의 정치적 전환에서 중요한 것은 자유다. 자유는 타자를 배려하는 타인과의 복합적 관계로, 그리스인들에게 자유의 척도는 노예가 아니라는 것이며 이는 이미 정치적 문제였다. 즉 타인의 노예가 아니라는 것을 하나의 조건으로 삼는다는 기준 자체가 정치적인 것이다. 왜냐하면 노예에게는 윤리가 없기 때문이다. 그러므로 자유 그 자체가 정치적이다. 그리고 자유는 하나의 정치적 모델을 가진다. 자유롭다는 것은 자기 욕망의 노예가 되지 않음을 뜻하며 스스로가 자기 자신을 지배하고 다스리는 관계의 확립을 의미한다.

학생이 배움의 과정에서 주체가 되고 교사와 능동적 관계를 맺고, 학교가 상위 학교 입시와 취업을 위한 연결 고리를 끊게 되면 이 과정에서 교사와 학생은 정치적 관계를 중심으로 배움의 장에서 만나게 된다.

마지막으로 교육의 정치적 전환에서 검토해야 할 것은 국가의 역할이다. 한국에서 산업적 근대화가 가능했던 게 개발 국가의 역할 덕분이었다면, 근대화의 한계와 폐해도 국가의 역할에서 기인한다. 개발 국가에 '환경 친화적 개발', '지속 가능한 발전'이라는 수식어를 붙인다고 해도 사회와 교육이 지속 가능해지는 것은 아니다. 따라서 교육의 정치적 전환은 국가의 장으로 문제를 집중하는 전략이 아니라 학교의 형태, 교원의 자격과 양성 체제, 교육과정, 교과서 등의 문제에서 분산적 전략을 통해 다양한 대안적 교육 제도를 만들어 나가는 것이다.

가능성 만들어 내기

교육의 생태적 전환은 교육 불가능 담론*에 대한 대안적, 실천적 성격을 가지며, 후쿠시마 핵발전소 참사 이후의 교육이 어떠해야 하는가라는 질문과 연결되어 있다. 그리고 비록 각론 수준에서는 학교에서 농사짓기, 핵발전소 반대, 대안 에너지 문제 등밖에 다루지 못했지만, 교육의 생태적 전환은 근대적 교육 담론에 대한 성찰로 구체화되었고, 4.16 교육 체제에 대한 고민으로 보다 심화되었다.

그러므로 교육의 생태적 전환은 사회 문제에서 벗어나 자연으로 돌아가자는 것으로 축소되지 않는다. 또한 대기 오염, 숲의 훼손, 오존층 파괴, 핵발전소 사고 등과 같이 인류의 생존을 위협하는 쟁점들이 여론에 나타나는 순간에만 목소리를 내는 이슈 파이팅적 전술도 아니다. 교육의 생태적 전환은 자본주의 권력 구성체와 배움의 양식, 주체성 전체에 대한 문제를 제기하는 정치적이며 동시대적인 권력 투쟁이다.

교육의 생태적 전환은 자연 존재이면서 또한 사회적 존재인 인간의 양면성을 종합적으로 파악하는 것으로부터 시작해야 한다. 따라서 교육의 생태적 전환은 도시와 농촌, 생태와 기술, 감성과

---

* 오늘의 교육 편집위원회 기획·엮음(2011), 교육 불가능의 시대, 교육공동체 벗. '교육 불가능'은 "좋은 대학 – 좋은 직장"이라는 파이프 라인이 더 이상 유효하지 않은 현실에서 메리토크라시가 신화라는 것이 드러나면서 학교교육이 대다수 학생들에게는 의미 없는 것이 되었다는 현실을 가리키는 말이다.

지성, 자연과 인간, 생물학적이면서 사회 정치적인 인간의 신체를 통합하는 방향에서 고민되어야 한다. 또한 정치적이며 동시대적인 관점에서 인간이 관계적으로 성장하고 발달한다는 것에 대한 이해를 구체화하는 작업이어야 한다. 이러한 관점에서 교육의 생태적 전환은 하나의 운동이며, 진보적 교육운동의 극을 재발명하는 것이고 근대적 교육과는 다른 기반 위에서 교육을 재구축하는 것이며, 공적인 것과 사적인 것을 사회적인 것으로 재접합하는 것이다.

이러한 교육의 생태적 전환을 농적 전환, 동시대적 전환, 정치적 전환으로 세분화하고, 대량 생산과 대량 소비에 기반한 반생태적 집합적 교육 시스템에 반해 인간 발달을 생태적으로 모델링하고 넘나들며 배우기를 제안했다. 또한 기본소득을 통해 노동과 진로로부터 자유로운 교육에 대한 고민이 필요하며, 유치원-초등-중등-대학으로 이어지는 위계화된 배움의 구조 개혁 등에 대한 과제도 고민거리이다. 이렇게 제시된 전환의 방향과 주제들을 가지고 교육의 생태적 전환에 대한 고민을 함께 구체화시켰으면 한다.

시공간이 제로인 상태에서의 교육 실천, 즉 아주 추상적이고 만져 볼 수 없는 이상에만 전념한다는 의미에서 중립적인 교육 실천은 없으며, 있어 본 적도 없다. 그러한 것이 있다고 사람들을 믿게 하거나 이것이 진리라고 무모하게 확신하거나 확신시키려는 시도는, 논란의 여지 없이 불의로 인해 피해받는 사람들의 저항 가능성을 누그러뜨리기 위한 정치적 실천이다. 그러한 교육 실천은 자신의 정치적 색깔을 숨기지 않고 공개적으로 표현하는 다른 실천들과 마찬가지로 정치적이다.*

---

* 파울로 프레이리, 교육문화연구회 옮김(2002), 희망의 교육학, 아침이슬, 121쪽.

집필 후기

뿌리 뽑는 교육에서 뿌리내리는 교육으로의 전환

환경 문제는 인류의 생존과 직결된 전 지구적 이슈가 된 지 오래이다. 교육에서도 '생태적'이라는 관형어를 넣어 근대적 교육 문제 전반을 고민해 온 지도 오래되었다. 특히 '교육의 생태적 전환'에서 전면화되어야 할 것은 환경 문제의 해결은 기술 혁신이나 대중적 처방으로 해결될 수 없다는 의미에서 '전환'이다.

그동안 인류는 효율적인 에너지 시스템을 구축하고 생산성을 제고하는 녹색 기술의 혁신을 통해 환경 문제를 해결하려는 생태 근대론적 입장을 견지했다. 그러나 녹색 기술의 효율화가 자본 축적의 확대와 경제적 팽창, 자연의 파괴를 멈추지는 않았다. 지역의 문제를 다른 지역 또는 국가로 전이시켜 보이지 않게 하거나 고도로 발달한 복잡한 시스템이 만들어내는 '정상 피해'라는 현상을 경험하게 될 뿐이었다. '교육의 생태적 전환'은 이러한 문제의식에서 기획되었다. 교육의 불가능성과 연결하면 "근대가 만들어 낸 교육 제도를 근대 안에서 극복하는 것의 불가능성과 포스트 근대적 삶에 대한 사유"라고 할 수 있다.

이 글에서는 이러한 맥락에서 분절되고 피상적이며 맥락이 제거된 자기 파괴적 교육을 새롭게 정립해야 한다는 이야기를 했다. 학교는 생태를 교육하는 공간이면서 전환 자체가 실천되는 시-공간이다. 전환을 배우고 실천하기 위해서 무엇보다 중요한 것은 자아를 생태적 관점에서 재정립해야 한다는 점이다. 여기서 생태적 자아는 사회 속에서의 관계적 자아를 주변의 다른 생명체는 물론 물리적 환경에까지 확장시켜 역동적 상호교류 속에서 삶을 펼쳐 나가는 존재를 말한다. 그러므로 생태적 자아의 밑바탕에는 인간을 포함한 생명체가 하나의 거대한 생태 체계를 갖추고 있다는 전제가 있다.

생태적 전환에서 중요한 것은 윤리적 태도를 굳건히 하는 것이다. 여기서 윤리적 태도가 중요한 것은 환경 문제가 책임은 분산시키고 피해는 집중시키는 구조를 갖고 있기 때문이다. 게다가 환경 문제에 책임이 있는 주체와 그로 인해 피해를 받는 주체가 시-공간적으로, 역사적으로 분리되어 있어 세대를 넘어선 환경 피해와 지역 간 환경 불평등을 직접 인식하는 것을 방해한다. 그래서 '윤리적'인 것이 전면화되어야 한다.

시대 너머를 사유한다는 것은 어려운 일이다. 그럼에도 불구하고 현존의 관계를 근본적으로 변혁하고 자연과 상호 의존하는 삶의 체계로 전환하는 거시적 기획과 함께 생태 친화적인 문화를 가꾸는 실천을 병행해야 한다.

읽을거리
|
- 백승종(2017), 생태주의 역사강의, 한티재.
- 브렌트 데이비스, 심임섭 옮김(2014), 복잡성 교육과 생태주의 교육의 계보학, 씨아이알.
- 로베르트 웅거, 이재승 옮김(2012), 주체의 각성 - 사회개혁의 철학적 문법, 앨피.
- 에드워드 렐프, 김덕현 외 옮김(2005), 장소와 장소상실, 논형.

- 울리히 벡, 홍성태 옮김(1999), 위험사회 - 새로운 근대(성)을 향하여, 새물결.
- 이상헌(2011), 생태주의, 책세상.
- 정정호(1997), 탈근대 인식론과 생태학적 상상력, 한신문화사.
- 존 벨라미 포스터, 박종일 옮김(2010), 생태혁명 - 지구와 평화롭게 지내기, 인간사랑.
- 지그문트 바우만, 이일수 옮김(2009), 액체근대, 강.
- 지그문트 바우만, 정일준 옮김(2013), 부수적 피해, 민음사.
- 펠릭스 가타리, 윤수종 옮김(2003), 세 가지 생태학, 동문선.

석기 시대는
왜 끝났을까?

교육과 기본소득

이 마지막 사람에게 당신과 똑같은 품삯을 줄 것이다.

― 〈마태복음〉 20장 14절

예수는 하늘나라에서는 아침부터 종일 일한 사람이나 저녁 무렵에 잠깐 일하는 시늉만 한 사람이나 똑같은 소득을 지급받는다고 가르친다. 이게 말이나 되는 일일까? 당장 떠오르는 질문은 그러면 누가 일하겠느냐는 것이다. 실제로 노동과 관계없이 기본소득을 지급하는 것에 대한 이야기를 주변에 건넸을 때 첫 반응은 '말도 안 돼'였다. 그리고 따라오는 말은 '그렇게 되면 나는 지금처럼 일하기 싫어'였다.

말도 안 되는 이야기라고 말하며, 막상 그것이 현실화된다면 지금처럼 일하고 싶지 않다고 말하는 이 이중성은 자본주의 사회에 살고 있는 우리들의 모습을 그대로 드러낸다. 하고 싶은 일은 따로 있지만, 현실은 돈을 많이 버는 일을 할 수밖에 없는……. 이렇게 우리는 투표 칸막이 안에서만 주권자이며, 공장이나 회사에서는 임노동의 멍에에 구속되어 있다. 노동력을 판매할 자유라는 (자본주의 체제에서 제한된) 자유만 누릴 뿐, 진정한 의미에서는 삶의 자유를 향유하지 못하고 있는 것이다.

왜 교육하는가?

"한국에서 살기 너무 피곤해. 학생들은 공부하느라 너무 힘들어. 아이들이 너무 불쌍해. 마음껏 뛰놀게 하고 싶어."

많은 이들이 아파트에 살면서 마당이 있는 단독 주택에 사는 것을 희망하듯이, 교사와 부모들은 이와 같이 아이들을 입시가 없는 곳에서 자유롭게 교육시켰으면 하는 생각도 하고 있다. 그러나 이런 기대는 현실화되기 어렵다. 교육의 장은 단지 배우고 가르치기만 하는 투명하고 단일한 공간이 아니기 때문이다. 우리는 교육을 통해 끊임없이 더 잘살고 더 많이 버는 욕망을 생산한다. 따라서 우리는 교육 공간에서 어떤 조건들이 어떤 방식으로 교사와 학생을 통치하는가, 이 공간이 어떤 메커니즘을 통해 학생 주체를 생산하는가에 대해 분석해야 한다. 그래야만 우리는 개인이 놓인 실재하는 삶을 서술할 수 있다. 또한 그럴 때 교육을 미래를 위한 준비, 예비 과정으로 붙박는 협애한 틀을 넘어서서 교육의 공간에서 유통되는 현재의 문제들, 사회 구조의 문제들, 국가가 교육에 관철시키려 하는 전략들을 불러들일 수 있으며, 학생들이 자신을 사회와 국가의 일부분으로 인식하게 되는 방식을 이해할 수 있다.

우리는 자본주의 사회에서 살고 있고, 따라서 교육 문제는 우리가 살고 있는 자본주의 사회와 관련을 맺을 수밖에 없다. 즉 교육 문제의 대부분은 장차 학생들이 받게 될 노동 소득의 문제와 연결되어 있다. 이렇게 노동이 개인의 인적 자본을 구성하는 역량, 소질, 기량과 같은 자원을 활용해 그 자본의 수익을 구성하는 소득을 얻는 행위라고 볼 때 학생들은 교육을 통해 삶의 의미를 자본화하는 사적 정체성을 형성하고 그들이 맺는 인간관계를 매니지먼트화하게 된다. 학교교육이 삶의 의미를 자본화하고 매니지먼트화하는 (교과를 초월해 보이지 않는) 노동교육으로 수렴되며 학생들은 이러한 범노동교육과정의 영향을 받는다.

특히 문제가 되는 것은 학교이다. 근대에 접어들면서 교육의 중심 공간이 된 학교는 다른 제도들과 관련을 맺으면서, 학생들로 하여금 능력에 따른 위계적 분업 구조와 그에 따른 차별적 결정권의 분배가 지배하는 자본주의 경제 원리를 받아들이고 그 영향하에 들어갈 수밖에 없도록 한다. 학생들은 위계적 분업 구조의 열악한 조건에서 일하는 노동자들이 신분의 불안과 함께 가장 낮은 보상을 받는 것에 순응하며, 자신은 가장 높은 보상을 받는 자기 고용의 주체가 될 것이라는 진로 설계를 하게 된다. 교육은 이렇게 이중화된 노동 시장을 받아들이고 이것을 개인의 문제로 치환해 버린다. 결국 교육은 단순히 개인의 성장과 발달의 문제가 아니라 능력에 따른 배치의 문제, 생존의 문제가 된다.

여기에 더해 위계화된 노동 분업 구조에서 상층에 가기 위한 경쟁은 서로 돕는다거나 개인의 성과를 요구하지 않는 사회문화적 실천을 방해한다. 개인은 끊임없이 발전, 발달해야만 하며 아무것도 하지 못하는 인간이어서는 안 된다. 이에 따라 학교 제도는 개인의 능력이 나타나도록 사회문화적 활동을 조직화하는데, 이것은 군대에 입대할 수 있는 능력에 따라 개인을 등급화하여 배치하는 병무청의 기능과 유사하다. 그런데 노동 사회에서 학교는 일제 강점기나 독재 국가 시기처럼 통제의 공간이라는 인식보다 욕망을 실현하는 가능성의 공간으로 인식되며 이데올로기가 배제된 중립적인 공간으로 탈바꿈한다. 그리고 국가, 부모, 교사는 위생, 건강, 안전을 이유로 학생들을 통제하고 간섭하며 학교를 통해 성공 담론을 생산한다. 이렇게 노동으로부터의 배제와 보호를 통한 학교교육 모델 속에서 학생들은 실력을 쌓아서 취직을 하고 공부하면 돈을 모으고 높은 자리까지 올라갈 수 있다는 믿음 체계를 형성하게 된다. 실제로 초기 학교교육은 어느 정도 지배 계급의 교체와 신분 상승에 기여했다. 그런데 여러 가지 지표들이 보여 주고 있듯이 자본주의 발전과 함께 부모, 가정, 아동으로 이어지는 문화 자본의 재생산이 구조화되면서 교육을 통한 사회적 이동이 0으로 수렴되고 있다. 아니, 오히려 노동을 통해 더 가난해지는 것과 같이 더 많은 교육을 받았지만 더 높은 위치에 서지 못했다는 이유로 임금, 노동 조건 등에서 차별을 당연한 것으로 받아들여야 하는, 교육이 인간을 정치사회적 자연 상태로 격하시키는 경향이 나타나고 있다.

그래서 부모들은 가끔 아이들을 놀게 해 주다가도 아이들이 경쟁에서 뒤처진다 싶으면 다시 강도 높은 학습량을 부과한다. 만화가 학습에 도움이 된다면 만화를 읽히듯이, 놀이가 창의성 발달과 학습에 도움이 되는 한에서 학습화된 놀이 시간을 보장한다. 자녀에 대한 부모로서의 책임과 안전을 위한 간섭은 점점 부모의 욕망을 위한 통제와 지배로 바뀌게 된다. 자녀에게 부과하는 학습 강도는 심화되어 영어, 수학, 과학 과외는 기본이며 피아노에 다른 악기 하나, 영어에 제2외국어 하나, 수영에 다른 스포츠 하나를 더 시키려 한다. 이처럼 부모들은 학생들이 '심심한 천국'에 사는 것을 용납하지 못한다. 이유는 간단하다. 우리가 사는 곳은 약육강식이 지배하는 곳일 뿐, 사회 자체가 없기 때문이다. 게다가 한국의 고용 현실은 더욱더 안 좋아지고 있다. 그럴수록 역설적으로 공부에 대한 압박은 강해진다. 이렇게 모든 가정의 사회경제적 재원이 총동원되는 총체적 가족 경쟁 체제가 구축된다. 여기에 인터넷 강의, EBS 교육방송과 같은 학습 매체의 '민주화'는 학생들을 보다 더 공부하는 기계가 되도록 내몰고, 더욱 강도 높게 스펙 경쟁을 해야 하는 존재로 만든다.

그렇게 온 가족이 경쟁 체제에서 대학을 가고 취업을 하고 창업을 한다. 그러면서 사람들은 알게 된다. 왜 이렇게 열심히 개미처럼 일하는데 돈을 못 벌지? 음식점을 창업해서 조금 잘되는 듯하면 권리금 씌워서 떠넘기기를 시도하는 건물주, 너도나도 가게를 얻으니까 폭등하는 부동산 가격……. 결국 땅 주인만 이득을 본다. 회사에 취직을 해도 내가 원하는 일이 아니라 회사가 시키는 일을 해야 하고 노동 강도는 갈수록 강해지며 다양한 비정상적 노동 조건 속에서 삶은 불안해진다. 비정상적인 노동이 증가하면서 노동 안에서의 분열은 더욱 심화된다. 그래서 안정적인 노동 소득을 받지 못하는 노동자들, 비정규직 노동자들, 파트타임 노동자들은 자본가, 정규직 노동자 양측으로부터 소외된다. 삶의 전체적 과정을 통해 승리하는 것은 개인과 교육이 아니라 교육 속에 감추어진 자본이다. 다시 말해 자본은 늘 승리하며 노동은 늘 패배한다는 사실만이 확인될 뿐이다.

그런데 이상한 것은, 실제로는 초·중·고등학교 교육과정의 목표가 '수단 방법 가리지 말고 좋은 대학 가자'인 것이 분명한데도 '고등학교 나와서는 인간 구실을 못 한다', '무조건 좋은 대학 가고 봐야 한다', '네가 누구인지는 네가 입학한 대학과 네가 다니는 직장이 말해 준다'와 같은 말은 교육과정 어디에도 나와 있지 않다는 것이다. 대신 추구하는 인간상을 교육적 언어들로 포장한다. 시장에서 요구하는 노동자 모델이 인적 자본의 형태로 정교하게 교육과정에 반영되어 있는 것처럼.

이렇듯 지금의 학교교육은 시장에서 필요로 하는 인력과 지식을 생산하고 있다. 다만 교육과 시장을 엮는 시대적 실존을 드러내는 언표들이 수월성, 창의성, 협력적 사고 등으로 다르게 나타날 뿐이다. 물론 이러한 주장에 대해 교육을 다른 의미에서 개념화하면서 본래의 교육은 그런 것이 아니라고 말할 수도 있다. 그러나 자본주의 사회에서 교육은 노동 패러다임, 즉 '교육-진학-고용-

노동 소득'이라는 모델에서 작동하며 이러한 틀 속에서 '산교육'은 불가능하다. 자본주의 사회에서 인간의 모든 활동은 자본의 가치 증식 활동에 관계하는 노동으로 파악되기 때문이다. 반대로 가치 증식을 하는 활동에 참여하지 않거나 참여할 의지가 없는 사람은 선별적 복지라는 시혜를 받긴 하지만 이 사회의 기생적 존재가 된다. 그리고 학교는 이렇게 공동체 이익에 복무하지 않는 자, 참여하지 않는 자를 경멸한다. 교육은 학력의 의한, 능력에 의한, 부의 축적에 의한, 또는 연금에 의한 노후 보장이라는 틀 안에서 작동한다.

묻지도 따지지도 않는 기본소득

예수의 말은 석기 시대 사람들을 새로운 패러다임으로 이동하게 하는 것과 같은 선언을 의미했다. 예수의 말을 듣는 순간 일한 것에 대한 대가가 소득이라는 패러다임 속에 갇혀 있던 사람들의 생각에 균열이 발생했다. 돌은 지천에 널렸으나 석기 시대가 끝나 가듯 남성의 성적 대상이며 출산의 도구로서, '여성=성', 남성만이 시민과 인간의 위치에 서는 '남성=사람', '아이=보호를 받아야 할 미숙한 존재', '고소득자=능력 있는 사람'과 같은, 우리에게 익숙한 사고의 체계들이 균열되기 시작한 것이다.

그렇다면 그 사회 구성원 모두에게 조건 없이 동일한 금액을 주자는 기본소득은 왜 석기 시대를 끝내는 아이디어이며 패러다임인가? 그것은 기본소득이 개인에게 열악한 생계 조건 혹은 노동 조건을 거부할 수 있는 협상력을 제공해 주고 이로써 모든 이들이 더 나은 삶을 향유할 수 있도록 하는 아이디어들을 제공해 주기 때문이다. 특히 노동 시장 밖으로 주변화되어 있거나 다양한 인정 질서로부터 소외된 개인들이 자유로운 그리고 온전한 개인과 시민이 되기 위해서는 생계에 필요한 기본적인 소득이 확보될 필요가 있다. 이러한 인간으로서 기본적 생계를 우리는 그동안 노동 소득과 연관된 다양한 복지 제도를 통해 해결하려고 했다. 그러나 노동하고 있으나 빈곤에서 헤어나지 못하는 구조에 있는 이들, 노동하고 있으나 노동자라 하기 어려운 이들, 온전한 노동자가 되기 위해 더 많은 노동을 해야 하는 이들과 같이 불안정한 삶의 기반을 가지고 있는 이들이 증가하면서 정규직 임금 노동자를 상정한 실업 급여와 같은 정책으로는 빈곤과 실업 문제를 국가가 해결할 수 없음을 확인하고 있다. 우리에게 새로운 소득의 패러다임이 필요해진 것이다.

노동 소득과 노동 소득을 중심으로 한 복지 제도와 달리 기본소득은 예수의 말처럼 모든 구성원에게 자산 심사 없이, 균등하게, 노동 여부나 노동 의사를 묻지 않고 현금으로 지급하는 소득이다. 이러한 아이디어는 노동과 소득의 고리에 균열을 냈고, 그동안 너무나 자연스럽게 연결되어 있어 당연하게 받아들여지던 것들이 의문시되기 시작했다. 좀 더 구체적으로 살펴보면 여성에게는 기본소득이 결혼, 고용, 생계의 고리를 실질적으로 끊어 낼 수 있게 만들면서, '여성=성'의 등식이 아니라, '여성=인간'의 등식으로 변화를 모색하는 것이 가능해진다. 남성들은 자본주의 태동 이후부터 지금까지 가족임금제 이데올로기의 수혜를 입으며 시민 주체의 지위를 어느 정도 누려 왔지만 남성들에게도 기본소득은 남성이 아닌 인간으로서 삶을 고민할 수 있는 가능성을 연다. 또한 '정규직=고용 안정', '비정규직=저임금'이 아니라, 노동 시간 감축, 최저임금 상승, 기본소득이라는 아이디어가 결합해 좀 더 유연한 노동을 조직할 수 있다.

교육 또한 마찬가지다. 기본소득은 '(학교)교육=취업', '학생=보호받아야 할 어린이'라는 등식이 아니라 '교육=내가 지금 가장 하고 싶은 것', '학생=인간'이라는 공식으로 전환하는 훌륭한 수단이 될 수 있을 것이다. 교사들 역시 학생들의 입시를 준비시키는 존재에서 벗어나 학생들과 진정한 교육을 이야기할 수 있는 존재로 전환할 가능성을 갖게 될 것이다. 학부모들도 '네가 지금 이런 식으로 공부하다가는 굶어 죽을 거야! 이래서 어느 대학을 가려고 그러니?' 하는 질문에서 벗어날 수 있을 것이다. 그러나 무엇보다도 기본소득이 교육에 가져올 변화의 핵심은 학생들로 하여금 미래를 위한 준비라는 이름으로 학교에 결박되어 해 온 진학/입시를 위한 공부로부터 해방되어 자신의 의지에 따라 공부할 수 있는 자유, 삶을 위한 물질적 조건을 확보하여 자본의 힘으로부터 스스로를 보호할 수 있는 가능성, 우연이 만들어 낸 불평등으로서 가정의 빈곤 문제에서 자신을 방어할 수 있는 기회를 만들어 준다는 것이다. 즉, 기본소득의 보장을 통해 우리 중 어느 누구도 인간이 아니지 않음을, 우리의 관계가 인간의 관계임을 깨우치게 될 가능성이 높아지는 것이다. 이렇게 기본소득은 학부모, 학생, 교사를 포함해 교육과 관련된 사람들 모두에게 시간 활용의 폭이 커지게 함으로써 유의미한 사회적 활동에 필요한 시간을 확보할 수 있도록 한다. 그래서 각 개인이 능력에 따른 위계적 분업 구조와 그에 따른 차별적 결정권 속에서 살아가는 임노동의 주체가 아니라 자유로우며 온전한 개인으로서 시민적 주체성을 형성할 수 있게 하는 가능성을 연다.

기본소득이 가져올 교육의 변화들 구상하기

우선 전제할 것은 많은 사람들이 지적했듯 기본소득이 만병통치약은 아니라는 사실이다. 다시 말해 기본소득이 도입된다고 사회의 모든 불평등이 해소되는 것도 아니며, 노동 조건의 개선이 저절로 이루어지는 것은 더더욱 아니다. 기본소득이 어느 정도 수준에서 설계되어야 하는지도 관점에 따라 다를 수 있고, 오히려 기본소득으로 인해 노동 소득에서 불평등이 심화될 수도 있다. 부자이건 가난한 사람이건 재산 수준이나 노동 여부 등 여타 조건과 관련 없이 모두 동일한 액수의 기본소득을 지급받지만, 조건 없는 기본소득을 통해 달성되는 평등은 모두가 공통적으로 충분조건을 가진다는 의미이지 동일한 조건을 가진다는 의미는 아니다. 즉, 기본소득은 조건의 전면적인 평등이 아니라, 조건의 부분적인 평등일 뿐이다. 일정 수준에서 모두 공통적으로 동일한 사회적 조건을 확보한다는 것과 모두가 절대적으로 동일한 조건을 가진다는 의미는 전혀 다르다. 아울러 이는 조건 없는 기본소득이 직접적으로 경제적 평등의 원리에 의거하여 정당화되지 않으며, 기본소득과 경제적 평등은 기본소득이 지급되는 액수의 범위에서만 원리적 상동성을 가질 뿐임을 뜻한다.

그래서 우리는 기본소득을 고민하면서 노동 소득과 관련된 문제들, 즉 안정적 일자리, 최저임금 인상, 노동 시간 단축, 청소년 노동에 대한 정당한 대우를 포함하여 동일 노동 동일 임금의 원칙을 구현하는 데 관심을 기울여야 한다. 이렇게 노동할 자유, 노동 안에서의 평등, 노동하지 않을 자유가 상호 고려되면서 기본소득이 노동 소득을 대체하도록 해야 한다.

모든 국민에게 아무런 조건 없이 기본적인 생활을 영위할 수 있는 소득을 보장하는 것은 단순히 돈을 나눠 준다는 것 이상의 의미가 있으며 교육 전체를 다시 디자인하는 운동의 시발점이 될 수 있다. 당장 자신의 소득에서 노동 소득이 차지하는 비중을 줄이게 되면 노동 시간을 줄이고 자신이 하고 싶은 일을 할 수 있을 것이다. 이는 저임금 노동자, 비정규직 노동자뿐만 아니라, 고임금 노동자에게도 영향을 미치게 될 것이다. 이렇게 되면 기본소득은 개인의 실질적 자유를 확장하면서 죽은 노동이 아닌 산노동을 활성화시킬 것이며 교육 역시 경제로부터 해방되어 죽은 교육이 아닌 산교육이 가능해질 것이다. 그리고 완전 고용을 전제로 한 진학 중심의 학교교육이 동시대적 교육으로 전환될 것이다. 이런 그림을 조금 더 구체화시켜 보자.

변화 1 : 교육 주권과 정치적 주권의 확장

무엇보다 기본소득은 학생을 둘러싼 민주주의의 심화와 시민권의 확장에 기여한다. 기본소득을 보장하는 것은 모든 시민이 자신이 원하는 한 사회생활의 모든 분야에 전적으로 참여하는 길을 열어 주기 때문이다. '보통 선거권'이 동등한 정치적 시민권의 상징이라면 기본소득은 온전한 시민권의 상징이다.

인류공동체의 구성원으로서 만인은 '평등(동등성)의 원리'와 '공통성의 원리'를 가진다. 모든 사람은 인간으로서 동등한 자격을, 공통적으로 가지고 있다. 이러한 공통성의 원리로부터 조건 없는 기본소득은 사회적으로 보장되어야 할 인간 모두의 '공통적 조건'으로 볼 수 있다. 특히 기본소득은 평등 원리의 관점에서 보면 학생, 학부모, 교사, 학교 구성원 간의 여러 가지 평등한 자격들을 만들어 낼 수 있다. 이처럼 모든 사회적 권리들 중에서 기본소득, 곧 특수한 조건과 상관없이 만인에게 평등하게 지급되는 기본소득은 '동등한 자격의 원칙', 곧 '동등성의 원칙'에 가장 근접한다.

기본소득을 통해 동등성의 원리와 공통성의 원리가 실현되면 공부를 해야 한다는 이유로 학생들을 각종 의사 결정으로부터 배제할 정당성이 약화된다. 무엇보다 노동 시간과 소득 간의 연계 고리가 약화됨으로써 혁신학교가 구현하려 하는 학생, 교사, 학부모, 비정규직, 행정 직원 등 학교 구성원 간의 생동하는 연대가 현실화된다. 따라서 기본소득은 학교를 포함한 교육의 각 영역에서 모든 구성원들의 실질적 정치적 주권을 확장할 것이며, 학교를 인권적으로 재구성할 것이다.

여기서 중요한 것은 기본소득과 정치적 평등, 주권의 원리는 전적으로 같은 원리 위에 기초한다는 것이다. 즉, 기본소득은 가난을 구제하기 위해 지급되는 국가의 시혜나 사회적 자선이 아니라 모두가 대등한 사회 구성원이라는 보편적 자격을 가진다는 전제에서 비롯되는 보편적 권리이다. 국가적 차원에서 기본소득은 보편적 복지와 주권을 원리적으로 동일한 기초 위에 세운다. 이와 같은 모두가 대등한 사회 구성원으로서 보편적 자격을 가진다는 전제의 원리적 상동성을 통해 사회 구성원 모두의 보편적 복지에 관한 논의의 주권론적 차원이 분명해진다. 즉, 기본소득운동은 주권운동, 민주주의운동으로서의 의미를 가진다. 이렇게 기본소득은 진정한 민주주의를 가능하게 한다. 진정한 국민주권, 진정한 민주주의는 선거권과 피선거권의 부여만으로 실현할 수 없기 때문이다. 기본소득과 기본 복지를 통해서 모든 국민이 주권을 실질적으로 행사할 수 있는 조건을 획득할 때에만 비로소 민주주의라고 말할 수 있고 교육 관련자들은 진정한 주권자라고 말할 수 있게 된다.

기본소득이 교육 주권과 정치적 주권을 확장하게 되면, 학교의 참여, 의사 결정 모델은 새롭게 설계되어야 한다. 예컨대 교사, 학부모 위주의 의사 결정 모델이었던 학교운영위원회는 학생을 비롯해 학교에서 노동하는 사람들 전체를 포괄하는 의사 결정 모형에 대해 고민해야 한다. 대학조차도 교육과정을 포함한 여러 가지 대학의 운영 과정에 학생들의 참여를 제한하고 있는데 이러한 제한 조건들이 폐지되어야 하며, 집합적 의사 결정 과정에서 지배의 문제가 발생하지 않도록 하는 세련된 설계가 필요하다.

변화 2 : 자기 책임성, 자기 조직화, 생동하는 연대로서 교육

근대 교육학은 학생 개개인을 주체라는 근대적 틀에 묶어 두고, 개인적 삶을 소거했다. 또한 교육의 공간에서 현재라는 시제는 사라지게 되었으며 미래의 불확실한 삶을 염려하게 되고 타자와 공감하는 연대 또한 사라졌다. 학교와 교육에서는 미래 시제만을 다루게 되는데 이러한 미래 시제는 시험이라는 분류, 줄 세우는 시선과 결탁해 개인의 현재적 삶을 제거했다. 그것의 극단적인 형태는 부모와 교사에게는 돌봄의 윤리를, 학생들에게는 복종의 윤리를 강화하는 모습으로 나타났다. 이러한 구도에서 학부모와 교사는 무한 책임을 느끼는 한편, 학생은 안전과 돌봄을 위해 간섭과 통제를 받아야 하는 피동적 존재가 되었다.

교육이 기본소득과 만나게 되면 이러한 구도에 균열이 생기고 학생들의 배움에서 자기 책임성, 자기 조직화, 그리고 생동하는 연대가 강화될 것이다. 공부는 취업을 위한 것이 아니라 평생의 로맨스가 되며, 현재와 같이 단계적으로 배우는 방식과 학년제 운영 등이 재검토되어야 한다. 기본소득을 통해 교육이 인간의 경제적 가치를 높이기 위해 자유 경쟁을 유도하는 것에서 해방되어, 학생들이 평생교육적 관점에서 배움을 자기 삶에서 조직하게 될 것이기 때문이다. 그리고 학생들이 교육권과 시민권을 가지게 되면서 우리 교육을 지배하는 경제 우선주의에 반대하고, 비민주적이며 반생명적인 교육에 반대하는 행동에 참여하면서 지금의 삶을 행복하게 하는 실천이 조직될 수 있다.

여기서 교육은 고립된 개인을 위한 교육이 아니라, 개인이 타인과 평등한 관계를 통해 시민적 지위를 누릴 수 있도록 하는 교육이라는 데 핵심이 있다. 개인이 사회에서 다른 행위자들과 어울려 살아가는 공동체를 전제로 이러한 공동체 내에서 어느 누구에게도 복속되어 있지 않은 지위, 조건을 구체화하는 것이 교육이라는 것이다. 이렇게 되면 학습자는 교사, 부모, 성인과의 관계에서 본의의 의사와는 무관한 비자의적 간섭을 받지 않고, 공적 담화에 참여하게 된다.

무엇보다 지식 자체가 개인의 소유가 아닌 공동체의 산물이자 공통의 가치로서 보전되고 공유될 수 있다. 개인은 서로 의존적이며 협력적이기 때문에 때로는 모방을 하고 때로는 협력을 한다. 그리고 그러한 모방과 협력을 통해 해당 사회의 지식이 활용되고, 그 활용된 지식이 개인의 소유가 아니라 다시 공통의 자산으로 만들어지게 된다.

변화 3 : 교육학 모델의 변환 - 개미 모델에서 베짱이 모델로의 전환

자본주의 사회에서 교육은 미래의 좋은 삶, 국가의 경제적 성장과 발전을 위한 수단으로 이해되었으며, 개인은 꿈의 실현이라는 방식으로 국가의 성장 전략에 자신을 동일시했다. 이러한 자본주의와 함께 근대의 이성적 사유에 의해 체계화된 근대 교육학은 학교를 중심으로 한 지식의 전수를 이론적으로 정립하면서 교육과정, 교과, 교수-학습 방법, 평가 등을 과학화하며 정치경제학을 배제한 심리학적인 면으로 구조화하려 노력했다. 특히 경험과 공유, 연대, 환대와 같은 것들이 이해의 성장보다 부차적 문제가 되었다. 배움이 자기 지배와 자기 책임성, 생동하는 연대를 통해 자기를 만들어 가는 과정이 아니라 이해의 성장이라는 인식론의 문제로 바뀌면서 학교는 담장을 경계로 학교와 학교 밖을 나누고 맥락을 제거한 지식의 탐구에 열중했다. 이렇게 진리에 접근하는 것이 인식이라는 근대의 문턱을 넘어야 교육의 장으로 들어올 수 있었고 그것이 학교가 존재하는 이유였다. 근대적 교육학의 담론장 역시 이것을 넘어야 들어올 수 있었다. 그래서 인식하여 추상화하고, 일반화하며 법칙을 만들고 이러한 과학적 법칙을 통해 현상을 설명하는 교육학 담론이 형성되었다. 여기에 더해 학생들이 만들어 가야 할 주체의 이상은 베버의 프로테스탄티즘 윤리와 자본주의 정신에서 분석된 '금욕'의 원리가 지배하는 인간, 즉 개미 모델이었다.

개미 모델은 권력에 복종하고 공동체를 위해 근면 성실하게 일하는 존재이며 노동하는 존재이다. 학생들은 학교에 입학하면서 성장해야 한다는 압박과 함께, 단계별로 도달해야 할 성취 수준의 계단을 올라야 하는 존재가 된다. 평가를 통해 무엇을 알고 있는지 확인받아야 하며, 이 활동에서 어떤 기여를 했는가 하는 질문을 받아야 한다. 활동에서 어떤 기여를 했는가 하는 방식으로 평가받는다는 것은 일종의 기시감이 되어 사회에 나갔을 때 기여하지 않는 자, 가치 있는 삶을 살지 못하는 자, 능력이 없는 자는 기생적 삶을 사는 사람이라고 생각하게 된다. 학생들은 저마다 열심히 공부해서 노동을 해야 하고 노동을 통해 소득을 올려야 내가 먹고살 수 있고 가족을 만들 수 있다고 생각한다. 그러므로 대학, 취직, 결혼, 아이는 모두 그 사람의 능력의 자산화 과정이다. 이러한 개미의 교육학에서는 근면, 성실이 주요 가치가 되고 일하지 않는, 일할 의사가 없는 베짱이는 추방의 대상이 된다.

기본소득은 교육학에서 추방되거나 배제된 베짱이의 신원을 복권한다. 정치와 경제가 소통하고, 노동 소득의 평등 분배를 넘어 노동하지 않고 꿈꿀 수 있는 자유가 보장된다. 꿈꾸는 것도 가치 생산을 하고 있는 것이라는 사회적 인정 질서 속에서 교육은 서로 협력하면서 배우는 관계망 속으로 들어간다. 물론 베짱이의 신원이 복권되었다고 해서 개미가 배제되는 것은 아니다. 어떤 이는 근면하게 일하면서 성취감을 느낄 수 있다. 베짱이 교육학에서는 이것을 배제하지 않는다. 다만 베짱이 교육학에서 전제하는 사회는 좋은 삶이 이미 결정되었다고 보지 않는다. 사회 자체가 다원적이며 열린 공간이 되는 것이고, 고용당하지 않고 노동하지 않아도 개인이 공화국의 시민으로서 살아가는 데 전혀 지장을 받지 않게 되는 것이다. 그러면 혹자는 "일하지 않아도 돈을 주는데 누가 일하려고 하겠어?"와 같은 질문을 할 것이다. 같은 맥락에서 이런 질문을 할지도 모른다. "아니, 대학을 가지 않아도 소득이 보장되는데 누가 학교에 와서 공부를 하려고 하겠어?"

이 질문은 사실 학교교육의 교육 불가능성을 그대로 표현해 주는 것이다. 이는 경제적 유인을 통제하면 지금의 학교 체제에서는 자발적으로, 즐겁게 공부하는 것이 불가능하다는 고백과 같다. 즉 지금의 학교교육이 진학과 고용을 위해 존재함을 말해 주고 있는 것이다. 그러니 기본소득에 의해 진학, 고용으로부터 교육이 해방되면 산노동, 산교육이 될 가능성이 열릴 것이다. 그리고 그 가능성을 여는 주체는 특수한 권력 관계에 의해 결박되었던 학생들일 것이다.

이렇게 되면 교사와 부모들은 학생들에게 꿈을 가져야 한다고 몰아세우는 '꿈 관리사' 노릇을 하지 않고 '너는 뭘 할 때 가장 기쁘니?'라는 질문을 학생들에게 하게 될 것이다. 또 학교를 벗어난 학생들이 다시 학교로 돌아오는 대신 새로운 배움의 공간을 창출하는 것에 관심을 갖고 보다 적극적으로 그들을 지원하는 프로그램을 만들어 갈 것이다. 이러한 과정에서 다시 교육은 사회로, 마을로 흡수될 것이다.

이처럼 기본소득운동은 실업과 빈곤에 대한 근원적인 대안일 뿐만 아니라, 진보+노동+생태+여성+실업자+장애인+인권+의료+대안교육+도시 빈민+영세 자영업자+농민+청년 실업+청소녀(년)+노령자 운동의 주체를 활성화시키며 이들 다양한 운동을 가로지르는 연대의 지렛대가 될 수 있다.

변화 4 : 교육의 사회로의 흡수, 지식 순환 교육공동체 형성

기본소득이 교육에 가져올 가장 중요한 변화는 지식이 평등하게 순환할 수 있는 장을 만들 가능성이 높아진다는 것이다. 물질적 조건이 갖추어지면서 개인들이 배움의 과정에서 동등하게 만날 수 있게 되기 때문이다. 대학 진학을 통해 높은 노동 소득을 보장하는 직장에 정규직으로 취업하는 고리가 끊어지지만, 역설적으로 지식인과 대중들, 교사와 학생들이 서로 자유롭게 지혜와 지식을 나눌 수 있는 공간들이 만들어질 것이다. 즉 자유로운 개인들이 서로 협력하고 타자에 공감하는 교육공동체가 다양한 수준에서 만들어질 것이다. 또한 학문 간 높은 벽이 허물어지고 지식인과 대중 사이에 활발한 소통이 일어날 것이며, 협동조합적 방식으로 다채로운 지식 생산의 독립성을 유지하며 여러 가지 실험들이 일어날 것이다. 이렇게 되면 역설적으로 삶을 위한 국어교육, 삶을 위한 수학교육과 같은 주장들보다 좀 더 철학적인 질문들이 제기될지도 모른다. 예를 들어 프랑스에서 학교는 살아가는 데 도움이 되는 지식을 가르치지 않는다는 비판이 제기되었을 때 학생들 사이에 활발한 토론이 일어났고, 이 토론 과정에서 학생들에 의해 오히려 살아가는 데 필요한 교육들 — 전세 계약서를 쓰는 방법, 근로 계약서를 작성하는 방법, 라면 끓이는 방법 등에 대한 교육 — 은 학교가 아닌 곳에서도 얼마든지 배울 수 있는 것이 아니냐는 주장이 제기되면서 공감을 받은 바 있다.

이러한 교육공동체가 다양한 수준에서 만들어지면 국가가 관장하는 교육은 재정을 포함한 교육 여건 개선 부분을 제외하고 모두 사회로 흡수될 것이다. 그리고 이것은 너무나 당연한 흐름이다. 국가가 자유로운 교육공동체를 획일화시키는 과정은 사회에서 자율적으로 이루어지던 흐름을 법령을 통해 무력화시키는 과정이었다.

일제 강점기의 주세법과 주세령을 한 예로 살펴볼 수 있다. 일제는 세수 확대를 위해 허가받지 않은 사람은 술을 빚을 수 없게 하면서 술의 품질을 규격화시켰다. 이렇게 안정적인 세원을 주류 판매에서 찾게 되면서 술에 대한 제조, 판매권을 허가제로 바꿨다. 국가는 일정 규모 이상의 시설을 갖춘 기업에 주류 제조와 판매를 허가함으로써 주류 제작, 판매의 질 관리가 좋아졌다고 이야기할 테지만, 내용적으로는 전통주의 다양한 제작 기법을 말살시켰다. 이것은 무허가 학교 폐쇄령과 같은 맥락 속에 있다. 형식적으로는 각종 시설에 대한 규제를 통해 학습자의 수업권을 보장했지만, 내용적으로는 다양한 역사와 전통을 가진 배움의 공동체를 무허가 학교 폐쇄령이라는 이름으로 말살시키는 결과를 가져왔다. 그리고 국가는 전국 단위로 학제, 교육과정, 교원 양성, 교과서, 평가를 통일시킬 수 있었고 푸코식으로 말하면 국민을 전체화하고 개별화하면서 인구에 대한 통치를 각종 통계를 통해 유용하게 했던 것이다. 그런데 기본소득운동은 이러한 국가 주도 교육의 균열을 의미하며, 교육과정, 교육 내용, 교원 양성, 교과서 등에 대한 것을 스스로 결정하는 다양한 교육공동체가 새롭게 만들어진다는 것을 뜻한다. 이렇게 되면 교육과정과 배움의 공간, 교사 양성이 선순환하면서, 다양한 교원 양성 기관도 출현할 것이다.

물론 이 과정에서 국가의 역할은 무엇인가에 대한 토론이 필요하다. 그리고 그것은 우리가 만들고자 하는 대안 사회에 대한 고민과 연결된다. 당장 기초적으로 합의할 수 있는 것은 재정과 교육 여건에 대한 지원, 그리고 개인과 개인 간, 개인과 집단 간의 관계에서 발생하는 지배의 문제를 공화적 원리에 따라 통제하는 것이 국가의 역할이라는 점이다.

기본소득과 교육에 대한 보다 긴 고민을 제안하며

기본소득과 교육이라는 주제는 단순히 교육을 경제로부터 해방시키자거나 청소년들을 지긋지긋한 입시 교육으로부터 벗어나게 하자는 배려 차원에서 논하는 것이 아니다. 또한 저임금 아르바이트에 시달리고 있는 청소년 노동자들의 현실을 애처롭게 여겨 학생들이 부모의 사회경제적 배경에 상관없이 공부에만 전념하도록 하자는 어른스러운 생각에서 나온 기획도 아니다. 오히려 나는 기본소득운동을 통해 국가가 주관하고 있는 이 총체적 노동 사회, 그리고 그 노동 사회가 만들어 내는 교육-진학-소득이라는 연결 고리에 균열을 내고 싶었다. 그 균열된 자리를 어떻게 다시 메울 것이냐고 대안을 묻는 사람들에게 그 대안을 함께 찾자고 제안하고 싶다.

사회적으로 이미 다양한 형태의 지식 순환 협동 조직이 출현하고 있다. 돌이 없어지지는 않았지만 석기 시대가 끝나 가고 있는 징후들이다. 이러한 새로운 시대, 새로운 교육에 대한 비전들은 기본소득과 만나면서 보다 강력해질 수 있다고 본다. 나아가 공교육 체제를 벗어나서 교육하려는 대안교육에 대한 고민만으로 해결되기 어려운 지속 가능한 대안 사회의 경제 원리에 대한 고민을 구체화할 수 있다. 특히 기본소득과 밀접히 연관된 분배 원리에 따라 화폐 중심의 노동과 구별되면서 구체화되고 재구성될 수 있는 지점을 상상하고 만들어 낼 수 있다고 본다.

기본소득은 공적인 방식으로 조달되고 지급되지만 엄연히 개인들의 소유이며 전적으로 개인들의 처분에 맡겨져 있다. 그렇기에 기본소득은 시장과는 독자적인 사회화 형식이며 주체화 형식이다. 기본소득은 시장적 개인과 구별되는 새로운 개인에 사회적 형태를 부여한다. 기본소득의 도입과 더불어 정치공동체는 더 이상 사적인 영역과 분리되고 구획된 공적 영역으로 한정되지 않는다. 정치적 아리스토텔레스주의의 문법인 폴리스polis와 오이코스oikos*의 구분 대신에 '공공적인 것'은 개인의 물질적 독립성을 유지하고 부양하는 기능을 떠맡으며, 이를 통해 배움의 양식은 서로 협력적이며 의존적이기도 하지만 개별적이고 독립적인 것들의 연합인 배움 공동체의 성격을 가지게 된다. 이렇게 기본소득은 교육을 하는 이유부터, 교육하는 방식, 우리가 삶을 살아가는 방식과 가치 등에서 총체적인 변화를 수반한다. 실현 가능성은 그 다음의 이야기다. 보다 선행해야 할 것은 익숙한 지금의 패러다임으로부터 새로운 패러다임을 상상할 수 있는 힘이다.

사람들은 익숙한 경험이 주는 안전으로부터 갑작스럽게 밖으로 뛰쳐나가고 싶어 하지 않는다. 그들은 스스로의 경험에서부터 새로

---

* 고대 그리스인들은 공적인 토론이 이루어지는 폴리스(공적 영역)와 생명을 유지하고 종족을 보존하는 데 필요한 출산, 양육, 경제적 생산이 이루어지는 오이코스(사적 영역)를 구분했다. 아리스토텔레스는 그리스인들의 이러한 구분을 토대로 인간은 폴리스적(정치적, 사회적) 존재라고 말했다.

운 방식으로 나아가기 위한 다리를 필요로 한다. 먼저 우리는 우리들의 인생을 지배하고 있는 정형화된 행동 양식들을 흔들어 놓아야 한다. 우리들을 동요시키고, 현재의 가치들에 대한 환상을 깨고 불만을 갖도록 하며, 변화에 대한 열정을 만들어야 한다. 돌이 없어서 석기 시대가 끝난 것은 아니다.

집필 후기

교육 가능성의 조건
: 보편적이고 무조건적인 권리의 정당화

존 로크는 《통치론》에서 소유권의 두 가지 전제로 원천적인 공유제와 자기 보존의 권리를 제시했다. 소유권이 정당화되기 위해서는 인격, 신체, 행위, 노동 등과 같이 자기 보존을 위한 수단에 대한 권리를 가져야 하고, 누구나 공통적으로 대지와 산물에 대해 원천적 공유자의 자격을 가져야 한다고 말한다. 우리는 이러한 로크의 논의에서 노동 성과에 의한 '배타적 권리 exclusive rights'로서 사적 소유권만을 비중 있게 다룬다. 그러나 로크는 사적 소유권이 정당화되기 위해서는 자신의 노동을 통해 사적 소유권을 수립할 기회가 모두에게 충분할 정도로 남아 있는 조건이어야 한다고 말한다. 로크가 평등하고 공통적인 자격을 강조한 이유는 출생, 신분 등과 같은 차별적인 기준이 아니라 공정한 기준인 노동 성과로부터 분배 정의를 새롭게 재구성하고자 했기 때문이다. 그래서 그에게 중요한 것은 '모두에게 평등한 공통 자격이라는 기준'이다.

모두에게 평등한 공통 자격이라는 기준을 교육 영역으로 가져와 보자. 근대적 학교교육은 출생, 신분이 아니라 공정한 기준인 학업 성과에 의해 분배 정의를 재구성하는 것으로부터 출발했다. 즉 인격, 신체, 행위,

학습에 대한 소유권을 가진 개인이 자신의 노력에 의해 성취한 결과로서 학력은 사적 소유가 되며 이를 토대로 사회적 성취를 보장받는 것이 정당화되었다.

문제는 근대 교육학이 이러한 성취의 사적 소유권을 정당화하는 전제로서 모두에게 평등한 공통 자격이라는 기준에 관심을 갖지 않았다는 것이다. 다시 말해 소유의 불평등이 개인들의 자립을 해치고 자유를 침해함으로써 결국 교육적 성취를 어렵게 한다는 것에 침묵함으로써 출생과 신분이 교육적 성취에 영향을 미치는 가장 비참한 현실에 동조하도록 만들었다.

이 점에서 '모두를 위한 실질적 자유 Real Freedom for All'의 보장이라는 기본소득과 관련한 논의는 교육학에서 적극 수용되어야 한다. 로크가 주장한 대로 만인에게 공통적으로 부여된 원천적인 공유자로서의 자격(모두에게 평등한 공통 자격으로서 보편적 교육 기회)이 훼손되면 그에 따른 노동 성과에 입각한 소유권(성취)이라는 가능 조건도 활성화되지 못하기 때문이다.

'기본소득 basic income'은 사회 구성원 모두에게 개별적으로, 어떠한 조건과도 상관없이, 즉 자산이나 소득의 크기를 따지지 않고 노동 여부나 노동할 의사도 묻지 않고, 단지 사회 구성원이라는 자격에만 근거하여, 인간다운 생활에 충분하며 사회 구성원으로서의 참여가 가능할 정도의 액수로, 국가나 정치공동체로부터 개별적으로 지급받는 소득이다. 이러한 보편 소득의 보장은 모든 개인이 실질적으로 자신의 학습권을 행사할 수 있는 조건을 획득하게 한다. 따라서 우리는 기본소득에 대한 논의를 통해 교육을 위한 모두에게 평등한 공통 자격이 무엇인지, 그 공통의 자격은 어떻게 확장되어야 하는지에 대한 활발한 논의를 시작해야 한다.

읽을거리

- 가이 스탠딩, 안효상 옮김(2018), 기본소득, 창비.
- 강남훈 외(2014), 기본소득의 쟁점과 대안사회, 박종철출판사.
- 강남훈 외(2014), 기본소득운동의 세계적 현황과 전망, 박종철출판사.
- 강남훈(2010), 기본소득 도입 모델과 경제적 효과, 진보평론, 45호.
- 금민(2006), 빈곤화, 사회적 통합, 공화주의, 프로메테우스.
- 다니엘 라벤토스, 이재명 외 옮김(2016), 기본소득이란 무엇인가, 책담.
- 리차드 K 카푸토, 남찬섭 외 옮김(2018), 기본소득, 존엄과 자유를 향한 위대한 도전, 나눔의집.
- 박석삼(2010), 불필요하고 해로운 기본소득론, 참세상.
- 안토니오 네그리·마이클 하트, 윤수종 옮김(2001), 제국, 이학사.
- 오준호(2017), 기본소득이 세상을 바꾼다, 개마고원.
- 이명현(2014), 복지국가와 기본소득, 경북대학교출판부.
- 최광은(2011), 모두에게 기본소득을, 박종철출판사.
- 캐럴 페이트먼 외, 너른복지연구모임 옮김(2010), 분배의 재구성 - 기본소득과 사회적 지분 급여, 나눔의집.

"반드시 일어날 일인가요, 일어날지도 모르는 일인가요?"

인공 지능 시대, 교육에 대한 성찰

찰스 디킨스의 〈크리스마스 캐럴〉에서 미래의 유령이 스크루지의 묘비를 가리키자 스크루지는 이렇게 묻는다. "이것이 반드시 일어날 일인가요, 아니면 일어날지도 모르는 일인가요?"

기술과 세계의 미래를 놓고 같은 질문을 하면, 답은 후자가 된다. 기술은 가능성과 잠재력을 낳지만, 궁극적으로 우리가 도달할 미래는 우리가 어떤 선택을 하느냐에 따라 달라지는, 우리의 의지가 개입하는 미래이다. 따라서 우리는 유례없는 풍요와 자유를 얻을 수도 있고, 인류가 경험하지 못한 엄청난 재앙을 인공 지능과 함께 맞이할 수도 있다. 문제는 인공 지능 시대를 맞이하여 미래의 어떤 인적 자원을 교육이 양성할 것이며, 언제부터 정보통신 기기를 활용하게 할 것이며, 언제부터 코딩교육을 할 것인가가 아니다. 어떻게 하면 학교 행정, 학교 문화, 교육과정, 시설 등 폐쇄적이며 위계적이고 분업화된 시공간적 배움의 방식을 네트워크적으로 재구성하며 공유 지식을 바탕으로 서로 협력하며 교차하는 배움의 망을 만들 것인가 하는 것이다.

기술이 인간을 능가하는 시대, 모든 것이 디지털화되는 시대 그리고 오래된 환상

대한민국 헌법에는 근로의 의무, 납세의 의무, 교육의 의무, 국방의 의무 등 4대 의무가 있다. 근대 국가는 이러한 네 개의 의무를 국민에게 부여함으로써 작동한다. 우선 인간은 노동을 하고 그 대가로 받은 임금으로 생계를 유지할 수 있다. 그리고 적당한 세금을 납부함으로써 공동체와 국가가 작동한다. 이러한 세금을 내는 국민을 양성하기 위해 교육의 의무를 부여하고, 마지막으로 국가의 존속과 국가 안에 살아가는 사람들의 삶을 보호하기 위한 병역의 의무를 부여한다.

그런데 인류는, 지루한 일을 하지 않고서도 모든 물질적인 욕구를 충족시킬 수 있게 되어 우리의 진정한 관심사, 흥밋거리, 열정을 마음껏 추구할 수 있는 날이 언젠가는 오리라는 환상을 오랫동안 꿈꾸었다. 그날이 오면 자동화한 하인(기계)들이 우리가 시키는 대로 하면서 의식주뿐 아니라 생활에 필요한 모든 것을 제공할 것이기 때문에 어느 누구도 불쾌한 일을 지겹게 할 필요가 없어질 것이라고 상상했다. 또한 자율 주행, 반복적인 일의 기계 대체, 인공 지능의 발전, 로봇 공학과 유전 공학은 병역의 의무조차도 기계와 인공 지능이 대체할 수 있게 하고 있으며 학교에 오지 않고도 배울 수 있는 상상을 실현할 수 있게 만들고 있다.

그러나 기술의 진보는 생산성의 폭발적 증대로 풍요의 기반이 되지만, 다른 쪽에서는 일자리 감소에 따른 빈곤과 불평등의 심화로 이어질 수 있다. 특히 전문직보다 중간 임금 노동자의 실직이 많아지고 있고 파이는 커지는데 내 조각은 작아지는 현상과 함께 노동과 자본의 격차가 심화되고 있다. 따라서 기술의 진보는 기계화에 따른 실직, 일자리 축소, 그리고 경쟁의 심화로 이어질지도 모른다. 그래서 많은 학자들이 4차 산업 혁명의 도래를 이야기할 때 기술은 풍요를 증대시키는 동시에 격차도 증대시킨다고 말한다. 제2의 기계 시대로 대표되는 디지털 세계는 대단히 복잡하고 치밀하기 때문에 많은 위험을 수반한다.

우리가 이제까지 미래에 대한 예측 수준에서, 그리고 다소 이론적인 측면에서 4차 산업 혁명에 대해 이야기했다면, 이세돌과 알파고의 대국은 4차 산업 혁명의 도래를 목도하게 만들었다. 이제 각종 산업에서 인공 지능의 활용 문제를 포함한, 인공 지능과 인간과의 관계, 여기서 더 나아가 인간 이후의 문제에 대한 담론들이 생산되고 있다. 우리 역시 이러한 다양한 논의들을 시작해야 할 때가 되었다고 생각한다. 왜냐하면 우리의 생각보다 훨씬 빠른 속도로 인공 지능과 관련된 기술들이 급속히 진화하고 있고 이러한 진화가 우리 삶, 우리 일, 우리 경제와 교육을 변모시키는 전모를 생생하게 보고 있기 때문이다. 모든 것이 데이터화되고 자동화되는 세상에서 인간의 배움은 어떠해야 하는가에 대한 진지한 논의가 시작되어야 하는 시점이다.

인공 지능 시대를 말하기 전 확인해야 할 전제

시대마다 그 시대를 대표하는 교육 관련 담론이 생산되었다. 국가 수준 교육과정이 바뀔 때마다 국가는 이러한 새로운 담론의 배치를 통해 학생을 교육하고, 교사의 교수법을 바꾸어야 한다고 말해 왔다. 알파고 충격 이전에도 지식 기반 사회 또는 인지 자본주의 시대, 글로벌 무한 경쟁 담론을 통해 국가는 미래 학교라는 비전을 수립하고 창의성 교육을 강조해 왔다. 이러한 비전을 바탕으로 발표된 (문제가 많은) '2015 개정 교육과정'에서도 여러 가지 단편적인 정보를 습득하고 익히는 것을 넘어서서 정보와 지식을 창출하고 확산하며 활용하는 능력을 강조한다. 여기서 더 나아가 의사소통, 분석적 사고, 협력적 문제 해결 능력, 창의적이며 혁신적 사고, 인간관계 능력, 자기 관리, 세계적 생존 능력 등을 갖춘 세계 시민이 될 것을 학습자에게 요구하고 있다. 교사에게는 이러한 학습자를 기르는 교육을 하라고 강조하고 있다. 이러한 맥락에서 볼 때 알파고 이후 형성된 교육 담론은 전혀 새로운 이야기가 아닐 수 있다.

우리는 교육적 공간에서 이러한 미래 교육의 담론을 생산, 소비하고 있지만, 이러한 담론을 생산하는 진정한 주체는 교육 관련 주체들이 아니라는 것 또한 분명히 할 필요가 있다. 교육에 대한 이야기는 교육 관련 주체들만이 해야 한다는 것이 아니다. 교육의 장은 더 이상 단지 배우고 가르치기만 하는 투명한 공간이 아니라는 의미이다. 교육에 대한 비판은 두 가지 흐름으로 수렴된다. 우선 교육과 학교가 시민의 양성이라는 공적 가치를 저버리고 시장에서 필요로 하는 인력과 지식의 생산에 봉사하는 것을 비판하는 흐름이 있다. 이와 반대되는 맥락에서 학교와 교육이 시장에서 필요로 하는 인력과 지식의 생산에 전혀 기여하지 못하고 있다는 비판도 상존한다. 학교와 교육을 바라보는 이러한 균열은 근대적 공교육 제도로서 학교교육 체제가 수립된 당시부터 존재해 온 계급적 불일치를 드러낸다. 학교 제도가 이상에 대한 완전하고 견고한 합의의 산물이 아닌 정치적 반대 세력 간의 타협의 산물임을 보여준다.

교육은 지식이나 정보를 습득하는 것이 궁극적인 목적이 아니라 올바른 성장을 도모할 수 있도록 배려하는 것이다. 여기서 올바른 성장이란 사회 속에서 인간 존재의 능력과 가능성을 계발시키고 확장시켜 주는 것이다. 이는 교육에서 균형성을 중요시하고 있는 것인데 균형성의 의미는 두 가지 측면에서 설명할 수 있다. 하나는 알맞은 학과목을 배치하고 교과 간의 균형을 유지하는 것이고, 또 하나는 신체적·지적·도덕적 성장 등 다양한 영역에서 균형 있는 성장과 발달이 이루어지도록 해야 한다는 것이다.

이러한 측면에서 볼 때 알파고로 대표되는 인공 지능 시대에 교육의 변화를 논하기 이전에, 먼저 교육의 전제를 수립해야 한다. 나는 학교교육이라는 공교육 제도의 궁극적인 목표는 '동등한 자유 equal liberty'와 '합당한 평등just equality'의 구현이라고 생각한다. 다시 말해, 교육은 여건에 둔감하고 선택에 민감한 분배의 원리를 통해서 개인의 의지적인 선택과는 무관한 여건이 분배에 영향을 미치지 않도록 중립화하고, 개인의 자유로운 선택이 분배에 영향을 미치는 경우는 개인 스스로가 책임을 지게 하면서 사회와 공동체를 존속시키는 것이라고 생각한다. 따라서 모든 교육의 문제는 자유와 평등의 조절을 통한 상생과 공존의 문제로 수렴된다. 즉 모든 교육은 사회 구성원들의 공동의 삶communal life과 구성원 각자의 좋은 삶good life이 성공적으로 조화를 이룰 수 있는 원리를 모색하는 데 초점을 맞추어야 한다.

공동의 삶과 좋은 삶은 보완적일 수도 있으며 상쇄적일 수도 있다. 가령 공동의 삶을 강조하다 보면 개인의 자유에 대한 제약이 따를 수 있다. 반대로 개인이 생각하는 좋은 삶을 강조하다 보면 다른 사람의 자유를 침해할 가능성이 있다. 교육의 문제가 형평성의 관점에서 판단되어야 하는 이유는 여기에 있다. 형평성은 자유와 평등에 유연성을 부여하는 조절 이념이기 때문이다.

개인으로 보면 무한한 자유가 허용되지만 사회적 관계에서는 어느 한 사람의 행위가 다른 사람에게 영향을 미치기 때문에 제약이 있을 수밖에 없다. 따라서 남이 나에게 허용하는 만큼의 자유를 남에게 행하는 것과 그 역의 관계가 동시에 적용되는 동등성이 형평성의 이념을 구성해야 하며 이것이 동등한 자유의 관념으로서 상생의 논리이다. 상생의 논리를 구성하는 다른 개념은 평등의 원리이다. 모든 개인은 목적적 존재로서 평등하다. 따라서 모든 사람에게는 교육적 가치들이 동등하게 배분되어야 한다. 그러나 사람들이 처해 있는 여건에 따라 평등의 의미가 상이하게 해석될 수 있다. 때로는 차등이 평등을 실현하는 방법으로 선택될 수 있다. 바로 이와 같이 평등의 원리가 여건에 따라서 상이하게 적용되는 것이 형평성의 이념을 구성하는 합당한 평등의 관념이며, 이러한 합당한 평등의 관념은 상생의 원리를 구성한다. 결론적으로 상생의 논리는 동등한 자유와 합당한 평등을 양축으로 하여 공동의 삶과 좋은 삶이 일치할 수 있는 가능성이 확보될 수 있도록 하는 교육의 논리이며, 이러한 상생의 논리는 공동체를 유지·존속하면서 그 속에서 개인의 능력과 자유의 실현을 극대화하는 기반이 된다.

인공 지능, 그리고 진짜 충격적인 것

인류는 증기 기관이 이끈 1, 2차 산업 혁명, 컴퓨터와 인터넷이 불러일으킨 3차 산업 혁명을 거친 후, 이제 인공 지능이 선도하는 4차 산업 혁명 초입에 서 있다. 인공 지능으로 인한 4차 산업 혁명은 이전의 산업 혁명과는 완전히 다를 것이다. 지금까지 지구에서 앎과 동물은 언제나 인간이었다. 하지만 인공 지능의 등장은 곧 인류보다 지능적으로 더 완벽한 존재의 등장과 다름없다. 인간만의 전유물이었던 지적 활동은 더 이상 우리만의 특권이 아니다. 역사적으로 인류 생활에 가장 큰 변화를 일으킨 것은 농경도 가축도 아니고 기술이라고 말한다. 증기 기관의 발명과 개량이 바로 그 원동력이다. 그리고 지금 인류 역사의 궤도가 다시금 크게 변하고 있다고 본다. 증기 기관이 제1의 기계 시대를 열었다면, 디지털 기술이 제2의 기계 시대를 열고 있다.

교육적인 측면에서 제1의 기계 시대가 인간의 육체적 능력을 강화했다면, 제2의 기계 시대는 정신적 능력을 강화할 것이다. 단순 반복적인 일은 컴퓨터가 대신하고 인간은 창의성과 감수성이 요구되는 일에 집중할 것이다. 이러한 방향에서 교육과정, 수업 방법, 평가, 교육 제도 등을 개혁하면서, 기계의 엄청난 처리 능력을 인간의 창의성과 결합한 새로운 협력 관계를 설계하고, 근본적으로 달라진 세계에 걸맞은 교육 정책을 수립해야 한다. 이러한 교육 정책을 설계하고 개혁하는 방향은 앞에서 말했듯 여건에 둔감하고 선택에 민감한 교육 정책과 제도를 설계하는 것이고, 그 핵심은 기술의 진보로 불평등이 심화되는 것을 막는 것이다.

인공 지능이란 사고나 학습 등 인간이 가진 지적 능력을 컴퓨터를 통해 구현하는 기술이다. 특히 구글의 딥 마인드로 대표되는 인공 지능은 네트워크로 연결된 시스템을 통해 컴퓨터가 스스로 결정을 내리고 학습할 수 있도록 설계되었다. 알파고는 경험을 통해 성장할 수 있게 만들어졌다. 수많은 네트워크 프로세스를 이용해 엄청난 경우의 수를 계산하고 범위를 좁히며, 가치망으로 최적의 판단을 찾아내는 것은 경험과 이해의 성장이라는 교육의 문제와 연결되어 많은 것을 생각하게 한다. 자동화된 기계가 인간의 노동을 대체하는 제2의 기계 시대는 한편에서는 인간을 노동으로부터 해방시킨다는 의미를 갖지만, 인공 지능이 인간의 기억과 학습 능력을 뛰어넘는 문제를 야기한다. 이것은 인간이 만들어 낸 도구가 노동과 지식을 재편하며 인간의 자리를 위협하는 시대를 의미한다. 이제 교육은 기술과 사람이 건강한 관계를 구축할 방도를 심도 있게 모색해야 한다.

인공 지능 시대에 교육의 변화에서 핵심적인 것은 가르치는 활동을 하는 교사와, 배우는 활동에 참여하는 학생의 변화이다. 우선 가르치는 활동을 주로 하는 교사의 역할의 변화는 무엇인가? 이 질문은 가르치는 직업으로서 교사가 생존할 수 있을 것인가 하는 논의와 함께 뜨거운 주제가 되고 있다. 이미 외국의 경우 로봇에 의한 강의가 만들어지고, 평가와 피드백 등을 인공 지능이 대체하고 있다. 이렇게 되면 교사도 컴퓨터와 같은 운명이 될지도 모른다.

'컴퓨터computer'는 원래 사람을 뜻하는 단어였다. 1828년 발간된 《웹스터 사전》은 컴퓨터를 '계산하는compute 사람-er'이라고 풀이했다. 계산원을 지칭하던 컴퓨터에 '기기'라는 의미가 추가된 것은 1913년이다. 두 세기 만에 계산원이 계산기가 되고, 또 한 세기 만에 계산기가 오늘날의 컴퓨터로 진화한 것이다. 그리고 컴퓨터는 이제 인공 지능을 갖추고 로봇의 모습으로 우리에게 다가오고 있다. 이처럼 모든 기술은 결국 그동안 해당 업무를 수행해 온 사람들의 일자리를 빼앗을 운명을 지닌 채 태어난다. 컴퓨터가 계산원에서 오늘날 만능 기계를 가리키게 된 것처럼, 머지않아 '교사teach+er'라는 단어도 '교육하는 사람'이 아니라 '배우려고 하는 것을 찾아주고 도와주는 기계'를 뜻하게 될지도 모른다.

이처럼 인공 지능과 로봇이 가져다 줄 문명사적 차원의 변화를 내 삶과 밀착된 질문들을 통해 봐야 한다. 어떻게 교육이 그렇게 될 수 있냐고 반문할지도 모르지만 비행기 조종사, 기자, 약사처럼 기계가 대체할 수 없을 거라 여기던 지식 산업과 서비스 산업의 전문 직종마저 이미 자동화 기술이 속속 꿰차고 있는 시대가 되고 있다. 실시간 자동 번역이 가능하고 언어 장벽이 사라지는 시대에 외국어를 배울 필요가 있을까 하는 질문은 외국어를 가르치는 교사의 존재에 대해 의문을 가지게 한다. 그리고 이러한 질문은 자연스럽게 배우는 활동을 주로 하는 학생들의 문제로 전이된다.

인공 지능 시대 교육의 문제

인공 지능과 뇌과학의 권위자인 카이스트 김대식 교수는 《김대식의 인간 VS 기계》라는 책에서 딥 러닝 기술 개발이 100년 이상 걸릴 것이라 예상한 인공 지능 시대의 도래를 20~30년 후로 급격히 앞당겼다고 말한다. 이로 인해 전 세계 IT 업계는 발 빠르게 기술 혁신 중이고 놀랍도록 빠르게 진화하고 있다고 한다. 그가 드는 예는 사진만 보고 그 상황에 대한 글을 대신 써 주거나 신문 기사를 쓰는 인공 지능, 차원이 다른 학습 능력을 가진 통역 인공 지능, 사물을 인간과 같이 파악해 내는 진화하는 지각 능력 등이다. 그는 계속해서 이런 기술의 발달로 인해 머지않은 20여 년 후엔 산업 혁명과 같은 급격한 전환의 시기가 도래할 것이고 현재 유망하다고 생각되는 직업을 포함해 전체 직업 가운데 45% 이상이 사라질 것이라고 말한다.

김대식은 결론적으로 산업 혁명 시대에 주체가 되지 못해 아직도 고생하고 있는 한국이 새로운 시대 변화의 과정에서 같은 과정을 밟지 않고 주체로서 살아남는 길은 현재의 국·영·수 중심 교육 제도를 개혁하는 길이라고 주장한다. 국·영·수 관련 분야는 창의력 이외의 부분에서 100% 인공 지능이 인간을 능가하기에 지금 같은 교육 속에 성장한 아이들은 실업자 신세를 면치 못할 것이라고 그는 말한다. 그는 인공 지능 시대에 살아남기 위해 필요한 것으로 창의성과 공감 능력과 깊은 질문을 할 수 있는 능력을 꼽는다. 마지막으로 그가 강조하는 것은 4차 산업 혁명 시대를 맞아 사회 제도도 새롭게 설계돼야 한다는 것이다. 인공 지능을 가지고 있는 0.00001%가 모든 혜택을 가져간다면 상상을 초월하는 불평등의 사회가 될 것이란 이야기다. 인공 지능은 우리가 잘만 활용하면 유토피아고 잘못 사용하면 디스토피아인데, 항상 그랬지만 천국으로 가는 길은 상당히 어려운 반면 지옥으로 가는 길은 아주 쉽다. 인공 지능과 함께하는 미래를 천국으로 만들지, 지옥으로 만들지는 현재를 살아가는 우리들의 몫이다.

그럼 이러한 인공 지능의 시대, 우리들은 어떤 미래를 설계할 것인가? 어떻게 서로에게 공감하며 함께 살아가는 세상을 만들 것인가? 어떠한 교육이 되어야 하는가? 사실 이러한 질문에 대한 답은 우리가 이미 여러 경로를 통해 해 왔다. 따라서 우리가 해 온 질문들을 재음미해 보는 과정이 선행되어야 한다.

우선 우리는 대입 제도 개선, 미래 시대에 맞는 새로운 학력관, 의무 교육을 보편적으로 확대하면서도 개인의 선택권을 확대하는 교육 제도 설계, 국공립대학네트워크, 일과 학업의 연계를 강조했다. 또한 유연한 배움의 체계에서 마을과 연계한 학교교육, 단순히 시장의 상황에 맞는 노동력의 생산에 맞추는 교육이 아니라 기본소득의 보장과 사회적 안전망 구축, 학력주의 철폐 등을 이야기했다. 이러한 것들은 인공 지능 시대에 오히려 더 강조되어야 할 교육 개혁의 원칙들이다. 이에 더해 고등교육의 새로운 모델을 구축하는 문제, 사회적으로 공유 지식을 확대하고 공유 지식의 장 속에서 학생들이 자유롭게 자신의 욕망을 실현하는 것으로서 여건에 둔감하고 선택에 민감한 제도를 설계하는 문제, 수업과 교과 교육으로 분할된 지식을 총체적 경험이라는 맥락에서 융합하는 교육과정과 수업·평가의 혁신, 이를 위한 국가 수준 교육과정과 교과서 개발을 사회적으로 이양하고 지방 교육 자치를 확대하는 것이 강조되어야 할 것이다.

현재의 근대적 학교 체제는 자아실현의 최종적인 목표를 노동에 두고 있다. 즉 최종 학력을 획득하여 자신이 원하는 직업을 선택하도록 하는 방향에서 나이에 따라 단계적으로 설계되었다. 이것은 아동을 노동으로부터 해방시키고 나름 균형 있는 성장에 기여하기도 했다. 그러나 학교라는 독점적 공간에 학생들이 의무적으로 출석하여, 국가 교육과정에 따라 만들어진 교과서의 내용을, 공식적인 면허를 가진 교사가 가르치고, 그 내용을 얼마나 잘 배웠는지 평가하고, 이러한 평가 결과가 누적된 학력을 토대로 노동 시장에 진출하는 방식은 급속도로 붕괴되고 있다. 패러다임 변화에 맞게 이러한 근대적 교육 체제를 해체적으로 재구성하는 작업이 필요하다. 이 점에서 2016년 시·도교육청 주요 업무 계획이라는 문서상에 등장하는 가장 빈도수가 높은 키워드를 검색해 보면 다음의 열 가지가 나온다.

> 학습하는 방법의 학습, 즐거운 배움, 삶의 맥락을 통한 학습과 현실 참여, 창의적이고 협력적 문제 해결, 가르치지 않는 배움 – 서로 가르치고 배우는 교육, 창조적 사고, 배움의 과정의 강조, 마을·사회와 연계된 배움, 정답을 추구하지 않는 교육, 다양한 표현 능력 신장

이러한 키워드들은 모두 인공 지능 시대 교육이 고민해야 할 주제들이다. 이것을 관통하는 핵심은 '배움의 즐거움', '삶의 역량을 키우는 배움'이 된다. 이처럼 알파고 이후 우리가 고민해야 하는 교육 내용은 교육을 통해 어떤 직업을 얻느냐의 문제를 넘어설 것이다. 역설적으로 지금과 같은 배움의 형식은 한계에 봉착하지만, 배움 자체가 평생교육적 관점에서 재구성되는 안드라고지^{andragogy}적 전환이 일어날 것이다. 그리고 인간이 기계를 활용하는 단계를 넘어서서 인간이 기계와 공존하며 기계가 인간의 일부가 되는 삶으로 재구성될 것이다. 이렇게 되면 개인의 역량을 평가하는 방식도 한계에 봉착하게 된다. 왜냐하면 인간이 기계와 공존하며 함께 성장하게 되기 때문에 인공 지능과 인간 지능을 구분하고 인간의 지능과 그 지능에 따른 수행 능력을 평가하는 것도 굉장히 어려워

지기 때문이다.

이러한 맥락에서 학교라는 배움의 독점적 공간에서, 교사만이 가르치고, 교과로 분절된 지식을 공부하는 방식은 재구성되어야 한다. 모든 것이 분절되어 각자도생하고 발전하는 갈라파고스적 진화의 방식은 효율적일지는 몰라도 인공 지능 시대에는 더 이상 의미를 가질 수 없다. 따라서 듀이와 같이 인간의 배움 자체가 총체적인 경험의 계속적인 재구성 과정임을 인식하고 이것을 결합하는 교육과정과 교육 체제가 구안되어야 한다.

더불어 교육이 따라가지 못할 만큼 기술이 빠르게 발전할 때, 일반적 불균형이 심화된다는 인식을 가지고 과감한 정부 투자를 해야 한다. 만약 이 점이 고민되지 않는다면 미래 교육은 보다 세련된 의미의 자기 책임 윤리가 구조화되어 불평등의 심화로 이어질 수 있다. 따라서 교사의 지원을 포함한 다양하고 디테일한 설계가 필요하다.

인공 지능 자체를 완벽하게 보는 것도 경계해야 한다. 인공 지능도 결함을 가지고 있을 수 있기 때문이다. 처음의 사소한 결함을 예측하지 못한 것이 연쇄적인 사건들을 통해 확대되면서 훨씬 더 큰 규모의 피해를 일으키는 현상, 즉 찰스 페로가 말하는 '시스템 사고' 또는 '정상 사고' 현상이 인공 지능 시대에 심화될 수 있다.* 그리고 조지 오웰이나 윌리엄 깁슨이 그린, 독재자가 기술을 이용하여 권력을 휘두르며 정보 흐름을 통제하는 디스토피아가 인공

---

* 찰스 페로, 김태훈 옮김(2013), 무엇이 재앙을 만드는가?, 알에이치코리아.

지능의 미래가 될 수 있다. 지금 나타나고 있는 것처럼 사이버 발칸화Balkanization*는 학생들에게 다양성에 대한 존중을 하지 못하게 하고, 차별, 조롱, 멸시, 모욕감을 유발하며 약자를 사회적으로 고립시킬 수 있다. 이러한 것을 종합하면 인공 지능 시대에는 인권적인 것, 사회적인 것의 중요성이 더욱 커진다. 알파고 이후 오히려 민주시민교육, 인권교육이 강조되어야 하는 이유다.

교육을 어떻게 재설계할 것인가

지금 한국 사회에서 대학 등록금은 계속해서 치솟고 있다. 그런데 대학 졸업장은 더 이상 고용의 보증 수표가 아니며, 학력 인증 시스템의 견고한 고리도 점점 약화되고 있다. 역설적으로 인공 지능은 교육을 공공재로 만들고 있으며, 지식의 유효 기간은 점점 짧아지고 있다. 학생들은 새로운 정보를 얻고 배우기 위해 학교를 가지 않아도 되며, 지식의 유효 기간이 짧아진 시대에 대학을 가서 졸업장으로 취업을 할 필요도 없게 된다.

알파고 사건은 인공 지능 시대의 준비 운동 단계에 불과하다. 제2의 기계 시대로 더 깊숙이 진입할수록 우리는 경이로운 기술들을 더 많이 보게 될 것이다. 기술이 모든 것을 디지털로 완벽하게 복제

---

* 국가나 지역이 서로 적대적이거나 비협조적인 여러 개로 쪼개지는 현상을 일컫는다. 발칸반도에서 분쟁들이 일어났던 역사에서 비롯되었다.

하고, 이미 존재하는 것들을 조합하여 혁신을 이루며, 기하급수적으로 발전해 가면서 인류는 역사상 가장 놀라운 두 가지를 경험할 수 있기 때문이다. 바로 진정한 인공 지능의 탄생과 공통의 디지털망을 통한 모든 사람의 연결이다. 이렇게 무수한 기계 지능들과 상호 연결된 수십억 개의 인간의 뇌가 서로 협력하여 경제 구조를 바꾸고 노동이 이루어지는 방식으로 재편되는 시대에 교육은 어떠해야 할까. 이를 논하는 것은 어려움을 넘어 불가능하기까지 하다.

그러나 앞에서도 말한 것처럼 여건의 둔감함과 선택의 민감함이라는 균형을 통해 교육이 실현하고자 하는 미래는, 기술의 진보가 부와 소득 불평등을 심화하는 것이 아니라 기술 덕분에 더 풍요로운 세상을 만드는 것이다. 일은 덜 하면서 더 많은 부를 만들어 환경적으로 지속 가능하며, 삶에서 선택의 여지가 늘어나고 다양성이 커지며, 질은 향상되도록 하는 것이다. 이를 위해 교육은 특별한 능력을 갖추거나 고등교육을 받은 노동자는 가치를 창조하고, 평범한 능력을 갖추거나 교육을 덜 받은 노동자는 기계에 의해 대체되어 빈곤해지는 상황을 만드는 사회의 재분배 시스템을 해체하고 재구성하는 상상력을 발휘해야 한다. 이러한 불평등을 해결하기 위한 대책은 보다 적극적이어야 한다. 기술의 발전이 가속될수록 뒤처지는 사람이 많아질 것이고, 현재의 기술은 덜 숙련된 노동자보다 숙련된 노동자를 선호하고, 수익은 노동한 사람보다 자본의 소유자에게 더 많이 돌아간다. 이러한 사회 체제는 지속 가능하지 않다.

기계가 사람을 일대일로 대체하도록 유도하는 '숙련 편향적 기술 변화'는 고등교육을 받은 노동자의 수요는 상대적으로 늘리는 반면 교육을 덜 받은 단순 노동자의 수요는 줄여 왔다. 노동을 물적 자본으로 대체하도록 부추기는 '자본 편향적 기술 변화'는 자본 소유자의 이익을 늘리고 노동자에게 돌아가는 소득 분배율을 줄여 왔다. 두 가지 사례에서 역사적으로 유례없는 수준의 부가 형성되었으며, 패자에 비해 상대적으로 승자의 소득이 증가해 왔다. 공유 지식, 공유 경제를 이야기하는 시대에도 이러한 상황은 저절로 교정되지 않는다. 네트워크와 공유 경제를 전면에 내거는 와중에도 위키피디아 같은 공유 지식을 확대하는 흐름과 에어비앤비Airbnb와 같이 공유 자체를 상품화하는 흐름이 동시에 나타나고 있다. 기술과 정보 처리 능력을 가진, 자본에서 우월한 재능이 있는 소수에게 부가 몰리며 나머지와의 소득 격차는 가공할 만큼 커질 수 있는 것이다. 디지털 시대의 교육도 오히려 승자 독식 시장의 비중을 키울 가능성이 있다. 따라서 우리는 공유 지식이라는 거인을 키우고 그 거인의 어깨 위에 난쟁이들이 올라가 다양한 실험을 하도록 해야 한다. 이때 가장 필요한 것은 난쟁이가 거인의 어깨 위에 올라탔을 때 떨어져도 괜찮다는 생각이 들도록 기본소득이나 보편적 복지라는 안전판을 만들어 주는 것이다.

개인은 사회 속에서 성장하고 발달하는 것이며, 개인의 전면적 발달은 사회를 통해서 이루어진다. 성장과 발달 자체가 사회적인 것이다. 그런데 교육은 늘 학교를 통한 발달에 대해 과잉 설명하고 사회적인 발달에 대하여 과소 설명하려 한다. 이러한 메커니즘에서 개인은 엄연히 존재하는 사회적 불평등을 계급적으로 인식할 수 없으며 모든 것을 개인화시키는 개인화 테제에 갇히게 된다. 알파고 이후 교육에 대한 고민은, 우리 사회를 어떻게 재설계할 것인가 하는 문제다. 다시 말해 교육을 정치, 경제, 사회적 장치들이 교차하는 영역으로 재배치하도록 한다. 한 번 더 강조하자면, 교육의 장은 단지 배우고 가르치기만 하는 투명하고 단일한 공간이 아니다. 따라서 교육 공간에서 어떤 특정한 조건들이 어떤 방식으로 교사와 학생을 통치하고 있고, 그럼으로써 이 공간이 어떤 메커니즘을 통해 학생 주체를 생산하는가에 대해 분석해야 한다. 그래야만 우리는 개인이 놓인 실재하는 삶을 서술할 수 있다. 그리고 교육을 미래를 위한 준비, 예비 과정으로 붙박는 협애한 틀을 넘어서서, 교육의 공간에서 유통되는 현재의 문제들, 사회 구조의 문제들, 국가가 교육에 관철시키려 하는 전략들을 불러들일 수 있다.

우리가 관심을 가져야 할 주제는 시장적 인적 자원 모델 위에서 인공 지능 시대의 교육을 재구성하는 것이 아니다. 교육과 노동이라는 산업 사회 모델 자체에 균열을 만들어 내면서 학생들이 배움에서 자기 책임성, 자기 조직화, 그리고 생동하는 연대를 강화하는 방향으로 알파고 이후의 교육을 상상하는 것이다. 다시 한 번 강조하지만 공부는 취업을 위해서가 아니라 평생의 로맨스가 되어야 한다. 교육이 경제적 가치 창출의 극대화를 지향하며 인간의 경제적 가치를 높이기 위해 자유 경쟁을 유도하는 것에서 해방되어, 학생들이 평생교육적 관점에서 배움을 재조직하는 상상력을 만들어야 한다. 특히 학생들의 시민으로서 참여와 인권을 대학에 간 이후로 유예시켜선 안 된다. 학생들이 교육권과 시민권을 가지고, 동시대적 참여를 통해 지금의 삶을 행복하게 하는 실천이 조직되도록 해야 한다.

궁극적으로 인공 지능 시대 교육의 핵심은 공유와 타인에 대한 공감, 그리고 사회적 안전망이다. 고립된 개인을 위한 교육이 되어야 한다. 그리고 개인이 타인과 평등한 관계 속에서 시민적 지위를 누릴 수 있도록 하는 교육이 될 수 있으며 개인이 사회 속에서 다른 행위자들과 어울려 살아가는 공동체를 전제로, 이러한 공동체 내에서 어느 누구에게도 복속되어 있지 않은 지위, 조건을 구체화하는 교육이 활성화될 것이다. 이러한 교육을 상상할 때 인공 지능 시대가 던지는 진짜 충격은 우리 사회의 교육이 우리가 생각하는 것보다 훨씬 전근대적이라는 사실이다.

집필 후기

4차 산업 혁명 없는
미래 교육

언제나 우리는 지금까지와는 틀을 달리하는 새로운 시대가 도래하고 있고 교육 패러다임의 대전환이 필요하다고 말해 왔다. 지금의 교육 패러다임이 규격화되고 표준화되어 있다고 비판하며 좀 더 유연하고 탄력적이며, 학습자의 다양성과 창조성이 강조되는 학습으로 전환해야 한다고 말했다. 그리고 1990년대 말 21세기를 앞두고 새로운 천 년을 겨냥한 미래 담론들이 우리 사회에 넘쳐났던 것처럼 4차 산업 혁명 시대의 도래와 함께 미래 교육 담론이 넘쳐나고 있다.

이 글은 미래 교육을 이야기하면서 우리가 가진 몇 가지 전제를 다시 생각해 보는 방향에서 썼다. 우선 미래 사회는 학생의 자기 주도성과 자발성, 새로운 사고의 생성과 적용을 통하여 삶의 역량을 키우는 교육이 중요하므로 수동적 학습에서 능동적 학습으로 패러다임이 전환되어야 한다는 접근이 가진 문제점이다. 배움에서 학습자의 자발성과 주도성을 키우고 사고의 생성과 적용을 통해 역량을 키워야 한다는 것은 새로운 시대가 요구하는 교육의 방향이 아니라 본래 교육이 구현해야 할 방향이다.

두 번째 문제점은 이러한 담론이 원망, 죄책감, 마음의 짐을 지우는 교육이 되도록 한다는 점이다. 미래는 소득과 삶의 질이 향상되고 평생 배우는 사회가 될 것이라는 말을 하면서 자동화로 인한 고용 불안을 경고하며 노동을 배제하는 혁신을 당연한 것으로 받아들인다. 이러면 학생들이 상상하게 되는 미래는 약육강식, 승자독식의 문화가 지배하는 사회이다. 선진국을 빨리 따라잡는 추격형 성장을 해 온 우리는 늘 노동 배제형 혁신을 해 왔고 기업 구조는 원·하청 체제로 수직 계열화되어 있다. 이러한 시대에 미래를 준비하는 교육이란 무엇을 의미하는가? 우리는 학력이 지위 상승의 지배적인 통로라는 대중적 지각을 통해 강렬한 교육 경쟁에 빠져들고 이 강렬한 교육 경쟁이 지위 경쟁의 양상을 보여 온 것을 미래에도 지속시키면서 학교와 대학이 생산하는 학력이 직업 세계의 성공을 보장해 주지 못하고 있다는 불안감과 불신을 확산하며 학생들을 더 치열한 경쟁으로 내몰고 있는 것은 아닌지 생각해 보아야 한다.

영화 〈블랙 팬서Black Panther〉(2018)의 배경이 되는 와칸다는 아프리카의 북동부에 위치하고 있는 현실 인간 세계와는 단절된 가상 국가이다. 이곳은 자율 주행, 드론, 홀로그램, 로봇 등 4차 산업 혁명을 대표하는 최첨단 기술이 생활에 적용되어 모든 국민이 행복하게 사는 나라이다. 그런데 우리는 와칸다와 같이 현실 세계와 단절된 가상 국가에 살 수 없다. 다시 말해 4차 산업 혁명 역시 주어진 역사적 조건을 기회이자 제약으로 하여 진행된다. 우리는 과학과 기술의 발전을 서로 협력하고 공유하면서 지금보다 행복한 생활을 하는 사회를 만드는 데 사용할 수도 있고 노동을 배제하고 경쟁을 심화시키면서 약육강식과 승자독식이 강화되어 모두를 비참하게 만드는 데 사용할 수도 있다.

읽을거리

- 구본권(2015), 로봇 시대 인간의 일, 어크로스.
- 국제미래학회·한국교육학술정보원(2017), 제4차 산업혁명시대 대한민국 미래교육보고서, 광문각.
- 김유리(2016), 제4차 산업혁명 시대와 서울미래교육의 실제: 국내외 선행연구 고찰을 중심으로, 서울교육, 58(3), 서울특별시교육연구정보원.
- 박영숙·벤 고르첼, 엄성수 옮김(2016), 인공지능 혁명 2030, 더블북.
- 앨빈 토플러(1992), 제3의 물결, 범우사.
- 앨빈 토플러(2001), 위기를 넘어서: 21세기 한국의 비전.
- 에릭 브린욜프슨 외, 정지훈 외 옮김(2016), 기계와의 경쟁, 틔움.
- 이강윤(2014), 인공지능(AI)의 현재와 미래, 삼성 Sericeo, 삼성경제연구소.
- 장원석(2016), 4차 산업혁명, 우리의 노동은 무사할까?, 참여와 혁신, 142.
- 정민(2016), 2016년 다보스 포럼 주요 내용과 시사점: "4차 산업 혁명", 글로벌 성장 원동력으로, 이슈리포트, 46(3), 현대경제연구원, 1~12쪽.
- 제레미 리프킨(2012), 3차 산업혁명, 민음사.
- 조희연(2016), 인공지능 시대의 미래 역량을 키우는 교육으로: 혁신교육을 미래교육으로 확장하기 위하여, 2016 제주교육 국제심포지엄 자료집.
- 차두원(2016), 제4차 산업혁명과 21세기 학생의 역량, 한국과학기술기획평가원.
- 클라우스 슈밥, 송경진 옮김(2016), 클라우스 슈밥의 제4차 산업혁명, 새로운현재.
- Yuval Noah Harari(2016), *Homo Deus*, New York: Penguin Random House.
- Yuval Noah Harari(2018), *21 Lessons for the 21st Century*, New York: Penguin Random House.

"넓은 강에서 자라는 잉어는 꿈꿀 필요가 없다"

나이주의와 교육

교육과 사육

박남일은 《어용사전》에서 이렇게 교육을 정의한다.

사료를 먹여서 짐승을 기르는 일은 사육이다. 지식을 가르쳐서 사람을 기르는 일은 '교육'이다. 사육은 살을 찌워 정육 시장에 고기를 팔기 위한 짓이요, 교육은 요령을 익히게 하여 채용 시장에 능력을 팔아먹으려는 짓이다. 먹여서 기르든 가르쳐서 기르든 나중에 팔아먹으려는 속내는 비슷하다. 결국 둘 다 비용을 들여 상품을 기르는 일이다. 그런데 송아지 사육에 필요한 비용을 어미 소가 부담하지는 않는다. 그러나 아이들 교육에 필요한 비용의 상당 부분은 그 부모가 부담한다.*

근대 교육학은 훈육이나 훈련으로부터 교육을 분리시킴으로써 성립했다. 그러나 박남일의 사전에서 교육은 훈육이나 훈련이 아니라 사육과 동일시된다. 자본주의 사회는 자본이 주인이고, 모든 것이 상품으로 전환되며, 모든 활동은 상품을 만드는 과정으로 전도되기 때문이다. 교육이 상품 생산 활동이 되면서 더 비참해지는 것은 자식을 상품으로 만드는 데 필요한 비용을 '양육에서 부모의 책임'이라는 논리를 발명하면서 모두 부모가 감당하도록 한다는 것이다.

교사 역시 다르지 않다. 교육학적 용어로 교사는 학생을 가르쳐서 인도해 주는 사람, 잠재 능력을 발현하게 하는 사람이지만 현실에서 교사는 성공 이데올로기를 충실하게 전파하는 사람이다. 최종적으로 학생은 부모와 교사를 통해 자본주의 이념에 충실한 예비 노동자라는 상품이 된다. 누구도 이러한 시스템으로부터 벗어날 수 없다. 개별적으로 대안학교 등을 선택하면서 탈출해 보려고 해도 대학 입시를 통한 '더 비싼 상품 되기' 경쟁에서 탈출할 수 있는 방법은 없다.

자본주의 사회 속에서 상품화되기 이전 송아지는 축사가 아닌 풀밭에서 뛰어놀았다. 그리고 아이들은 학교가 아닌 마을에서 놀았다. 여덟 살만 되면 아이들은 동생을 돌보고, 열 살쯤 되면 소에게 풀을 먹이고, 농번기에 일손을 돕고, 집안일을 거들었다. 그렇

* 박남일(2014), 어용사전, 서해문집, 32쪽.

게 동네 어른들과 언니 형을 따라 자연스럽게 마을에서 역할을 터득해 나가며 마을공동체의 일원이 되어 갔다. 그런데 근대화가 됨에 따라 학교가 생기고 아이들은 일정한 나이가 되면 의무적으로 학교에 가게 되었다. 사육이 송아지를 위한 것이 아니듯, 교육도 아이들을 위한 게 아니다. 학교에서 학생들이 배우는 교육은 건강한 인격을 형성하는 것 대신 좋은 '육질'의 상품을 길러 내는 것이 되었다. 상품이 된다는 것은 철저하게 자신을 상실해 간다는 것을 의미한다. 동물 복지 담론의 귀결이 건강하게 키운 소를 먹어야 인간에게도 좋다는 논리를 뛰어넘을 수 없는 것처럼 말이다. 근본적으로 비싼 값에 팔리기 위한 상품이 된다는 측면에서 사육되는 소나 돼지의 운명과 다르지 않다.

더군다나 근대의 공교육 제도는 의무 교육 제도이다. 일정한 나이가 되면 그 연령의 학생들은 모두 학교에 가야 한다. 학교로 가서 의무 교육을 받는 동안, 학생들은 자신의 삶을 자주적으로 꾸려 나갈 힘과 창의적으로 세상을 바라볼 힘을 배우기는 점점 어려워진다. 대신, 시장의 지배자들이 규정한 행동 방식과 지식을 적극적으로 배워 나가며 정치적 시민이 아니라 예비 노동자로 다시 태어나야 한다.

생산성이 없는 존재에 대한 편견과 차별

의무 교육 기간인 초등학교와 전기·후기 중등교육을 합쳐 총

12년 동안 같은 나이의 학생들을 한 교실에 집어넣고 교육을 하다 보면 여러 가지 병리 현상이 생겨난다. 그중에서 가장 강력한 것이 〈또래〉 집단 의식이다. 학생들은 자신이 속해 있는 〈또래〉 집단의 시선이나 평판, 거기에서 형성된 질서를 인위적인 것이 아니라 자연적인 질서로 받아들인다. 물론 학교가 가진 장점도 많다. 실제로 학교는 인성, 상호 존중, 생명, 다양성 등의 교육을 하면서 여러 가지 문제를 해결하려고 노력하고 있다. 그럼에도 병리 현상이 끊이지 않는 가장 큰 이유는 같은 나이의 학생들을 같은 교실에 집어넣고 똑같은 교육을 한다는 데 있다. 다시 말해 학교는 굉장히 부자연스럽고 억지스러운 근대에 의해 형성된 감옥이며, 학생들은 이러한 학교에서 배움의 주체이자 동시에 죄수이다.

많은 나라들이 학교의 억압적 이미지를 지우고 배움의 주체성을 강조하려고 하고 있지만, 일정한 연령이 되면 모두가 학교에 와서 오랜 기간을 나이에 따라 공부를 해야 하는 시스템을 근본적으로 바꾸지는 못했다. 현재의 시스템을 유연하고 개방적인 체제로 바꾸지 않고는 죄수의 이미지를 탈색할 수 없다. 의무 교육이라는 이름으로 일정 연령의 아이들을 한 교실로 모아 같은 내용을 배우게 하고 평가하는 시스템은 어떠한 자율성이 그 안에서 보장된다고 해도 폭력적이기 때문이다.

예를 들어 모든 학생을 창의적이고, 언변이 좋고, 시를 좋아하고, 수학에 뛰어나고, 체육을 잘하고, 그림을 잘 그리게 한다는 폭력적인 발상 자체가 교육이라는 이름으로 합리화된다. 아무리 공부가 재미있는 경험이 되도록 해도 배우는 것 자체를 싫어하는 학생이 상당수 존재하는 것이 현실이다. 창의적이지 않은 학생, 협력보다는 자기만의 세계에 머물며 공부하는 학생도 있는 것이 학교이다. 이러한 개별성들이 제거되는 이유는 학교 자체가 연령을 중심으로 한 집합적 주체를 사유의 대상으로 하기 때문이다.

근대화 초기에는 산술적 연령에 대한 의식이 거의 없었다. 따라서 연령을 기준으로 한 생애 주기 개념은 발달하지 않았다. 17세기 이전에 프랑스를 비롯한 유럽에서 아이 혹은 어린이child라는 관념은 의존이라는 관념과 결부되어 있었다. 주인master에 대해 의존할 필요가 있는 모든 사람들, 예를 들어 종복, 직공, 군인 등이 모두 어린이라고 불렸다. 예를 들어 장인master은 그의 도제에게 "Come along, children, get to work"라고 말했으며, 지휘관은 그의 부하들에게 "Courage, child-ren, stand fast"라고 용기를 북돋았다는 것이다. 그러다 보니 최전방에서 위험에 노출된 부대는 "잃어버린 아이들"이라고 명명되기도 했다. 오늘날 우리가 알고 있는 그런 의미에서의 어린이는 이 시점에 존재하지 않았던 것이다. 아이들은 다른 많은 연령기의 사람들과 함께 구별되지 않은 채 그저 섞여 있었다.*

생애 주기는 생산성의 극대화와 산업 사회의 업무 패턴과 관련된 것이다. 노동 시장에서 나이는 생산성의 기준이 되고, 나이 어림은 아직 일할 수 없음, 나이 듦은 이제 일할 수 없음으로 간주된다. 따라서 나이 어림과 나이 듦에 대해 가지고 있는 사회적 태도와 함께

---

* 사회과학연구소(2012), 근대성의 경계를 찾아서, 새길.

이들을 노동에서 배제하는 것은 같은 효과를 가져온다. 즉 나이 어림과 나이 듦 모두 미숙과 노쇠라는 범주화로 '노동할 수 없음, 그래서 의존해야 함'이라는 틀로 묶어 두고, 무성적이고, 욕망이 거세된 존재로 만들어 버린다.

자본주의는 생산성의 극대화를 위해 미숙한 아동에 대해서는 학교를 통한 도제 교육과 일시적 노동의 유예를 부여하고, 나이 든 노인에 대해서는 '늙음=무능'으로 도식화하면서 정년이라는 제도를 만들어 노동으로부터 비자발적으로 배제시켰다. 이는 생산성을 기준으로 특정 연령을 타자화하고 배제하는 문화로 연결된다. 이것은 한편에서는 아동은 미성숙하다는 관념으로 아동 보호 담론을, 다른 한쪽에서는 노인에 대한 부양 의무를 이유로 노인 혐오의 감정을 사회적으로 생산했다. 이러한 맥락에서 어린이는 미래에 최고로 노동력을 발휘할 잠재적인 노동력을 가진 존재로 인식하게 되었고 노인과 비교하여 미래의 가치 있는 생산력에 대한 투자로서 어린이 교육을 접근하게 되었다. 개천에서 용 난다는 말이 암시하는 것처럼 아이에 대한 교육 비용은 상품에 대한 투자로 인식되었다.

특히 나이주의는 육체 자본화된 개인을 의미한다. 즉 한 인간의 나이는 한 인간의 몸과 동일시된다. 그래서 인간의 나이 듦과 늙음은 동일한 것이 되며, 나이가 든다는 것은 능력의 상실, 젊음의 상실을 의미한다. 자본주의는 언제나 젊고 건강한 자신의 신체를 유지하면서 생산력의 극대화를 지속시키는 자본의 논리를 내면화하도록 한다. 다시 말해 개인은 끊임없이 자신의 몸을 젊은 상태로 관리해야 하며 그 신체 능력에 상응하여 최대한의 지적 능력을 발휘해야 한다.

　물론 개인적 차원에서 건강을 위해 육체를 관리하는 측면도 있다. 하지만 나이가 들어도 젊고 건강한 몸이 유지되도록, 다시 말해 유용한 몸이 되도록 관리해야 한다는 것은 일종의 통치술이다. 이는 생산력을 최적화하기 위해 스스로 감시하고 훈육하는 유순한 몸을 생산하는 것과 다름없다. 특히 유순한 몸의 관리는 육체를 분할하여 통치하는 기술을 발달시킨다. 예를 들면, 지능을 국어, 수학, 미술, 체육, 음악으로 분절하여 관리하듯이 몸을 가슴, 엉덩이, 허벅지, 복근, 팔뚝 등으로 분절하여 관리하면서 육체 자본으로 만들어야 한다.

　나이 자체가 자연적인 것이 아니라 사회적인 것이듯, 나이주의는 생리적 현상이 아니라 사회 구조 내에서 형성되는 이데올로기라는 것을 인식하는 것이 중요하다. 나이에 따른 생애 발달 주기와 과업이 만들어지고 나이주의를 통해 사회적으로 구조화된 관계가 형성되는 배경에 생산성의 극대화와 산업 구조, 그에 따른 교육 제도가 연결되어 있다. 학교를 포함한 교육 제도는 나이를 통해 개인을 판단하는 것이 가장 제도화된 공간이다. 교육에서 나이는 그 사람의 능력을 평가하는 일차적인 준거 틀로 작동하면서 나이에 따라 더 높은 수준의 사고를 하고, 더 어려운 내용을 공부해야 한다는 환상을 만들어 낸다. '이 나이가 되면 이것을 해야 한다', '이 나이에 이것을 못 하면 문제다'라는 식이다. 보다 근본적인 문제는 나이에 따른 구분은 학습자의 현재적 권한과 책임을 과거와 미래로 분산시킨다는 것이다.

나이주의적 교육의 작동 원리

예측 가능한 존재로서 학습자

학교는 기본적으로 진리를 아동의 발달 수준에 맞춰 체계적으로 조직하여 가르치면 그들이 미래 사회에 적응하는 데 어려움이 없다는 가정에 따라 조직되고 운영된다. 이렇게 인간을 보편적 단계의 개념과 구분을 통해 보는 것은 과학적 접근을 내세운 모더니즘적인 것이다. 보편적 분류와 범주화는 과학적 사고의 기본 전제이지만, 학생의 생생한 삶의 풍부함과 구체적인 경험의 피할 수 없는 복잡함을 제거한다. 복잡함을 제거하는 표준화 과정을 통해 모든 것이 법칙의 영역에서 접근되면, 아동의 일상에서 무엇이 일어나는지 보는 시각을 잃게 한다. 대신에 학교교육에서 학생은 발달심리 이론으로부터 싹튼 아동 중심 교육에 매여 평준화·표준화된 대상으로 주관성과 다양성을 존중받지 못한다.

로리스 말라구찌는 어린이는 100가지의 언어를 가지고 있는데 학교는 99개를 빼앗아 가고 1개만 남겨 놓았다고 비판하면서 다음과 같은 시를 썼다.

천만에요, 백 가지가 있어요
로리스 말라구찌

어린이는
백 가지로 이루어져 있습니다.

어린이는 지니고 있습니다.

백 가지의 언어

백 가지의 손

백 가지의 생각

백 가지의 생각하는 방법

놀이하는 방법, 말하는 방법을.

백 가지의, 항상 백 가지의

귀 기울여 듣고

감탄하고 사랑하는 방법을.

노래하고 이해하는 것에 대한

백 가지의 기쁨

발견해 나갈 백 가지의 세상

꿈꾸는 백 가지의 세상을.

어린이는

백 가지의 언어를 지니고 있습니다.

(그리고 수백 배 더 많이)

그렇지만 사람들이 아흔아홉 개를

훔쳐가 버립니다.

학교와 문화는

몸과 머리를 따로 떼어 놓습니다.[*]

---

[*] 캐롤린 에드워즈, 오문자·김희진 옮김(2012), 어린이들의 수많은 언어, 정민사, 20쪽.

특히 학교는 분업의 원리에 따라 시공간을 분할한다. '손을 써서 생각하지 말라', '머리를 써서 생각하지 말라', '듣기만 하고 말은 하지 말라', '기쁨은 느끼지 말고 이해만 하라', '단지 특별한 날에만 사랑하고 감탄하라' 이렇게 말한다. 학교는 '작업과 놀이, 현실과 환상, 과학과 상상, 하늘과 땅, 논리와 꿈들이 잘 섞이지 않도록 시공간을 조직'하였다. 그렇게 학생들을 음악 시간에는 음악만, 수학 시간에는 수학만, 듣기 시간에는 듣기만 해야 하는 존재, 놀면서 배우지 못하는 존재로 파편화시켰다.

하지만 지식이란 섬유 조직 같은 것으로서 온갖 정보, 이미지, 관계, 실수, 가정, 기대, 유추, 모순, 빈틈, 예감, 규칙, 일반화 등이 뒤섞여 있는 그물망과 비슷하다. 지식은 영원불변하며 선험적인 실재가 아니며, 관계망 속에 있는 것이다. 학년에 따라 교과의 발달 과업을 구분하는 것은 자의적인 것이다. 인간은 하나의 주제나 개념을 이해하기 위해 다양한 매체를 사용하여 표상, 재표상하며, 각 매체가 가진 특성들을 서로 통합시키면서 그 주제에 대한 보다 근본적인 이해와 안목을 넓혀 나간다. 따라서 학습은 기본적으로 관계 속에서 출발하는 것이며, 모든 학습자들이 공동 책임자로서 다면적인 역할을 해 나간다. 교과마다 배움의 속도 또한 다르다.

생애 주기와 발달주의라는 이데올로기

인간이 태어나서 한 살 두 살 나이를 먹고 생명이 다하면 죽는 것은 자연스러운 현상이지만 인간을 생애 주기에 따라 구분하는 것은 근대적 시공간의 탄생, 학교 제도, 공장과 함께 시작되었다. 특히 자본주의 사회에서 개인은 생애 주기에 맞는 삶을 살도록 표준화되고 시스템화되었다. 이렇게 생애 주기에 따라 구조화된 사회 시스템은 개인을 일정한 패턴으로 포맷화한다. 개인을 일정한 삶으로 규범화하는 기준은 자본주의 사회의 '생산성의 가치'이다. 한 인간이 시간의 진보에 따라 유아기에서 아동기, 학령기, 성인기, 노년기로 이어지는 나이 듦의 삶을 살아간다는 것은 자신의 능력을 극대화하도록 모든 노력을 다해야 하고 이러한 생산력 극대화 전략에 맞추어 교육, 취업, 결혼, 출산, 정년과 은퇴의 제도를 전략적으로 배치함을 의미한다.

여기서 좀 더 검토해야 할 것이 생애 주기 life course와 발달주의이다. 생애 주기는 나이에 따라 개인의 일생을 보편적으로 고정하는 범주화와 함께 각 단계에 맞는 기대 규범 normative expectation을 요구한다. 기대 규범은 일종의 발달 과업처럼 나이에 맞는 사회적 태도와 행동 규범을 요구하는 것으로 개인에게 가장 무난하게 존재하는 보편적 삶으로 기대된다. 따라서 개인은 평생의 과업으로 그에 맞는 역할을 수행해야 한다. 즉 생애 주기는 개인이 태어나면서 죽을 때까지의 삶을 일정한 패턴 안에서 살아가도록 한다. 자연스럽게 일상화된 생애 주기는 우리의 삶을 지배하는 시스템이 되며, 그에 맞는 삶을 살기 위해 개인들의 삶은 프로젝트가 된다.

생애 주기에 따른 연령 규범은 개개인의 삶을 세대적 보편성 안에 위치시킴으로써 세대 규범에 맞지 않는 다양한 개인들을 아웃사이더로 만들고, 심하면 사회 부적응자로 만든다. 특정 연령이 되면 학교를 가고, 학교에 가서 정해진 교육 제도에 따라 교육을 받아야 하고, 그 시기가 지나면 졸업을 하고 직장을 얻어야 한다. 이처럼 나이주의에 따른 생애 주기 사회는 나이에 따른 적합한 사회적 태도와 행동을 규범화한다. 이상을 종합하면 자본주의 사회는 특정한 통제 집단의 형성과 함께 생산성의 가치를 실현하기 위한 전략으로 통제 집단을 이질화한다. 특히 나이주의는 성, 계급, 연령, 지역 등과 같은 개인들의 경험을 배제시키면서 생애 주기적으로 개인들을 통제하기 위한 전략으로 구성된 지배 이데올로기이다.

생애 주기는 인간을 바라보는 발달주의적 관점과 맞닿아 있다. 교육과정의 설계에서 핵심이 되는 것은 학생이 미숙한 존재에서 성숙한 존재로 발달해 간다는 것이다. 이러한 관점에 따라 교육과정은 인간의 삶을 단계로 나누고 매 시기 도달해야 할 경험과 발달의 과업을 제시하고 이러한 과정을 통해 보다 나은 인간으로 발전하는 경로를 개념화한다. 이렇게 되면 지금의 시기는 미래를 준비하는 시기가 된다. 결국 교육과정에서는 항상 다음 시기가 강조되며 지금 시기의 중요성은 미래의 완성된 모습을 통해서만 판단될 뿐이다. 그 종착역은 생산성의 극대화이다.

교육과정의 시각과 달리 인간의 매 시기는 다음 과정을 위한 준비기가 아니며, 지금의 시기를 다음 발달의 단계보다 불완전한 것으로 간주해서는 안 된다. 물론 다른 동물과 달리 인간의 아이는 훨씬 뒤에라야 어른의 능력과 기능을 소유하게 된다는 것도 분명한 사실이다. 인간의 아이는 걷는 데만도 상당히 오랜 시간과 훈련이 필요하며 저 혼자 음식을 찾아 먹기까지는 더 오랜 기간이 걸

린다. 경험과 이해를 통해 지식을 형성하고 성인과 같은 인간이 되어 간다는 것은 사실이다. 이러한 사실로부터 발달의 개념이 도출된다. 그리고 이러한 발달의 개념을 가지고 인간이 어떻게 구체에서 추상으로, 단순 사고에서 복잡성을 가진 사고를 하게 되는지 분석한 연구들 역시 소중한 것들이다. 하지만, 우리가 발달과 관련하여 문제 삼는 것은 연대기적 연령에 따라 개인이 도달해야 할 과업을 설정하고 개인이 그러한 과업에 도달하기 위해 노력해야 하는 생애 주기를 표준화했다는 것이다. 개인을 중심으로 한 발달의 과업화와 표준화는 개인에 따른 계급과 성 등의 맥락을 제거하고 오로지 나이에 따른 발달 과업을 개인의 자기 책임 원리에 따라 구현해야 한다고 말한다.

정상화되고 과학화된 발달 과업을 통해 개인들은 보편적이고 표준화되고 평균적인 삶을 살아가도록 하는 기준을 내면화한다. 인종, 성, 계급적 차이가 제거됨으로써 개인이 노력만 하면 성취할 수 있다는 사고가 지배하게 된다. 예를 들어 영유아기, 아동기, 학령기, 결혼 적령기, 취업과 같은 것들은 나이에 대한 사회적 태도가 반영된 제도들이다. 특히 아동기가 되면서 교육 체제에 진입하고 역할을 수행하게 되면서 학령기가 존재하게 되고 학교 체제는 유지된다. 공부는 다 때가 있다는 사고를 하는 데는 바로 이러한 자의적 교육 체제를 필연적 사회 제도로 생각하기 때문이다.

피아제는 발달의 기원을 개인의 성숙에 두고 개인의 생물학적 경향성을 통한 지식의 구성을 강조하였다. 환경의 변화에 맞춰 동화되고, 변화된 상황을 조절해 나가면서, 일정 시기 동안 평형 단계에

도달하려는 활동, 즉 동화와 조절을 통한 평형화라는 유기체의 능동적인 인지 활동을 강조하는 발생학적 인식론에 근거하고 있다. 동화와 조절을 통한 평형화는 유기체의 능동적이고 생득적인 자율 조정을 통해 이루어진다. 자율 조정이란 개인이 지식의 구성 과정에서 경험하게 되는 인지적 갈등과 이를 해결하기 위해 끊임없이 환경과의 상호 작용을 하면서 평형화 상태를 유지하고자 하는 것으로 아동의 능동적 활동 과정이라 할 수 있다. 피아제의 이론에서는 지식을 결과적 상태가 아니라 과정으로 탐구하며, 어떻게 지식이 성장하고 발달하는가를 강조한다. 이러한 피아제의 이론은 개인의 인지적 성장에 새로운 가능성을 제공하였지만, 개인 내의 인지 발달에만 치중하고 있다는 비판으로부터 자유롭지 못했다.

이러한 비판으로부터 후기 피아제주의자들이 생겨났다. 이들은 기존의 피아제 이론에서 주장하는 발달의 관점을 받아들이지만, 개인 내의 인지적 발달에 대해서는 비판적 입장을 취한다. 즉 인지 발달을 개인과 환경과의 상호 작용으로 이루어지는 것으로 보기보다는 또래나 성인과의 사회적 상호 작용으로 보며 그들과의 사회적 상호 작용 속에서 일어나는 사회 인지적 갈등을 해소함으로써 지식이 구성된다고 본다. 사회 인지적 갈등 과정을 풍부하게 제공함으로써 인지 발달의 가능성을 높일 수 있다는 것이다. 이에 후기 피아제주의는 인지 발달에서 학습의 가능성을 최대로 높이기 위해 사회 인지적 갈등 유인 조건과 사회적 과제 조건을 제시하였다. 사회 인지적 갈등 유인 조건은 대립되는 관점을 가진 타인과의 상호 작용에서 갈등을 경험하는 형태로, 서로 다른 관점을 통합함으로써 이전의 가설을 재구축하고 비일관성을 재조정하여 지식을 공동 구축하는 것을 말한다.

비고츠키는 인지 발달 이론의 새로운 패러다임을 제시한다. 인간은 사회 구성원으로서 그 사회가 진화 과정을 거치면서 습득한 지식, 문화, 관념, 가치, 습관, 제도, 예술, 종교 등을 사회문화적 상호 작용을 통해 개인의 내부 세계로 전환시킴으로써 지식을 형성하며, 학습은 발달 과업을 충실히 따르는 것이 아니라 학습이 발달을 이끄는 고등 정신 기능의 발달 과정, 또는 사회문화적 실천 과정으로 전환된다. 환경과 무관한 주체의 고유한 발달 과업에 도달하는 것이 아니라, 학습이 발달을 이끌게 되며, 정치·사회·문화적 조건 속에서 구체적 개인들의 상호 작용을 통한 모방과 협력, 학습에서의 사회적 관계가 중요해진다.

듀이 역시 경험의 계속적 재구성을 교육이라고 정의한다. 여기서 경험은 인간과 환경과의 상호 작용을 뜻하며, 양자 모두 서로에게 영향을 받아 그 자체의 본성을 변화시켜 나가는 교변 작용 transaction 을 의미한다. 듀이는 이를 경험으로부터 배운다고 표현한다. 듀이와 비고츠키의 이론에서 학습은 단순히 학습자의 인지 발달에 따르는 것이 아닌 상호 주관적이고 능동적인 과정이 된다. 즉 학습자로서 어린이가 목적이 있는 활동을 하고, 마음을 어떤 방향으로 움직이게 만드는 힘인 흥미나 관심이 있을 때 일어나는 하나의 성향이 교육이 된다. 학교, 교실, 교과, 나이에 따른 학년의 구분 없이 다양한 나이의 학생들이 자신의 삶 속에서 느끼는 흥미나 관심을 바탕으로 이루어지는 경험을 통해 교류하고 공유하면서 지식이 구성되고 확장된다. 이러한 사회·문화적 실천, 또는 경험의 과정에서 문제가 발생하면서 사유가 시작되고, 사유는 그 다음 경험을 위한 토대가 되는 계속적인 형성과 재구성의 과정이 이루어진다.

이러한 측면에서 학교는 가르치는 곳이 아니라 학생이 자기를 표현할 수 있도록 맥락을 설정하고 지원해 주는 곳이 된다. 그래서 중요한 것은 교사가 아니라 교사와 학생 사이의 관계, 교사와 학생이 처한 학습 상황, 학교와 환경이 된다. 결론적으로 학교는 삶을 공유하며 관계를 유지하는 장소이며, 교사는 표현적, 의사소통적, 인지적 언어들을 통합함으로써 사고 능력 향상을 돕는 역할을 하게 된다.

궁극적으로 학생의 삶과 학교에서의 학습이 분리되지 않도록 하는 것이 중요하다. 이는 학교, 교사의 힘만으로는 안 되고, 또래끼리의 학습만으로도 안 된다. 학교는 지역 사회, 특히 마을을 중심으로 열려 있어야 하며 연령에 따라 구획되는 것도 지양해야 한다. 교사, 부모, 지역 사회가 한 그룹을 이루면서 총체적으로 학생의 배움을 지원하고 이끌어야 한다. 이러한 맥락에서 교육과정은 불확정성과 계속성, 순환성을 특징으로 하며, 공간 자체는 다원적이며 상대적으로 접근되고, 마을 중심의 앎과 삶의 통합성이 구현되어야 한다. 그러므로 마을 중심 교육, 배움에서의 관계성, 그리고 학습공동체는 본래 교육이 맥락적이며 생태적이라는 관점에서 볼 때 동어반복에 지나지 않는다.

교육은 학생의 삶과 학교에서의 학습이 분리되지 않도록 하는 것이어야 한다. 주변 세계에 대한 흥미를 중심으로 학생 스스로 주제를 선정하고, 학생들과 아이디어 회의, 토론을 통해 주제 망을 작성하고, 다양한 탐색, 관찰, 자료 수집, 조직을 통해 이해의 폭을 넓히게 해야 한다. 아동은 이러한 학습 과정에서 자유 의지가 있으며 다른 사람과의 관계 속에서 발달하고 성장하는 사회적 존재이다.

좋은 교육은 좋은 사회에서 가능하다

나이주의를 넘어선 새로운 교육 제도에 대한 고민은 좀 더 긴 호흡의 논의가 전제되어야 한다. 그리고 새로운 교육 제도는 전근대적 교육 체제로 돌아가자는 것도 아니다. 다만 현재의 교육 제도가 자본주의 사회에서 생산성의 극대화라는 방향에서 설계되었다는 인식하에 앞으로의 사회가 어떤 사회가 될 것인가 하는 청사진을 그려야 한다. 특히 취업을 목표로 한 나이에 기반을 둔 교육 제도, 즉 유치원, 초·중등, 대학, 취업, 결혼으로 연결되는 제도에 대한 비판적 질문을 던져야 한다. 그리고 좀 더 유연한 교육 제도를 고민해야 한다.

전제는 간단하다. 객관적이고 표준화된 시간이 아니라 개인의 인생 체험에 따라 달라지는 질적, 상대적 시간이 중심이 되는 교육이다. 이 시간은 모든 사람에게 균일한 절대적 시간과 달리, 각자의 경험과 인생행로가 있는 자기만의 시간이다. 삶의 길이가 문제가 아니라 삶의 내용이 문제가 되어야 한다. 왜냐하면 인생은 각자의 삶이어야 하며, 교육의 목표는 취업과 결혼, 생산력의 극대화가 아니기 때문이다.

중요한 것은 한 사람이 무엇을 할 수 있고 무엇이 될 수 있는가 하는 문제는 사회적으로 결정된다는 것이다. 따라서 한 인간이 사회에서 태어나 자신이 원하는 것을 선택하고 행동할 수 있는 기회의 집합이 누구에게나 접근 가능해야 한다는 것이 교육의 전제 조건이다. 다시 말해 좋은 교육은 좋은 사회에서 가능하다. 좋은 사회를 만들려는 연대와 실천 없이 교육을 통한 좋은 삶을 추구할 경우 교육은 최면제와 같다. 반면에 좋은 사회를 만들려는 연대와 실천은 꿈을 꾸는 것이 아니라 꿈에서 깨는 것이다. 성공한 소수는 실패한 다수에게 늘 말한다. 꿈을 가지라고. 하지만 이들이 말하는 꿈이란 곁을 돌보지 않는 이기적 욕망이다. "넓은 강에서 평화롭게 자라는 잉어는 꿈꿀 필요가 없다. 세상이 평화롭고 평등하다면 사람 또한 애써 꿈꿀 필요가 없다. 꿈꾸는 사람이 아니라, 꿈에서 깬 사람이 뜻을 이룬다. 꿈보다 소중한 건 평화로운 숙면이다"*라는 박남일의 글은, 교육을 통한 꿈의 실현이 아니라 사회를 인간적인 사회로 만들려는 연대와 실천이 중요하다는 것을 압축적으로 표현한다.

누구나 무엇을 할 수 있고 무엇이 될 수 있는 교육을 하기 위해서는 적어도 사회가 갖추고 있어야 할 것들이 있다. 다시 말해 교육을 통해 인간다운 삶이 가능해지는 것이 아니라, 교육 이전에 인간다운 삶의 조건들이 갖추어져 있어야 한다는 것이다. 이러한 기

---

* 박남일(2014), 앞의 책, 36쪽.

초적인 것들이 갖추어지면 이를 토대로 자신의 삶을 비판적으로 성찰하면서 다른 사람과 더불어 살고 다양한 사회적 상호 작용에 도 참여하며 서로 배울 수 있게 된다. 그리고 이러한 것들이 안정적으로 보장됨으로써 개인은 사회에서 자존감을 형성하고, 각자는 다른 사람과 동등한 가치를 지닌 존엄한 존재라고 인식하게 된다. 이러한 사회적 토대에서 사회 계급, 종교, 국적 등에 근거한 차별은 존재하지 않게 된다. 또한 무엇을 성취하는 것보다 웃고 놀면서 현재의 삶을 즐길 수 있어야 하며, 삶에 영향을 미치는 정치적 결정 과정에 참여할 수 있어야 한다.

이러한 것들이 기초가 될 때, 스스로 주체가 되어 능동적이고 자율적으로 생각하고, 실제적 삶의 문제들을 해결하고자 하는 의지를 심어 주고, 타인과 동등한 삶 속에서 자신이 원하는 곳으로 자유롭게 항해할 수 있는 능력을 함양하게 하는 교육이 활성화된다. 반대로 이러한 것들이 보장되지 않는 사회에서 교육을 통해 이러한 것들을 가능하게 한다는 것은 불가능하다. 교육은 나이에 따른 발달 과업을 달성하고 생산성을 극대화하는 도구가 아니라 참여와 앎을 통해 타자에 대한 근원적인 혐오감을 상쇄시키는 중요한 역할을 담당해야 한다. 이를 통해 나와 우리에게 속하지 않은 다른 대상을 이기고 극복하고 제거해야 하는 경쟁 구도를 넘어 이해와 조화를 이루는 사회를 만들어 갈 수 있다. 결국 교육의 목적은 살아남기 위한 경쟁, 스스로를 상품으로 사육하는 것을 넘어서서 타자와의 공감과 소통을 가능하게 하는 기회를 제공하는 것이다.

집필 후기

막내 리더십과
반反에이지즘

나이주의ageism는 나이를 이유로 편견, 고정관념을 갖고 부당한 대우나 차별을 정당화하는 것을 의미한다. 그러므로 나이주의는 사람의 생물학적 성이나 피부색으로 말미암아 차별을 정당화하는 성차별주의나 인종차별주의와 같이 연령차별주의라고 하는 것이 보다 정확한 뜻일 수 있다.

나이주의는 처음에는 '늙은이들 때문에 젊은이들이 일자리가 없다', '나이가 든다고 사람이 총명하게 되는 것은 아니다', '노화는 질병이다'와 같이 고령자에 대한 사회의 차별과 편견을 이야기하는 것이 주를 이루었다. 그러다 '젊으니까 뭐든 잘할 수 있다', '젊은 사람이 왜 그러느냐'와 같은 식으로 젊은 사람에 대한 강요나 탄압, 차별에 대한 주제까지 다루는 것으로 그 의미가 넓어졌고, 지금은 나이에 따라 집단의 특성을 긍정적이거나 부정적으로 만드는 문화가 사회 전체적으로 확산되어 반反인권적 문화가 강화하는 현상을 설명하는 개념이 되었다. 특히 노인의 인권이라는 주제가 폭넓게 다루어진 것에 비해 청소년 인권 문제는 보호 담론 속에 갇혀 다루어지지 못했던 현실이 부각되면서 나이가 어리다고 차별과 부당함을 당하고도 말하지 못하는 뿌리 깊은 복종의 문화를 지적하는 맥락이 부각되었다.

학교에서도 신규 교사들을 나이가 어리고 경력이 적다고 차별하고 부당하게 대우하는 독특한 문화 현상이 오랫동안 이어져 왔다. 그중 하나가 막내 리더십 현상이다. 막내 리더십은 학교 조직에서 나이가 가장 어린 사람에게 본인의 의사와는 무관하게 기피 업무, 과중한 업무 등이 부과되는 것을 말한다. 초등학교를 예로 들면 스카우트 담당, 방송 담당, 친목회 총무 역할 등 온갖 허드렛일을 막내가 하게 된다. 여기에 더해 교과전담 교사를 정할 때나 담임 학년을 정할 때에 최종적으로 문제를 해결하는 방법은 '연장자 우대, 저 경력자 희생' 구조이다. 규정에 있건 없건 문제를 해결하는 최종 해결책은 막내가 결정을 따르거나 먼저 '제가 하겠습니다'라고 하는 막내 리더십이다. 이때 선배 교사들이 반복하는 말은 '나도 선생님 나이 때 다 했다', '후임 오면 물려주면 돼', '그러면서 배우는 거야'라는 레토릭이다. 신규 교사들은 인권 감수성을 키우기보다 나이주의에 순응하며 후임이 오기를 기다리는 수밖에 없다.

그런데 이런 문화는 학생들에게도 자연스럽게 나타난다. 예를 들어 5학년이 6학년과 싸우거나 말대꾸를 하면, '어떻게 나이도 어린 것이 대들지', '어떻게 아래 학년이 위 학년에게 말대꾸를 하지', '정말 싸가지 없게!', '선배 말을 따라야지'와 같은 말을 하는 것에 익숙하다. 이런 문화는 모두 학년에 따른 연령 문화가 고착되어 나타나는 현상이다.

나이주의를 통해 전면화시키고자 한 것은 세대 간 대결이 아니다. 그보다는 인종차별이 정치·경제·사회·문화적인 차별 구조가 심화되어 나타나는 인권 문제이고 이러한 인권 문제가 인종차별의 구조를 재생산하는 것처럼 연령에 따른 차별주의는 한국의 교육에서 총체적 문제를 만들어낸다. 무엇보다 교육이라는 이름으로, 미성숙한 존재를 성숙한 존재로 만든다는 이유로 힘의 논리, 차별을 양산하는 불평등한 사회를 그대로 받아들이도록 하고 학교를 반인권적인 공간으로 만든다. 그러므로 이러한 문제를 전면화하지 않고 교육 활동을 정상화한다는 것은 어려운 일이다.

읽을거리

- 데이비드 스노든, 유은실 옮김(2003), 우아한 노년, 사이언스북스.
- 세키 간테이, 오근영 옮김(2001), **불량노인이 되자**, 나무생각.
- 시몬 드 보부아르, 홍상희 외 옮김(2002), 노년, 책세상.
- 애슈턴 애플화이트, 이은진 옮김(2016), 나는 에이지즘에 반대한다, 시공사.
- 이경희(2011), 교과서 속의 Ageism, **교육비평**, 29호, 2011년 봄·여름호.
- 최유석·오유진·문유진(2015), 대학생의 노인세대 인식, 한국콘텐츠학회 논문지, 15(5), 한국콘텐츠학회, 228~241쪽.
- 폴 윌리스, 유재천 옮김(2001), 증가하는 고령 인구 다시 그리는 경제지도, 시유시.
- 피터 G. 피터슨, 강연희 옮김(2002), 노인들의 사회 그 불안한 미래, 에코리브르.

광장,
휴머니즘의 페다고지

광장이 교육에 던지는 질문

광장과 정치적 근대의 탄생

2016년 11월부터 2017년 3월까지 우리는 국정 농단에 분노하며 광장에 모여 촛불을 들었다. 광장은 많은 사람들의 자발적인 퍼포먼스와 말로, 재기 발랄한 현수막과 깃발로 넘쳐났다. 무엇보다 광장에서 공작 정치는 작동을 멈추었다. 고등학생이 누구의 사주를 받고 집회에 나왔느냐는 이야기도, 전교조가 학생들을 의식화했다는 이야기도 이슈가 되지 못했다. 그만큼 광장은 자유롭고 평등했다.

우리 모두는 광장에 모여 일반 의지가 되었고, 이 광장의 일반 의지는 프랑스혁명처럼 앙시앙 레짐$^{Ancien\ Régime}$(구체제)의 작동을 멈추게 했다. 국회는 일반 의지의 명령에 따라 대통령 탄핵을 통과시켰고, 정치적 검찰을 변화시켰고, 헌법재판소는 탄핵을 인용했다. 우리는 이러한 촛불 광장을 '집회'를 넘어 '혁명'의 공간이라고 불렀고 혁명은 친근한 단어가 되었다. 광장에서는 그동안 비정치적 개인이기를 강요당했던 사람들이 작은 광장들을 열었다. 그 광장에 우리는 모여 대통령을 탄핵시키는 것을 넘어, 사회가 왜, 그리고 어떻게 바뀌어야 하는지를 이야기했다. 이처럼 광장은 공화국과 개인을 연결하는 무대가 되고, 실제 삶은 광장에서 타인의 삶과 통합되면서 미학적 정치로 전환되었다.

이렇게 많은 이들을 광장에 나오게 한 힘은 이른바 국정 농단 세력에 대한 '분노'만은 아니었다. 2016~2017년의 촛불은 2002년 심미선·신효순 추모 촛불로 시작해, 2004년 노무현 대통령 탄핵 반대 촛불, 미국산 소고기 수입 반대 촛불을 지나 2014년 세월호 참사에 대한 분노로 이어지는 연속성을 가지고 있다. 타자를 돌볼 여유를 박탈하고 정치를 생각할 여지조차 없게 만드는 노동 조건, 헬조선이라고 이야기할 만큼 미래 없는 삶, 자본 권력·정치 권력·관료 집단의 카르텔, 역사 교과서 국정화, 서울 구의역에서 죽어 간 청년 노동자, 국가로부터 안전을 보장받지 못했던 단원고 학생들과 세월호 승객들, 그리고 4.16을 살고 있는 유가족들, 강남역 10번 출구에서 일어난 사건에 이르기까지……. 촛불은 '사회 없음'에 대한 분노이며, 그 분노가 광장을 지속하는 힘이 되었다.

이렇게 촛불은 늘 우리 사회가 만들어 내는 사회 문제를 관통하고 있고 우리는 광장을 통해 사회 문제에 정치적으로 더욱 예민해지고 비판적으로 성숙해지고 있다. 이런 점에서 광장은 한국 사회가 비로소 정치적 근대로 들어서는 공론의 장이며, 개인이 시민으로 태어나는 정치적 자궁이었다.

공론장으로서 광장의 한계

"프랑스혁명에서 혁명적이었던 것은 무엇이었을까?" 이 질문은 프랑스혁명 200주년을 앞두고 미국의 프랑스 역사가 로버트 단턴이 했던 것이다. 단턴은 이 질문에 답하면서, "프랑스혁명의 진정한 혁명성은 통치권이나 지배 계층의 흥망이 아니라 당대인들이 경험한 거의 모든 일상생활에서의 근본적 변화에서 탐색되어야 한다"고 말한다.* 다시 말해 생활 정치 영역에서 사소하지만 중요한 것들이 과거 전통과 가치관으로부터 얼마나 벗어났는지를 살펴야 한다는 것이 그의 혁명에 대한 생각이다. 단턴의 분석에 따르면, 프랑스혁명의 가장 혁명적인 요소는 무한한 가능성에 대한 확신으로 구체제의 잔해로부터 새로운 세계를 건설하려는 총체적 개혁 의지에서 찾아야 한다.

단턴의 혁명에 대한 관점에 따르면, 프랑스혁명은 반쪽의 혁명이다. 특히 여성, 노동자, 유색인에게는 미완의 혁명이었다. 프랑스혁명의 정신은 여전히 여성에게, 노동자에게, 식민지 아이티 국민에게

---

* Robert Darnton(1990), *What was revolutionary about the French Revolution?*, Waco, Tex.: Baylor University Press, Markham Press Fund, pp. 16-18.

까지는 도달하지 못했고, 이것은 프랑스혁명이 여전히 배타적 타자 인식의 문제를 가지고 있었음을 말해 준다. 그렇다고 단턴이 프랑스혁명의 의미를 축소하려는 것은 아니다. 그가 말하려는 것은 혁명은 한 시점에서 성공하거나 실패하는 사건이 아니라 장기 지속적이며 일상적인 미완의 프로젝트이기 때문에, 혁명을 기념하고 추억하기보다 혁명의 주체가 되어야 한다는 것이다.

프랑스혁명에 대해 단턴이 던진 질문을 우리의 촛불에 던지면 어떨까? 촛불은 구체제의 잔해로부터 새로운 세계를 건설하려는 총체적 개혁 의지를 가졌다는 점에서, 그리고 우리가 만드는 민주공화국에 대한 무한한 가능성을 확신하고 있었다는 점에서 혁명적이다. 하지만 가슴 한편에 응어리져 있고 날이 서 있는 이 고통의 날들을 변화시키는 일은, 제도를 통한 변혁과 일상적 삶에서의 변혁이 동시에 진행되어야 한다는 점에서 장기 지속적이다. 또한 오랜 시간을 지나면서 반동적 사건들과 마주하고 반동과 싸워야 한다는 점에서 미완의 프로젝트이다. 무엇보다 대통령 박근혜의 탄핵이 시작일 뿐인 이유는, 일제 강점기에 총독이 누가 되느냐가 핵심적인 문제가 아니듯이 대통령 박근혜가 퇴진한다고 해서 광장에 참여한 시민들의 삶이 나아지지는 않기 때문이다. 따라서 최저임금을 받는 사람에게, 비정규직 노동자에게, 사랑하는 사람이 있어도 결혼은 꿈꿀 수 없는 사람에게, 희망을 잃은 청년에게, 세월호로 자식을 잃은 부모들에게 그저 살아 있기만 해도 행복하고 따뜻한 공화국이 되도록 할 때 광장의 혁명은 완성된다.

그런데 광장이 조직화된 시위대로서 노동자와 자발적 결사체로서 노동조합을 배제하고, 트랙터를 끌고 상경하는 농민들의 분노를 외면하고, 폭력 앞에 맞서는 약자들을 평화라는 이름으로 배제하는 순간, 그리고 광장이 어떤 특정 구호만을 선택적으로 허락하는 순간, 그래서 동성애자가, 페미니스트가, 통합진보당이, 이석기 무죄 구호가 배제되는 순간, 광장은 지배 이데올로기를 재생산하는 공간이 되고 닫힌 체계가 되고 만다. 한상균 민주노총 위원장이 옥중에서 보낸 편지에서 "동지들, 이제부터 나의 석방을 촛불 집회에서 이야기하지 마십시오"라고 쓴 내용을 읽으며, 우리는 씁쓸함을 느끼지 않을 수 없었다. 광장이 공포와 분열을 연대를 통한 희망으로 전환하고 집단적 힘으로 공포로부터 벗어나려는 정치적 몸부림을 포기하고, 구체제로 회귀하는 상황을 반영하고 있기 때문이다.

이것이 촛불 혁명이 대통령 박근혜 탄핵에서 멈추어서는 안 되는 이유이다. 대통령 박근혜가 탄핵되어도 비정규직으로 살아가는 삶도 그대로이고, 취업이 될까 걱정하는 우리의 삶의 불안정성도 그대로이다. 박근혜와 최순실이 재벌들과 전문적 관료 집단과 결탁하여 국민을 '개돼지'로 바라보면서 그들만의 세상을 만들어 놓고, 비정규직을 늘리는 노동법 개악안을 내놓고, 저성과자 해고 제도를 내놓고, 의료 민영화를 시도하고, 우리들의 연금으로 삼성 이재용의 경영 승계를 지원하는 구조는 지속되고 있다.

촛불이 혁명이 되기 위해서는 국회의 대통령 탄핵과 헌재의 탄핵 인용 결정을 이끌고 있는 것에서 더 나아가 위로부터의 정권 교체와 아래로부터 일상의 문화 혁명이 동시에 일어나도록 해야 한다. 정권 교체를 넘어서 일상의 문화 혁명으로 이어지지 못할 때, '왕'을 죽인 이후 우리는 새로운 왕을 섬겨야 할지도 모른다. 마치 부르봉 왕가의 아주 나쁜 왕 샤를 10세를 쫓아내고 발루아 왕가 오를레앙 가문의 조금 덜 나쁜 루이 필리프로 왕을 교체한, 1830년 7월혁명처럼 말이다.

이 점에서 김영민이 《산책과 자본주의》에서 했던 말은 매우 적확하다. 그는 일상의 촘촘한 조직은 창업(혁명)의 명분만으로 감쌀 수 없고 당위의 슬로건만으로 보듬을 수 없다고 말한다. 그래서 체제의 변혁만이 아니라 일상의 혁명은 살아가는 방식의 총체적 전환을 요구하며 꾸준한 비용을 요청한다. 이것은 매우 어려운 일이다. 일상이야말로 그 모든 혁명이 실패하는 원인이자 바로 그 결과물이기 때문이다. 우리는 이제부터 혁명의 동인이 되었던 사연을 질기고 세세하게 일상 속에서 기억하며 민주주의를 전면화하고 급진화해야 한다. 그러지 못하면, 교회가 일상에서의 신앙생활을 무디게 만들듯이, 망각처럼 편리한 화해가, 관료제라는 통치 체제가 우리의 삶을 휘감을 것이다.

광장과 교육

2016년 10월부터 2017년 5월로 이어지던 혁명적 시기, 눈여겨보아야 할 것은 부모의 손을 잡고 나온 아이들과 정치적 주체로서 청소년들이었다. 이들은 더 이상 마스크를 쓰거나 교복을 벗고 학생인 것을 들키지 않으려고 애쓰지 않는다. 이들은 사회가 규정한 어런아이, 학생이 아닌 시민이며 주권자로서 광장에 섰다. 따라서 이들은 루이 16세와 마리 앙투아네트를 기요틴으로 보냈던 정치적 주체들이다. 이들은 앞으로 각자의 공간에서 광장을 기억하며 미완성으로 계승한 상처받은 혁명을 치유하고 새로운 사회 질서와 세계관을 수립해 나갈 것이다.

여기서 우리는 광장이 교육에 던지는 질문과 만난다. 진보 교육감이 당선된 곳에서 이미 시도되고 있는 혁신학교운동, 미래혁신교육운동, 그리고 마을과 학교의 경계를 넘어선 혁신교육지구운동은 이러한 광장의 질문을 선취한 것이다. 하지만 우리는 여기서 더 나아가야 한다. 우리는 교육의 제1사명이 생산적인 노동자를 양성하는 것이라는 근대적 관점을 넘어, 경쟁적이고 자율적인 인간을 만들어 내는 것이 목표였던 교육학의 패러다임을 해체하고, 분산 및 공유되는 경험, 협업에 기반을 둔 교육학 패러다임으로 교육을 전환시키는 운동을 해야 한다. 이러한 전환에서 학생의 역할은 교사가 알려 주는 내용을 흡수하는 것이 아니라, 참여하고 네트워크를 만들고 협력하며 배움의 공간을 끊임없이 확장하는 것이다. 사회는 이러한 수평적 배움과 공유적 지식의 형성 과정에 촘촘한 공공성의 징검다리를 놓아야 한다.

문제는 이러한 과정이 교육학적 실천을 넘어서는, 비판적 성찰을 통한 정치적 실천이라는 사실을 망각하는 경우가 많다는 사실이다. 정치적 실천으로서 교육은 커리큘럼에 온전히 순응하는 사람들에게 개인적 계급 이동을 약속하는 중산층의 문화적 이상에 부합하는 모델을 해체하는 것으로부터 시작되어야 한다. 교육학이 교수-학습 방법론이 아니라 정치적인 것이 되어야 하는 이유는 여기에 있다.

현실에서는 민주주의도, 촛불도, 교육 이론도 지배적 사회 질서와 이론을 떠받치고 있는 지배 패러다임으로 설명 가능한 수준까지만 선을 긋는다. 그리고 그 선 안에 있어야 모범적 시민이라고 하며 그 안에 머물도록 끊임없는 선전·선동을 해 댄다. 교육 이론과 실천의 이런 비정치적 경향은, 광장이 제기한 정치적으로 도발적인 문제를 교사들의 방법론 — 학생들로 하여금 학교교육에 등 돌리지 않고 교육과정을 흡수하도록 동기를 부여하는 효과적 수단을 찾는 — 의 틀에 가둔다. 교육학이 여기서 멈추면, 실질적인 사회 참여와 변화를 교과서와 교수-학습 방법론의 틀 속에 가두면, 도발적 정치성을 지닌 이론가들을 현상적 전통 내부에서 작업하는 교육자로 묶어 두면, 이는 우리가 삶을 생성의 과정이 아닌 정적 존재의 상태로 치환시켜 보게 만드는 것이다. 학생은 근본적 사회 변혁을 체념하고 개인의 구원에 빠져, 정치적 주체로서 시민이 아닌 자기 계발의 사적 주체가 된다. 교사의 실천도 교과 전문가로서의 자기 실천에 머무르고 만다.

광장과 휴머니즘의 페다고지

광장에 모인 우리들은 정치로부터 한 발짝 물러나 비판하고 냉소하는 구경꾼이 아니라, 촛불 광장에서 삶을 연기하는 주연 배우가 되었다. 광장이 교육에 던진 질문은 학생들에게 이러이러한 교육을 해야 한다는 것이 아니라, 교육이 억압받는 역사적 주체인 개인의 해방을 지향해야 한다는 것을 말한다.

왜냐하면 학생들은 광장에서 참여하고 발언하면서 지식을 수령하는 자가 아니라, 수평적 학습을 통해 함께 성장하고 참여하는 주체이며, 타자와 경험을 공유하며 공감 능력을 키우는 존재로 재탄생하고 있기 때문이다. 이 과정에서 학생들은 방법은 실천에서 개발되는 것이고, 실천이란 자기 주도적 행동을 통한 지식과 힘의 결합을 뜻한다는 경험을 축적하고 있다.

우리는 파울루 프레이리가 주장한 문제 제기 교육, 존 듀이의 문제 해결 교육을 급진화해야 한다. 프레이리와 듀이는 교육을 통해 우리가 관련을 맺고 살아가는 세상에서 자신이 존재하는 방식을 비판적으로 인식할 힘을 개발한다고 말한다. 즉, 세상을 정적인 현실이 아니라 변화 과정에 있는 현실로 보아야 한다는 것이다.

교육은 능력을 개인화시키면서 능력에 따른 차별을 당연한 결과로 받아들이도록 한다. 그 결과 우리는 지배자를 미워하는 동시에 지배자에게 치명적으로 매혹을 느끼는 양가감정을 갖게 교육받았다. 이러한 구도는 교육을 통해 형성되는 전형적인 구도이다. 이 점에서 피지배자는 억압의 희생자가 아니라, 억압에 적극적으로 연루된 사람들이다. 피지배자가 자신을 억압하는 구조에 적극적으로 참여하는 이유는, 억압이 일으키는 일상의 존재 조건이 아무리 냉혹해도, 그것이 '능력에 따른 행위'라는 친숙한 것을 표상하기 때문이다. 그래서 교육을 통해 지배를 받으려는 의지는 의식적으로 표명되지 않고 주인의 이미지를 은연중에 받아들이는 행동으로 표명된다. 이는 살아 있는 것들이 완전히 통제 아래에서 자유라는 생의 본질을 잃도록 하고 목숨만 붙어 있게 하는 것, 인간을 사물로 변형시키는 것, 움직이는 것을 움직이지 않는 것으로 만드는 것이다.

그래서 광장이 교육에 던지는 질문은 민주시민교육을 학교에서 실시해야 한다는 이야기로 수렴되어서는 안 된다. 오히려 광장을 통해 정치적으로 계몽된 주체들이 학교에서 배움을 통해 시민으로서 권리를 누리며 참여하도록, 공화국의 시민으로서 학교의 모든 교육 활동 계획, 운영 과정에 참여하고 주권적 실천을 하는 방향에서 학생들의 참여가 고민되어야 한다. 또한 지역 사회가 학교 교장을 직접 선출하고 직접 책임지는 교육 체제 만들기, 교육과정을 마을이 공동으로 개발하기, 교사와 학생이 미래를 향해 권력을 공유하기, 자본제적 체계와 생산적으로 불화하는 생태적 삶을 구성하기와 같은, 형성적이며 전환적인 교육에 대한 상상력을 발휘해야 한다. 이것은 진정한 휴머니즘에 따라 활성화된, 억눌린 사람들을 위한 광장의 요구이다.

광장을 통해, 억눌린 사람들은 주변인이 아니며 사회 바깥에 살고 있지 않다는 것이 확인되었다. 그들은 '우리'였다. 억눌린 사람들은 자신을 타인을 위한 존재로 만든 구조 안에 늘 존재해 왔으며, 존재할 것이다. 따라서 해결책은 사람들을 억압의 구조 속으로 통합하는 것이 아니라 구조를 바꿔 사람들이 자신을 위한 존재가 되게 하는 것이다. 이렇게 되면 진정한 해방의 실천은 자기 자신만을 해방하는 혁명적 행위로 끝나지 않고 모든 인류를 해방하는 실천에 동참해야 가능해진다. 특히 이러한 해방의 문제는, 교사처럼 민주주의와 인권을 가르치고 민주 시민을 양성하는 임무를 가지고 있지만 자기도 모르는 사이에 지배 체제를 영속화시키는 사람들에게 보다 절실한 문제이다. 그리고 이는 민주 시민으로서 교사들의 자각과 참여를 강력히 요구하고 있다.

우리의 상상력이 멈추는 순간, 베어 버린 '왕의 모가지'는 다시 살아나고, 목메어 외쳤던 자유와 평등, 노동과 생존권, 복지와 행복추구권은 다시 국가주의에 포획당하게 된다. 광장은 구체제를 중지시켰다는 과거 완료형이 아니라 언제나 현재이며, 끊임없이 다시 만들어지는 그 무엇이며, 서로가 서로에게 귀 기울이며 연대하고 집단 지성의 힘으로 문제를 해결해 나가는 휴머니즘의 페다고지여야 한다.

집필 후기

광화문 광장
: 중도 정지된 경험과 완결된 경험 사이

어떤 사람에게 "당신은 광화문에서 무엇을 경험했습니까?" 하고 물으면 어떻게 대답할까? 적지 않은 사람들은 각자가 겪은 몇 가지의 경험들을 나열할 것이다. 이렇게 되면 자신이 지금 하고 있는 한두 가지의 일들을 언급하는 데에 그치고 만다.

우리의 경험 가운데 많은 부분들은 뚜렷하게 기억되지 못한다. 그래서 많은 경험은 완결된 경험으로 발전하지 못하는 경우가 많다. 어떤 느낌을 강하게 받기도 하고 심각한 일들이 일어나고 있기는 하지만, 그것들은 사라지거나 뚜렷한 결실을 맺지 못하는 경우가 많다. 존 듀이는 이러한 경험을 완결된 경험과 대조하여 '중도 정지된 경험' 또는 '죽은 경험'이라고 명명한다. 중지된 경험들은 하나의 완결된 경험으로 발전될 가능성은 있었지만 발생하는 그 단계에서 잠시 머물다 사라지고 만 것들이다.

듀이에게 경험은 과거의 경험에 다시 새로운 한 개의 경험을 계속적으로 추가시켜 나가는 것이 아니라, 과거의 경험을 새로운 경험에 누적적으로 통합하여 나가는 것이다. 그러므로 광화문 광장이라는 하나의 완성된 경험은 시작에서부터 끝까지 경험들을 낱낱으로 합쳐 놓은 것이 아니라 앞선 경험 전체를 '통합한' 경험이다. 이것은 광화문 광장의 경험이 고립된 사건이거나 일회적인 사건이 아니라, 공간적 배경과 시간적 맥락을 갖고 있는 하나의 총체, 즉 움직이는 총체로서 경험moving unity of experience 으로 존재한다는 것을 의미한다.

광화문 광장에 대한 경험도 한 개 한 개로 구분할 수 있는 수많은 사건들로 가득 차 있고 그냥 스쳐 지나가는 일에 불과했을 수도 있었다. 경험이 고립된 사물 그 자체를 경험하거나 일회적인 사건으로만 발생한다면 교육적 성찰은 불가능하다. 따라서 광화문 광장의 경험을 하나로 통합하기 위해서는 다음과 같은 질문들이 뒤따라야 한다.

첫째, 광장의 경험은 한국의 교육과 어떤 관계를 맺고 있는가?
둘째, 광장의 경험의 범위와 대상은 어떻게 규정되는가?
셋째, 광장의 경험들을 하나의 총체로 묶어 주는 것은 무엇인가?

이러한 질문들을 통해 광화문 경험은 중도 정지된 경험이나 죽은 경험이 아니라 오직 한 개의 경험으로 통합된다. 광화문 광장에서 우리는 광장에 대한 경험 이전의 한국 사회와 한국 교육을 마주했기 때문이다.

광장 이전에 우리는 보편적 권리로서 개인성, 자유, 평등조차 위협받는 민주주의 위기의 시대를 경험했다. 또한 세계적으로 테러와 경기 침체의 여파 속에 연대와 협력, 인권의 보편적 실현을 위한 민주주의가 후퇴하면서 인종주의, 소수자에 대한 차별, 브렉시트Brexit와 트럼프의 미국 우선주의로 대변되는 자국 중심주의 등이 등장했다. 특히 민주주의라는 틀 속에서 정의를 구현해 나가면서 시민으로서 무엇을 해야 할지에 대한 교육적 논의가 시장 지표를 통한 성취, 안전을 논리로 내세운 반인권주의로 대체되었다. 이는 교육이 그리는 것이 공적인 삶을 위해 정치에 참여하는 보통의 사람들이 아니라 전문가, 기술자, 또는 인적 자본이라는 인식을 심화시켰다. 이러한 현상은 민주주의의 진전이 자본주의의 횡포로부터 우리를 보호하거나 구해 준다는 보장을 의미 없는 것으로 만들어 버렸고, 교육이 외국인 혐오주의에서부터 인종주의적 식민주의, 동성애 혐오주의, 자본주의 지상주의 등에 적합한 도구가 되도록 했다. 이러한 앞선 경험이 광화문 광장과 만나면서 민주주의와 교육에 대한 하나의 완결된 경험을 완성했다. 민주주의와 교육이 다른 무엇이 아니라 민중들이 그들의 공동체의 기반과 삶에 필요한 규정을 결정하며 그러한 결정을 하는 데 역량을 가진 개인을 기르는 것임을 재확인한 것이다. 이는 전문화에 의한 지배, 정치의 경제화가 결국 민주주의와 교육의 숨통을 끊어 놓게 되는 것에 반대하는 흐름이기도 했다.

광장의 경험은 그 자체가 고정된 본질을 갖고 있지 않다. 어떤 맥락에서 경험되는가에 따라 무수한 의미와 가능성을 갖는다. 따라서 광화문 광장의 의미가 어떤 의미로 다시 부활하게 될 것인지 어느 누구도 확정지어 말할 수는 없다. 경험이 계속적으로 재구성되어 나가는 만큼 새로운 의미를 부여받게 될 가능성만 남는다. 우리가 이러한 경험으로부터 유일하게 확정할 수 있는 것은 무한히 뻗어 나가는 전체 속에서 한국적 교육의 현재에 초점을 맞추는 실천을 조직하는 일이다.

읽을거리
|
• 데이비드 함린, 이홍우 옮김(2010), **교육인식론: 경험과 이해의 성장**, 교육과학사.
• 이돈희(1993), **교육적 경험의 이해**, 교육과학사.

- 이은미(2008), 듀이 미학의 교육학적 해석, 서울대학교 박사학위 논문.
- 존 듀이, 김동식 옮김(2005), **경험과 자연**, 울산대학교 출판부.
- 존 듀이, 박철홍 옮김(2016), **경험으로서 예술 1, 2**, 나남출판.

| 글의 출처 |

1부

곽노현 교육감, 그의 여섯 가지 착각
'프로' 지식 관료가 평가하는 '아마추어' 진보 교육감 일 년 　　《오늘의 교육》 2011년 7·8월호

신규 교사는 어떻게 '능숙한' 경력 교사가 되는가?
신규 교사를 경력 교사로 만드는 여섯 개의 아비투스 　　《오늘의 교육》 2012년 1·2월호

좋은 교육은 좋은 노동을 통해서만 가능하다
기간제 교사, 그 다양한 맥락 　　《오늘의 교육》 2017년 9·10월호

이제는 전교조 교사가 된 한 고등학생운동 활동가의 고백
청소년운동의 숨겨진 상처와 열광적 진동에 대하여 　　《오늘의 교육》 2013년 1·2월호

2부

혁신학교는 무엇을 '혁신'하고 있는가
비정상성에 대한 저항에서 정상성에 대한 저항으로 　　《오늘의 교육》 2012년 9·10월호

진보 교육도 빠지기 쉬운 오류들
익숙해서 더 위험한 교육 통념 깨기 　　《오늘의 교육》 2012년 11·12월호

4.16이 '교육 체제'여야 하는가?
일란성 쌍생아, 5.31 교육 개혁과 4.16 교육 체제 　　《오늘의 교육》 2017년 5·6월호

3부

'생태적 탈근대'로서 교육의 생태적 전환
교육의 농적·동시대적·정치적 전환　　　　　　　《오늘의 교육》 2015년 5·6월호

석기 시대는 왜 끝났을까?
교육과 기본소득　　　　　　　　　　　　　　　《오늘의 교육》 2015년 9·10월호

"반드시 일어날 일인가요, 일어날지도 모르는 일인가요?"
인공 지능 시대, 교육에 대한 성찰　　　　　　　《오늘의 교육》 2016년 7·8월호

"넓은 강에서 자라는 잉어는 꿈꿀 필요가 없다"
나이주의와 교육　　　　　　　　　　　　　　　《오늘의 교육》 2016년 9·10월호

광장, 휴머니즘의 페다고지
광장이 교육에 던지는 질문　　　　　　　　　　《오늘의 교육》 2017년 1·

교육공동체 벗

교육공동체 벗은 협동조합을 모델로 하는 작은 지식공동체입니다.
협동조합은 공통의 목적을 가진 사람들이 모여서 만든
권력과 자본으로부터 독립된 경제조직입니다.
교육공동체 벗의 모든 사업은 조합원들이 내는 출자금과 조합비로 운영됩니다.
수익을 목적으로 하지 않기에 이윤을 좇기보다
조합원들의 삶과 성장에 필요한 일들과
교육운동에 보탬이 될 수 있는 사업들을 먼저 생각합니다.
정론직필의 교육전문지, 시류에 휩쓸리지 않는 정직한 책들,
함께 배우고 나누며 성장하는 배움 공간 등
우리 교육 현실에 필요한 것들을 우리 힘으로 만들고 함께 나누고 있습니다.

조합원 참여 안내

출자금(1구좌 일반 : 2만 원, 터잡기 : 50만 원)을 낸 후 조합비(월 1만 5천 원 이상)를 약정해 주시면 됩니다. 조합원으로 참여하시면 교육공동체 벗에서 내는 격월간 교육전문지 《오늘의 교육》과 조합 회지 〈벗마을 이야기〉를 받아 보실 수 있습니다. 출자금은 종잣돈으로 가입할 때 한 번만 내시면 됩니다. 조합을 탈퇴하거나 조합 해산 시 정관에 따라 반환합니다. 터잡기 조합원은 벗의 터전을 함께 다지는 데 의미와 보람을 두며 권리와 의무에서 일반 조합원과 차이는 없습니다. 아래 홈페이지나 카페에서 조합 가입 신청서를 내려받아 작성하신 후 메일이나 팩스로 보내 주세요.

홈페이지 communebut.com
카페 cafe.daum.net/communebut
이메일 communebut@hanmail.net
전화 02-332-0712, 070-8250-0712
팩스 0505-115-0712

교육공동체 벗을 만드는 사람들

※ 하파타 순

후쿠시마 미노리, 황호연, 황지영, 황정하, 황정일, 황정인, 황정원, 황정욱, 황이경, 황은복, 황윤호성, 황순임, 황봉희, 황미숙, 황기철, 황규선, 황귀남, 황고운, 홍유지, 홍용덕, 홍순성, 홍세화, 홍성은, 홍성구, 홍석근, 홍미영, 현복실, 현미열, 허효인, 허은실, 허성엽, 허보영, 허기영, 허광영, 함점순, 함영기, 한학범, 한지희, 한지혜, 한정혜, 한은옥, 한영우, 한영선, 한승모, 한소영, 한성찬, 한상엽, 한봉순, 한민혁, 한만종, 한날, 한경희, 하정호, 하인호, 하수우, 하순수, 하춘애, 하광동, 탁동철, 최희성, 최현숙, 최현미a, 최현미b, 최탁, 최창기, 최진규, 최주연, 최종민, 최정ون, 최정아, 최은희, 최은정, 최은아, 최은순, 최은숙a, 최은숙b, 최은미, 최은경, 최윤미, 최원혜, 최영식, 최영락, 최연희, 최연정, 최애영, 최애리, 최승준, 최승복, 최슬빈, 최선영, 최선경, 최봉선, 최보람, 최병우, 최미영, 최미선, 최미나, 최미경, 최문정, 최류미, 최대현, 최기호, 최광용, 최광락, 최경미, 최경련, 채효정, 채종민, 채옥엽, 차종숙, 차용훈, 진현, 진주형, 진용용, 진영효, 진영준, 진수영, 진냥, 지정순, 지윤경, 지수연, 주윤아, 주순영, 주수원, 조희정, 조형식, 조향미, 조해수, 조하늘, 조진희, 조지연, 조준혁, 조주원, 조정희, 조용현, 조용균, 조원배, 조용진, 故조영희(명예조합원), 조영현, 조영숙, 조영실, 조영선, 조영란, 조여은, 조여경, 조수진, 조성희, 조성연, 조성실, 조성대, 조선주, 조석현, 조석영, 조상희, 조문경, 조두형, 조경애, 조경아, 조경삼, 계남모, 정희영, 정희선, 정홍휴, 정혜령, 정현주a, 정현주b, 정현숙, 정혜레나, 정춘수, 정철성, 정진영a, 정진영b, 정진규, 정종민, 정재학, 정이든, 정은희, 정은주, 정은군, 정유진a, 정유진b, 정유숙, 정유섭, 정원석, 정용주, 정예슬, 정영현, 정영수, 정애순, 정수연, 정부교, 정보라a, 정보라b, 정미숙, 정미숙, 정미라, 정명옥, 정명영, 정득년, 정남주, 정광호, 정광필, 정광일, 정관모, 정경원, 전혜원a, 전혜원b, 전정희, 전유미, 전보선, 전병기, 전민기, 전미영, 전란희, 장효영, 장흥월, 장현주, 장진우, 장종성, 장인아, 장인수, 장은하, 장은미, 장윤영, 장윤혁, 임종길, 임정은, 임전수, 임수진, 임성준, 임성빈, 임성무, 임선영, 임상진, 임명택, 임동현, 임덕연, 임금록, 이희옥, 이희연, 이효진, 이화현, 이호진, 이혜정, 이혜숙, 이혜린, 이형빈, 이주현, 이현종, 이현, 이혁규, 이향숙, 이한진, 이태영a, 이태영b, 이태구, 이충근, 이초록, 이창진, 이진혜, 이진우, 이진호, 이지혜, 이지현, 이지향, 이지영, 이지연, 이중석, 이준구, 이주희, 이주택, 이주영, 이종찬, 이종은, 이정희, 이정희b, 이정희c, 이정윤, 이재행, 이재익, 이재두, 이인사, 이은휘, 이은희a, 이은희c, 이은건, 이은주a, 이은주b, 이은영, 이은숙, 이은경, 이윤정, 이유엽, 이유승, 이유선, 이유미, 이유진, 이월녀, 이원주, 이원님, 이윤서, 이우진, 이용환, 이용석a, 이용석b, 이용기, 이영화, 이영혜, 이영주, 이영아, 이언진, 이연주, 이연숙, 이연수, 이애영, 이승헌, 이승태, 이승연, 이승아, 이슬기, 이슬기b, 이순임, 이수정a, 이수정b, 이수미, 이소형, 이성원, 이성우, 이성숙, 이성수, 이성구, 이설희, 이선표, 이선영, 이선애a, 이선애b, 이선미, 이상훈, 이상화, 이상직, 이상원, 이상미, 이상대, 이병준, 이병곤, 이범희, 이민재, 이민아, 이민숙, 이민수, 이미옥, 이민수, 이미숙a, 이미숙b, 이미라, 이미, 이문영, 이명훈, 이광형, 이매난, 이동찬, 이동준, 이동갑, 이도종, 이덕주, 이남숙, 이난영, 이나경, 이기라, 이근희, 이근철, 이근영, 이균호, 이교열, 이광연, 이관형, 이계삼, 이경은, 이경옥, 이경언, 이경아, 이경립, 이건진, 이건민, 이갑순, 윤홍은, 윤룬별, 윤지형, 윤종원, 윤우람, 윤영훈, 윤영백, 윤여강, 윤석, 윤상혁, 윤병일, 윤규식, 유효성, 유재숙, 유은아, 유영길, 유숙정, 유성상, 위양자, 원지영, 원준희, 원상희, 원성제, 우창숙, 우지영, 우완, 우영재, 우수진, 우성구, 우성조, 오혜원, 오주연, 오정호, 오조자, 오은정, 오은경, 오유진, 오숭훈, 오수민, 오세희, 오세란, 오세란, 오상철, 오민식, 오명환, 오동석, 오경숙, 영정신, 여희영, 여태전, 엄창호, 엄지선, 엄재통, 엄영숙, 엄기호, 엄귀영, 양희전, 양해준, 양지선, 양은주, 양은숙, 양운신, 양영회, 양애정, 양선화, 양선형, 양서영, 양상진, 양동기, 안효민, 故안하예영(명예조합원), 안찬원, 안지현, 안지윤, 안지영, 안진형, 안정은, 안영석, 안정영, 안용덕, 안우수, 안순억, 안선영, 안경화, 심황일, 심은보, 심승회, 심수환, 심동우, 심경일, 신홍식, 신헤선, 신혜경, 신숭일, 신창호, 신창북, 신중휘, 신은정, 신은숙, 신은경, 신유준, 신영숙, 신소희, 신미옥, 신귀애, 신관식, 송화련, 송호영, 송혜란, 송민주, 송지아, 송승훈, 송명숙, 송근회, 손호만, 손아진, 손은근, 손은경, 손소영, 손미숙, 소수영, 성현주, 성현석, 성유진, 성용혜, 성열관, 성나래, 설온주, 설원민, 선미라, 석경순, 서혜진, 서정오, 서인선, 서은지, 서윤수, 서우철, 서예원, 서승일, 서명숙, 서금자, 서경훈, 서강선, 상형규, 복현수, 복준수, 변현숙, 백현희, 백인식, 백영호, 백승범, 백기열, 배희철, 배희숙, 배주영, 배정현, 배일훈, 배이상현, 배영미, 배아영, 배성호, 배기표, 배경내, 방득일, 반영진, 박희경, 박효성, 박효수, 박혜숙, 박형진, 박형일, 박현희, 박현수, 박현숙, 박춘애, 박춘배, 박철호, 박진환, 박진숙, 박진수, 박진교, 박지희, 박지홍, 박지인, 박지원, 박종아, 박정미, 박은하, 박은정, 박은경a, 박은경b, 박윤희, 박용빈, 박옥주, 박옥균, 박영식, 박영미, 박영일, 박신자, 박숭철, 박수진a, 박수진b, 박대성, 박노해, 박나실, 박고명준, 박계도, 박경화, 박경진, 박경주, 박경이, 박경숙, 박건형, 박건진, 민형기, 민애경, 민병성, 미류, 문희영, 故문홍빈(명예조합원), 문지훈, 문용식, 문영주, 문순창, 문순옥, 문수현, 문수이, 문성철, 문붕선, 문세이, 문경철, 문장근, 모은정, 모영화, 명수민, 마승회, 림보, 류형우, 류창모, 류지남, 류정회, 류재향, 류원정, 류우종, 류영애, 류명숙, 류경원, 도정철, 도방주, 데와 타카유키, 노영필, 노상경, 노미경a, 노미경b, 노경미, 남효숙, 남주형, 남정민, 남유경, 남원호, 남예린, 남미자, 남동현, 남궁역, 날맹, 나규환, 김희정, 김희숙, 김훈규, 김훈태, 김효정, 김효순, 김환희, 김호a, 김혜영, 김혜림, 김형영, 김형철, 김형근, 김현정, 김현주, 김현조, 김현정, 김현실, 김현경, 김현, 김헌태, 김필립, 김태정, 김춘성, 김천영, 김창진, 김찬영, 김진희, 김진숙, 김진명, 김진, 김훈, 김지연a, 김지연b, 김지미, 김지광, 김중아, 김준희, 김준연, 김주영, 김주립, 김주기, 김종원, 김종원, 김종욱, 김종성, 김종만, 김정희, 김정주, 김정석, 김정섭, 김정산, 김정기, 김정자, 김재황, 김재민, 김재환, 김인순, 김이은, 김이상, 김이민경, 김은희, 김은과, 김은주, 김은영b, 김은아, 김은식, 김은숙, 김은남, 김은경, 김윤주a, 김윤주b, 김윤정, 김윤자, 김윤우, 김우영, 김우, 김용훈, 김용양, 김용섭, 김용만, 김용란, 김용기, 김요한, 김영회, 김영진a, 김영진b, 김영진c, 김영주a, 김영주c, 김영자, 김영아, 김영삼, 김연정, 김연일, 김애, 김연미, 김시내, 김승규, 김순진, 김순희, 김순희, 김수진a, 김수진b, 김수진c, 김수정a, 김수정b, 김수정c, 김수경, 김소희, 김소영, 김세호, 김성진, 김성중, 김성애, 김성숙, 김성보, 김설아, 김선회, 김선우, 김선산, 김선미, 김선구, 김선경, 김석준, 김석규, 김상희, 김상정, 김상일, 김상숙, 김상기, 김불석, 김보현, 김병희, 김병흔, 김병주, 김병섭, 김병기, 김범주, 김방년, 김묵상, 김목석, 김독선, 김동춘, 김동일, 김도현, 김도석, 김대현, 김대식, 김다희, 김다영, 김남철, 김남규, 김나혜, 김기용, 김기오, 김기언, 김규향, 김규태, 김규리, 김광민, 김광명, 김공중호, 김경호, 김경일, 김경영, 김경숙a, 김가영, 김가연, 기세라, 기선인, 금현조, 금현옥, 금명순, 권회중, 권혜영, 권현영, 권태옥, 권재우, 권자영, 국찬석, 구희숙, 구자혜, 구자숙, 구원회, 구수연, 구본회, 구미숙, 괭이눈, 광록, 곽혜영, 곽현주, 곽진경, 곽노현, 곽노근, 곽경미, 공현, 공은미, 공영아, 고춘식, 고진선, 고은정, 고은미, 고윤정, 고영주, 고병헌, 고병연, 고미경, 강현주, 강현정, 강현이, 강한아, 강태식, 강진영, 강준희, 강인성, 강이진, 강은정, 강영일, 강영구, 강얼, 강순원, 강수미, 강수돌, 강성규, 강석도, 강서형, 강병용, 강곤, 강경모

※ 2018년 12월 19일 기준 945명